LE DICO FRANÇAIS/FRANÇAIS

Philippe Vandel, trente ans, est journaliste à Canal + (« Nulle part ailleurs », « La Grande Famille ») et RTL. Le Dico français/français *est son premier livre.*

Pour décoder, comprendre et parler les langages du Show-biz, des Footballeurs, des Flics, des Décideurs, des Plats en sauce, des Journalistes, du Sentier, des Produits de beauté, des Hommes politiques, des Rappeurs authentiques et des Faux-jeunes, de la Publicité, des Théâtreux, de l'Adultère, des BCBG (furieusement NAP), des Critiques littéraires, des Grands-parents et même des tout derniers Communistes.

DU MÊME AUTEUR

Pourquoi - Le Livre des Pourquoi,
Éditions Jean-Claude Lattès.

PHILIPPE VANDEL

Le Dico
français / français

JEAN-CLAUDE LATTÈS

Sauf erreur, je ne me trompe jamais
Alexandre VIALATTE

Avant-propos

« Tout le monde doit être bilingue dans une langue et en parler une autre » [Valéry Giscard d'Estaing].

Il suffit d'avoir été président de la République (non réélu) pour se rendre à l'évidence : les Français ne se comprennent pas entre eux.

Et pourtant, nous parlons tous la même langue.

Aucun paradoxe là-dessous. Car la langue française se décompose en une multitude de sous-patois locaux, sociaux ou plus précisément tribaux, qui ne coïncident que très rarement.

Envoyez un rappeur à une séance du Sénat. Il aura autant de mal à décoder le charabia qu'on lui débite que, disons, un sénateur parachuté dans la cité du Val-Fourré, à Mantes-la-Jolie.

Vous-même, vous avez certainement déjà buté sur les subtilités verbales des footballeurs et leurs ailes de pigeon, les décideurs et leurs pré-tests, le sot-l'y-laisse des cuisiniers sous vide, les fausses imitations du Sentier, les liposomes des esthéticiennes, les stars du showbiz en tournée mondiale en Suisse, les journalistes – qui ne sont pas sans ignorer –, les flics en brigade-zombie, les épiphénomènes chez les hommes politiques, les « posse's » des rappeurs mortels et les teu-pos super-bléca des faux jeunes, les théâtreux centrés, les épouses prolixes plus N.A.P. que B.C.B.G., les critiques littéraires kafkaïens (quoique ubuesques), les mensonges des cocus adultères, les grand-mères et leurs chandails-chasubles, voire les gens eux-mêmes chers aux communistes et à leurs amis.

Prenez le terme action: à l'O.M. c'est une attaque, à la C.G.T. c'est une grève (donc l'inaction), et à la B.N.P., elle vient de perdre un quart de point à l'indice Nikkei.

Auparavant, Socrate ne cessait de répéter à ses interlocuteurs : «Mais qu'entends-tu par là ? Quel sens donnes-tu à ce mot ?» Platon lui-même s'est évertué à ne pas se laisser prendre au piège des mots et des phrases creuses. Et nous avec, plus modestement. C'est la raison d'être de cet ouvrage, le premier du genre. Un *Dico français/français*, pour que chacun comprenne chacun. Et vice versa.

Volontairement, nous avons délaissé les jargons professionnels en circuit fermé, pour ne retenir que les langues parlées à destination de tous. Là où il y a «interface», comme disent les informaticiens.

Prenez la pub. Les synecdoques, catachrèses et autres métonymies du langage interne des pubeux (j'suis charrette, Coco, sur mon budge) ne gênent aucunement leurs voisins de bureau, pubeux comme eux (moi aussi, j'suis charrette, Coco).

Hélas, les incompréhensions naissent de leurs slogans, fumeuses trouvailles théoriquement destinées au plus grand nombre. Lorsqu'ils vous assurent que la litière Catsan « supprime les odeurs avant leur apparition », ça veut dire quoi ? Que le chat n'a même plus besoin de pisser ?

La sémantique s'entortille jusqu'au paroxysme lorsque tous ces langages s'interpénètrent. À titre de démonstration, voilà ce qui arrive quand un communiste veut causer ballon rond :

« Lajoinie et moi jouons à l'avant dans une équipe de football composée de tous les communistes. Nous nous passons le ballon pour l'envoyer au fond des filets de la droite et, à l'occasion, pour le penalty nécessaire contre le P.S. » [Georges Marchais]. À écouter le S'crétaire Générââál, le football ne se joue plus à onze, mais contre plusieurs équipes simultanément, et les joueurs assurent également l'arbitrage. Il était temps de siffler hors-jeu!

Le Dico français/français détaille dix-huit dialectes distincts. Chaque chapitre développe vocabulaire, syntaxe et style, pour se clore par de courts exercices – thème et version – qui permettront aux novices de mesurer leurs progrès.

Il n'est pas indispensable d'étudier tous les chapitres d'une seule traite et dans l'ordre. La pédagogie recommande de prendre son temps pour assimiler les nouveautés : choisir, picorer et s'amuser au passage.

Une remarque pour finir. Le lecteur avisé aura certainement déjà souffert du principal défaut des dictionnaires : les mots s'y suivent par ordre alphabétique. Autant dire en dépit du bon sens. Le B succède au A, d'où l'on déduit que les Bœufs suivent l'Attelage, et que l'Armistice précède la Bataille. Voilà qui trouble fortement l'analyse des événements.

Nous n'avons pas commis la même bévue. Les articles du *Dico français/français* s'enchaînent avec méthode et naturel. C'est Lajoinie qui va être content.

1

Comment parler comme une star du showbiz

Méfiez-vous. Vous aussi, du jour au lendemain, vous pouvez devenir une star du show-bizness. Seul critère : vendre plus de 100 000 disques 45 tours, ou présenter une émission de télé qui dépasse 5 points Audimat, ou apparaître dans un film qui a frôlé les 300 000 entrées. Parfois moins.

C'est comme la super-cagnotte du Loto : ça ne tombe pas tous les jours, mais ça récompense n'importe qui. Et si c'était vous ? Imaginez qu'on vous bombarde à Cannes, en plein festival...

« *T'es arrivé quand ?*

T'es à quel hôtel ?

Tu repars quand ?

T'as vu qui ?

T'as vu quels films ?

Tu t'es couché à quelle heure ?

T'as des pin's ? »

Nos amis de Canal + connaissent bien leur monde. En 91, ils ont gravé ces sept interrogations fondamentales – et sarcastiques – sur le T-shirt qu'ils offraient aux stars de la Croisette. Ne croyez pas que les festivaliers furent vexés : on se battait pour l'obtenir !

Car la langue du show-bizness est d'une banalité *parfaite*. Polie, lissée, policée. Le zen dans l'art de la conversation. Il faut savoir dire peu, dans un style convenu. Se faire remarquer, sans cracher dans la soupe.

C'est à ce prix que la télé vous invitera et vous réinvitera en prime-time. La preuve : Bourdieu, Deleuze ou Guattari ne passent jamais à 20 h 30, même chez Drucker. (Pourtant, il est gentil, Michel Drucker.)

▶ Vocabulaire

Le vocabulaire du show-bizness donne l'impression de pratiquer l'emphase et l'exagération. Erreur : ce n'est pas une impression !

Là réside toute la difficulté. Naviguer de truisme en banalité, de barbarisme en lieu commun, et tenir le public en haleine. Mais comment font-ils ?

LE MONDE MERVEILLEUX DU SHOWBIZ

Écoutons nos vedettes babiller : ce ne sont que joies sans bornes, rencontres uniques, succès planétaires, décors paradisiaques, émotions émues. Nulle part l'existence n'est plus radieuse que sur les tréteaux merveilleux du show-bizness ; sauf peut-être dans le village des Schtroumpfs, s'il n'y avait le Schtroumpf-Grincheux. Or il n'y a pas de grincheux chez nos amies vedettes. C'est ça, le professionnalisme...

AMI.   Confrère membre du showbiz, même si on le déteste. « André Lamy, notre ami à tous. »

SUPERBE.   En vente. Tout est toujours superbe : disques, livres, films, etc. « Je vous remercie, Lova (Moor), d'être venue chanter cette superbe chanson » [Jean-Pierre Foucault].

CHANTER.   1. chanter en vrai (rare). 2. faire un play-back (voir deux lignes plus haut).

POUR NOUS.   Pour lui d'abord. « Demis Roussos, qui est venu spécialement d'Athènes pour nous » [Patrick Sabatier].

GENTILLESSE.   Narcissisme, sens des affaires. « Laissez-moi vous présenter Brian Ferry, présent ce soir par pure gentillesse. »

CADEAU.   Promotion, retape. « Jeanne Mas, qui nous offre en cadeau sa dernière chanson. »

COUP DE CŒUR.   Débutant qu'on nous impose. « Et maintenant notre coup de cœur : Les Rachemounes ! » N.B. : en contrepartie de la venue d'une star en exclusivité, les maisons de disques obligent souvent les émissions de télé à programmer leurs nouveaux produits.

QUAND TU VEUX.   Quand on te le dira. « Tu sais, tu reviens quand tu veux sur M6 » [Laurent Boyer]. N.B. : comme il le dit à tous ses invités, ça peut faire un sacré embouteillage. Heureusement, les maisons de disques règlent le trafic.

MICHEL, MICHEL, ET MICHEL.   Jonasz, Berger et Polnareff. N.B. : en public comme en privé, l'utilisation systématique des prénoms procure plusieurs avantages. a) Ça fait « sympa ». b) Ça laisse présager une intimité avec les célébrités, toujours bénéfique.

Prudence toutefois ; ne baptisez pas Belmondo « Jean-Paul » si vous ne l'avez jamais croisé de votre vie. Votre interlocuteur vous demanderait aussitôt des confidences à son sujet.

Certaines stars portent justement un prénom inconnu du grand public. C'est ceux-là qu'il faut replacer, l'air de rien, comme on lâche une indiscrétion entre deux phrases.

VANDA.   Lio.

NICOLE.   Nicoletta.

CLAUDE.   C. Jérôme.

MICHEL.   Art Mengo.

GUY.   Ringo (ex-Monsieur Sheila).

AXELLE.   Lova Moor.

PATRICIA.   Guesh Patti.

DENIS.   Jacno.

VALENTINE.   Jil Caplan.

Quelques programmes télévisés jouissent également d'un sobriquet :

NPA.   « Nulle Part Ailleurs » (Canal+).

CIEL.   « Ciel mon mardi » (TF1).

LUNETTES. « Lunettes noires pour nuits blanches » (supprimé depuis).

Pour les émissions moins bien considérées – mais aussi courues –, plutôt que leur titre, on dénoncera le nom du responsable.

CHEZ SABATIER. « Tous à la Une ».

CHEZ FOUCAULT. « Sacrée Soirée ».

CHEZ FABRICE. « La Classe ».

TOUT VA BIEN

Règle n°1 : si on vous le demande, tout va bien.

Règle n°2 : si on ne vous le demande pas, tout va bien.

Règle n°3 : si tout ne va pas bien, appliquer la règle n°1.

Règle n°4 : si tout va vraiment mal, rassurez-vous : on ne vous demandera plus rien.

S'AMUSER. Avoir du succès, gagner de l'argent. « Je m'amuse avant tout » [Vanessa Paradis] ; « Je m'amuse » [Dolph Lundgren] ; « Mon métier, c'est de jouer. Je m'amuse en le faisant » [Michael J. Fox] ; « Nous l'avons écrit exclusivement pour nous amuser » [Thierry Lhermitte à propos du film *Les secrets du professeur Apfelglück*].

S'ENNUYER. Ne plus gagner d'argent. « Je changerai de métier quand je m'ennuierai. »

ARRÊTER.   Faire croire qu'on démissionne alors qu'on est viré. « J'arrête le "Club Dorothée". Ça me laissera du temps pour écrire ma thèse. »

NE PAS ARRÊTER.   Faire peu en faisant croire qu'on fait beaucoup. « Je n'arrête pas, je suis toujours quelque part » [Hervé Vilard]. Ce qui peut aussi signifier : je me tape un à un tous les clubs de province, pour payer mes impôts.

CONTENT.   Fier. « Je suis très content que La Cinq innove à travers une émission comme la mienne » [Jean-Pierre Elkabbach].

SORTIR.   Avoir l'air d'un arriviste en se faisant photographier dans les mondanités. « Je ne sors jamais ! » (Ils disent tous ça. Enfin, tous ceux qu'on voit dans les journaux.)

MITHRIDATISER.   Immuniser en accoutumant à un poison (dictionnaire Robert) ; autrement dit, faire croire qu'on souffre. « Cannes se mérite, donc Cannes se prépare. J'ai commencé à me mithridatiser il y a huit jours, lors d'un déjeuner chez Lipp avec Lauren Bacall » [PPDA].

DATE.   Concert. « Je vais faire trois dates dans le Sud, je ne sais plus exactement à quelles dates. »

GALA.   Play-back dans une boîte de province.

ÉTRANGER.   Luxembourg, Belgique, Suisse. « Mon 45 tours marche très bien à l'étranger. » N.B. : lorsqu'un artiste a du succès à l'étranger (hors pays francophones), il se fait un plaisir d'énumérer : Hollande, Italie, USA, Japon, etc.

DÉMARRER. Vendre peu. « Et les ventes ? Ça démarre. »

PROVINCE. Pays de cocagne fantasmé par les chanteurs, où toutes les salles sont pleines. « Ça marche très fort en province », assurent-ils invariablement à la télé. Sans se douter que derrière leur poste, les 80 % de téléspectateurs provinciaux découvrent avec stupeur cet inconnu supposé rameuter les foules.

À L'ÉCART. Sans succès. « En ce moment, je me tiens à l'écart de l'agitation parisienne. »

PROJETS. Rentrées d'argent. « Alors Bernard, des projets ? » Plusieurs réponses recommandées :

UNE GRANDE TOURNÉE. Une tournée.

UNE TOURNÉE. Trois ou quatre concerts prévus.

TOP SECRET. J'attends toujours l'accord des financiers.

PLEIN DE CHOSES. Rien de précis.

J'AI ENVIE DE CHANGER DE REGISTRE. Je ne sais plus quoi faire pour que ça marche...

JE PRÉFÈRE NE PAS EN PARLER. ... des fois que tout le monde se rende compte que je déprime.

TOUJOURS JEUNE

Le showbiz adule la jeunesse. Il la vénère même. Annie Girardot en sait quelque chose. Il y a quelques années, elle avait croisé des producteurs à la recherche « d'une Juliette Binoche jeune ». « Quelle infamie, s'était offusquée la bouillante Annie, Binoche a tout juste vingt ans ! »

C'est comme ça, il n'y a pas de vieux dans le showbiz. On n'y prend pas sa retraite : on fait ses adieux. Au bout de la troisième fois, on a de « l'expérience ».

ADULTE.   Quadragénaire. « J'ai beaucoup de mal à devenir adulte » [Alain Chamfort, né en 1949].

VIEILLIR.   Rajeunir ensemble. « On vieillit pas, je trouve » [Thierry Ardisson, né en 1949 également].

DÉBUTER.   Signer de nouveaux contrats. « J'ai l'impression de débuter à nouveau, sans doute parce que j'ai changé de maison de disques » [Carlos, né en 1943].

ÂGE.   Aucune importance. « L'âge n'a aucune importance » [Gloria Lasso, née en 1928].

PAS ENCORE.   Déjà. « Je n'ai pas encore donné le meilleur de moi-même » [Gina Lollobrigida, née en 1927].

LOCUTIONS SAVANTES

Au niveau du vécu, il fallait bien que quelqu'un se dévoue. C'est le showbiz qui a finalement adopté l'antique vocabulaire babacool crypto-gauchiste, agrémenté de psychanalyse de bas étage, qui faisait fureur à la fin des années 70. Ça ne fait plus rire les derniers cabarets de la Rive Gauche, mais quelque part, ça impressionne la standardiste de chez Pathé.

COMPLÈTEMENT. Oui. « Le principe de votre nouvelle émission échappe-t-il à ce que vous faisiez sur La Cinq et TF1 ? – Complètement » [Patrick Sabatier].

TOUT À FAIT. Oui. « Avez-vous le sentiment que votre image s'est altérée depuis votre départ, puis votre retour sur cette chaîne ? – Tout à fait » [Patrick Sabatier].

NON. Pas complètement. « Auriez-vous la grosse tête ? – Non » [Patrick Sabatier].

ABSOLUMENT. Voir « complètement ».

C'EST CLAIR. Voir « tout à fait ».

QUELQUE PART. 1. certainement pas. 2. certainement. « Ce que je suis, quelque part, est un accident » [Alain Delon].

INTERPELLER. Préoccuper. « Ça m'interpelle au niveau du vécu » (vachement ironique).

PRÉOCCUPER. Interpeller. « Tout ce qui se passe dans le monde me préoccupe » [Sophie Marceau].

RECUL. Douches froides. « Dans ce métier, il faut savoir prendre du recul très tôt » [Alexandre Debanne].

MÛR. Blindé. « ... J'ai donc le temps d'être mûr » [Alexandre Debanne, encore].

COSMIQUE. Capable de dire n'importe quoi. « Je suis cosmique, c'est mon côté paysan » [Victor Lanoux].

PSY (et ses dérivés). Tout ce qu'on ne comprend pas. « J'adore la psychanalyse. Je ne suis pas un monstre de psychologie mais je suis quand même assez psychologue avec les gens » [Anthony Delon].

DÉBANALISER. Rendre pas quotidien. « Il y a des fois où j'ai besoin de me faire péter la poitrine, parce qu'il faut que je débanalise mon quotidien » [Richard Bohringer].

ASSUMER COMPLÈTEMENT. Avoir presque honte. « J'assume complètement l'image que je donne le samedi après-midi » [Bernard Montiel].

INTERNE. Intérieur bavard. « Le matin d'une interview, je me réveille dans un état de dialogue interne » [Isabelle Adjani].

INHIBÉ. Exhibé. « Il y a les timidités visibles, et puis il y a celles qui sont rentrées, inhibées, comme la mienne » [Richard Bohringer].

UN. Contraire de deux. « Il n'y a pas longtemps que j'ai l'impression de ne former qu'un » [Patrick Bruel].

DOUBLE. Contraire de Patrick Bruel. « On est tous incroyablement doubles » [Richard Bohringer].

LE REVIREMENT DE CARRIÈRE

Les vedettes sont formidables. Dès qu'une activité ne les « amuse » plus (voir ce mot), hop ! elles changent. Du moins elles essaient.

POLYVALENT. Rémunéré de partout. « Un acteur doit être polyvalent » [Lambert Wilson, comédien, acteur et chanteur].

PREMIÈRES AMOURS. Premiers salaires. « Je reviens à mes premières amours : la chanson. »

« J'ai préparé le conservatoire, puis j'ai bifurqué vers la chanson. J'ai envie de retrouver les planches » [Michel Sardou].

Hélas, le revirement de carrière est en général un virage délicat à négocier. « On ne peut pas être saltimbanque et faire de la politique. Faire des concessions, ce n'est pas pour moi » [Danielle Gilbert, conseillère municipale de Clermont-Ferrand pendant deux mois].

MAUVAISE PASSE ET VACHES MAIGRES

Les vedettes sont très formidables. Quand leurs affaires vont mal, elles trouvent toujours de quoi broder pour nous faire gober le contraire. Même leurs « amis » marchent dans la combine.

Lorsque Michel Drucker reçoit Adamo dans « Stars 90 », son compliment vaut tous les avis de décès : « Je suis content de l'accueillir, parce qu'il n'a pas que des fans en France, mais aussi en Europe. » Comprenez : en France, c'est terminé.

REDÉMARRER. Laisser croire à un hypothétique retour de flamme. « Tout redémarre fort. J'espère que cela continuera » [Michèle Torr].

INTIME. Petit. « Pour l'instant, je sais que je veux une salle plutôt intime comme l'Olympia ou la Cigale » [Jil Caplan]. Traduire : De toute façon, je ne remplirais ni Bercy ni le Zénith...

FRUSTRATION. Sentiment altruiste. « N'est-ce pas frustrant d'être relégué le samedi après minuit ? – C'est surtout frustrant pour le public qui n'arrête pas de m'interroger sur les raisons de la suppression de "La chance aux chansons" » [Pascal Sevran].

PAS TRÈS CONNU. Inconnu. « Après *Chouans*, je ne suis pas sorti du noir en plein jour, et aujourd'hui, je ne suis pas très connu, mais je vais lentement à la rencontre de la vie » [Stéphane Freiss (vous connaissez ?)].

CONTENT. Déçu, mais ça ne se voit pas. « Depuis toujours, Cannes, c'est une hantise. Je suis très contente que *Merci la vie* ne soit pas sélectionné » [Anouk Grinberg].

PRÊT. Prêt à tout. « Rien ne m'énerve plus que d'entendre des gens dire que Lollobrigida ne jouera jamais les femmes de ménage. Je suis prête s'il le faut » [Gina Lollobrigida].

CHANCE. Malchance. « J'ai la chance de ne pas être un sex-symbol ; je peux marcher les pieds en dedans et les fesses en arrière sans rien perdre de ma féminité » [Annie Cordy].

TOUJOURS CÉLIBATAIRE. Pédé. « Au fond, je suis toujours célibataire » [Rock Hudson].

▶ **Syntaxe**

Voilà pour le vocabulaire. Ensuite, c'est simple. Avec les mots, il suffit de faire des phrases. N'importe comment. Car n'importe qui peut devenir une star, nous l'avons vu.

Au fond, les vedettes sont des gens comme vous et moi ; ce sont nos égaux. Eux aussi commettent des fautes de syntaxe. Les plus égaux en font même davantage.

N.B. : il serait fastidieux, et inélégant de les détailler ici. (Pour toute information, consulter le Dictionnaire des difficultés de la langue française.)

▶ **Style**

Comme tout le monde peut devenir une vedette, une vedette doit parler comme tout le monde si elle veut rester une vedette. Alors, c'est simple. Pour avoir le beau rôle, il suffit de dire ce que tout le monde a envie d'entendre. Voici donc les grands thèmes à développer.

JE N'AIME PAS L'ARGENT

Pour s'attirer la bienveillance du public, il faudrait être comme lui : fauché. Seulement c'est difficilement supportable, même pour les habitués. Peu d'artistes ont le courage de renvoyer les chèques qu'ils reçoivent sans les encaisser. Aucun, à notre connaissance.

L'argumentation se déploie alors en deux phases contradictoires. 1. Je ne gagne rien (en tout cas moins que vous ne croyez). 2. Le fisc me prend tout (en tout cas plus que vous ne croyez). D'où problème : comment jouer les pauvres sans toucher le RMI ?

Démonstration.

« Je ne sais pas combien je gagne, mais je sais que je viens de faire un chèque là, à l'instant, du tiers provisionnel, de 100 millions anciens » [Julien Clerc].

Arielle Dombasle : « Je ne gagne pas ma vie, je la perds. »

Jean-Claude Petit (musicien) : « Je n'accepte de composer pour la pub qu'une ou deux fois dans l'année. »

Patrick Sabatier : « Je n'ai pas fait ce métier pour le fric. Je n'étais pas un chercheur d'or. »

« Je donne plus de la moitié aux impôts. Quant au reste, je verrai quand j'aurai le temps de le dépenser » [Jean-Pierre Foucault].

Corinne, de Téléphone : « Avec Téléphone, on a gagné beaucoup moins d'argent que les gens croient. »

« L'argent ne compte pas dans ma vie. Je pense qu'il faut en profiter tant qu'on en a » [Vanessa Paradis]. Question subsidiaire : Comment profiter de ce qui ne compte pas ?

À propos de la piscine de sa villa, Bernard Montiel sait nous tirer des larmes : « Ce sont surtout les amis qui en profitent. Je préfère plonger dans l'Atlantique si proche. »

Drucker, en 1988, avait décidé de rester sur Antenne 2 : « Ma mère n'aurait pas compris que je puisse me vendre à TF1. »

En avril 1990, le bon Michel décide finalement de passer sur TF1 : « C'est le service public qui m'a lâché. » Même sa maman n'y avait pas pensé...

JE NE FAIS PAS ÇA POUR VENDRE

La réussite ne se calcule pas, elle se mérite. D'ailleurs, aucune vedette n'a jamais cherché à obtenir du succès. Toutes le répètent.

« Je ne montre pas mes jambes pour vendre. Quand je me visionne sur scène, je suis effarée par ce que je me vois faire. Comment est-ce que j'arrive à onduler le bassin de façon aussi suggestive ? » [Muriel, du groupe Niagara].

Question à Michel Sardou : « Pourquoi avez-vous inclus dans votre dernier disque toute une séquence de musique rap, la musique préférée des bandes ? – C'est juste un clin d'œil. Ça n'a rien de sociologique. »

Valéry Giscard d'Estaing à propos de la promotion de son livre *Le Pouvoir et la Vie* : « Pourquoi avez-vous choisi "Sacrée Soirée " plutôt qu'une autre émission ? – Parce que je n'ai pas écrit un livre politique appartenant au combat politique. » Rien à voir avec le fait que Foucault réalise les meilleurs indices d'écoute...

LA VOCATION

Oublions le bizness, place à l'art.

« Yannick Noah, comment en êtes-vous arrivé à la chanson ? – Pour moi, c'était plus qu'un rêve. J'ai toujours chanté sous ma douche. »

Stéphanie : « Pour l'écriture des textes, les idées venaient lors des balades avec mes chiens, en feuilletant un album de photos avec des amis, en écoutant des bruits. »

Sophie Marceau : « Nous, les acteurs, avons un complexe : nous ne sommes que des interprètes, sans cesse au service d'un texte. Alors nous cherchons à créer à notre tour. »

Amina : « À la maison, j'ai du mal à travailler. Une mouche me déconcentre. »

LES ÉTUDES NE M'ONT SERVI À RIEN

« Je ne regrette pas d'avoir arrêté très tôt mes études, car mon école, c'est la vie quotidienne. J'en apprends tous les jours » [Madonna].

« Les études ne m'ont jamais vraiment passionnée » [Elsa].

« Je n'ai lu que dix livres dans ma vie. Je préfère écouter de la musique, mais attentivement, un peu comme on lit un livre » [Mats Wilander].

« Je ne suis pas un grand intellectuel. Mes connaissances sont très limitées, et mon QI est très moyen » [Kevin Costner].

« Je me suis plantée aux examens. Mais comment être en cours à 8 heures quand on se couche à 5 ? » [Adeline Hallyday].

« Je ne suis pas très intelligent, vous savez » [Gilbert Bécaud].

« J'ai fait Mat sup et HEC : c'est-à-dire Maternelle Supérieure, et Hautes Études communales » [Paul-Loup Sulitzer].

« Des fois, je me réveille le matin et je me trouve bête » [Roch Voisine].

« Si vous me demandez quels sont mes diplômes, je n'en ai aucun. [...] Je préfère entendre les gens dire que je ne suis pas intelligent plutôt que d'être traité de con » [Henri Leconte].

JE SUIS NORMAL

« Je vis normalement, comme celles et ceux qui nous regardent » [Jean-Pierre Foucault].

« Emmener les enfants à l'école, préparer trois repas, s'occuper de la lessive et du repassage, tricoter des chandails. Chaque jour est une nouvelle aventure où je suis forcée de tout inventer » [Meryl Streep].

« Je sors d'un milieu normal, pas très haut de gamme » [Patrick Sabatier].

« Je passe beaucoup de temps à la maison, à vivre normalement, avec ma femme et mes enfants, on fait des barbecues le week-end » [Jean-Claude Van Damme].

J'AI DES DÉFAUTS

Madonna : « J'ai horreur de mes pieds ; ils sont vraiment laids. »

Sophia Loren : « Mon nez est trop long, mon menton trop court, mes hanches trop larges. »

Mathilda May : « Je ne me plais pas. Je suis trop ronde et donc condamnée aux régimes. »

Neneh Cherry : « Mes yeux ressemblent à des petits haricots, mon nez est trop plat. »

Jerry Hall : « Mon visage est trop long, mes dents pas assez droites et mes cheveux ont la couleur d'une sale eau de vaisselle. »

Patrick Bruel : « Physiquement, j'ai une apparence classique, même plutôt banale. Des gens bien plus beaux que moi, il y en a des milliers. »

Vanessa Paradis : « Mon gros cul en gros plan, mes mimiques, ma voix, mes dents. Oh là !... »

MES AMIS SONT DES GÉNIES

Le showbiz est une grande famille. En plus convivial. Alors qu'en famille, on aime se foutre sur la gueule en fin de banquet, nos amies les vedettes ne manquent jamais une occasion de se lécher publiquement les bottes. La flagornerie, c'est facile, gratuit et ça rapporte toujours.

« Dorothée m'étonne encore après dix ans. Elle est sans doute la fille qui travaille le plus dans ce métier » [Jacky].

« J'ai signé dans "Navarro" pour Patrick Jamain, le réalisateur, que j'admire. Et parce que Roger Hanin me l'avait demandé » [Catherine Allégret].

« Les fans de Patrick sont fabuleux. Ils m'ont accueillie avec une chaleur et une générosité incomparables. Son public lui ressemble, il est sincère, il ne triche pas » [Pauline Ester, première partie du concert de Patrick Bruel à La Rochelle].

Sophie Marceau, à propos de *La Note bleue* de Zulawski (son compagnon dans la vie) : « Un film si bien écrit que je n'ai eu aucune question à me poser, juste à me laisser guider par mon instinct. »

« Isabelle Huppert est magnifique. Les autres actrices pourront aller se rhabiller. Il n'y aura plus d'autre Madame Bovary, du moins dans cette génération » [Claude Chabrol, auteur du film].

« Je crois que c'est un mec génial. Il est généreux, je lui dois beaucoup. Je ne sais pas comment le remercier de m'avoir fait confiance » [Pauline Ester, encore].

« Je suis triste de quitter Rapp, mais heureuse de retrouver Breugnot » [Christine Bravo, quittant A2 pour TF1 en 89].

« Mes producteurs m'ont dit que ce serait une bonne idée d'avoir un solo d'harmonica de Stevie Wonder. Et il a dit "oui" ! Ça rend la chanson tellement mythique, c'est fabuleux, je suis folle de joie ! » [Paula Abdul].

Lors de la dernière d' « Apostrophes », l'habile Jean Dutourd a su jouer de ses capacités intellectuelles. Bernard Pivot demandait à chacun des écrivains présents son mot préféré. Réponse de l'académicien : « pivot ». Personne n'a osé rire. Ni démentir.

« Ce qui m'a motivée, c'est la formidable équipe de direction de la rédaction : Michèle Cotta, Gérard Carreyrou et, bien sûr, Poivre d'Arvor, que j'admire ! » [Claire Chazal, à son arrivée sur TF1].

« Je ne sais pas si je vais trouver un moyen de remercier Patrick qui soit à la hauteur. S'il accepte, je lui offre mon amitié pour la vie » [Pauline Ester, une fois de plus].

PAS DE FAUSSE MODESTIE

À force de lustrer les pompes des autres, on finit par douter que le cirage qui dégouline sur les siennes ait échoué là sans arrière-pensées. Voilà pourquoi les stars n'hésitent pas à clamer tout le bien qu'elles pensent de leur propre personne. Charité bien ordonnée commence par soi-même. Cette fois, au moins, c'est sincère.

« Si je n'étais pas Lio, je serais tout de même la plus grande fan de Lio » [Lio].

« J'aime et j'admire vraiment les trois films que j'ai réalisés » [Jack Nicholson].

« La plus belle chose qui me soit arrivée dans la vie, c'est ma naissance » [Stéphanie].

Claude Chabrol à propos de son film *Madame Bovary* : « J'ai voulu qu'on ressente la même jubilation quand on lit le livre et quand on voit le film. Je crois que j'y suis parvenu. »

« Sincèrement, je pense que je vais être un bon acteur » [Jon, du groupe New Kids on the Block].

« Je suis probablement la personne la plus intéressante que j'aie jamais rencontrée » [Roseanne Barr].

« Je suis l'écrivain le plus doué de ma génération » [Bernard-Henri Lévy, interrogé par *Le Monde*, pas moins].

« Vaut mieux avoir une grosse tête qu'une petite qué-quette » [Christophe Dechavanne].

DES VÉRITÉS VRAIMENT VRAIES

Personne ne les contredira :

« Je crois que mon album est un album de femme-femme » [Elsa].

« Dans mon public, ce sont surtout les fidèles qui restent » [Jean-Jacques Goldman].

« J'espère que je vais mourir à la fin de ma vie » [Thierry Lhermitte].

« Je me sens proche du soixante-huitard que je suis » [Guillaume Durand].

« Au bout du tunnel, il y a toujours la lumière » [Patrick Bruel].

« J'aime le cinéma parce que c'est merveilleux de par-ticiper à la naissance d'un film » [Marie Chouraqui, épouse d'Élie, productrice].

N.B. : on remplacera avantageusement le binôme « cinéma/film » par « musique/disque », « théâtre/pièce », « cuisine/plat », etc.

▶ Exercices

THÈME   Voici un texte en français courant. Traduisez-le « showbiz », afin de ne pas être coupé au montage par Yannick, l'assistant de production de « Salut les P'tits Clips ! ». (Il est super-sympa, Yaya, j'l'adore.)

◊ « L'an passé, j'ai déclaré 465 303 francs aux impôts. Mon Plan d'Épargne Logement se termine fin juin. Mon dernier disque a fait un bide. Ma fiancée me trompe avec les copains de mon fils. Puisque c'est comme ça, je n'irai plus la chercher en Harley à sa fac. »

VERSION   Voici cette fois un texte en « showbiz ». Traduisez-le en français courant, de manière à faire passer l'émotion dans une classe de terminale du lycée français de Bujumbura (Burundi) – à 6 371 kilomètres de Cognacq-Jay.
◊ « Elle, j'veux dire, c'est comme une sœur pour moi, quelque part. Elle a un talent fou. Depuis juin, on a même plus le temps de se voir entre deux avions. Elle a pas arrêté. Elle a enchaîné date sur date, pour la tournée des plages RMC. Elle fait pas ça pour l'argent, c'est clair. Le problème de ce milieu, c'est que personne renvoie jamais l'ascenseur. Et depuis la rentrée, c'est vrai qu'on l'entend moins sur les FM. Elle assume. Elle est partie se retirer à la campagne pour prendre du recul. Écrire, composer, réfléchir au monde qui nous entoure. Avec les impôts qui l'attendent, faut qu'elle ponde un tube. Complètement, tu vois. »

CORRECTION   « La cigale ayant chanté
Tout l'été,
Se trouva fort dépourvue
Quand la bise fut venue. »

La Fontaine, *La Cigale et la Fourmi*.

▶ **Annexe 1**

COMMENT FAIRE UNE BONNE INTERVIEW

Ils ont de la chance dans le showbiz. Comme on leur pose toujours les mêmes questions, ils donnent toujours les mêmes réponses. Voici, en vrac, les plus utiles. Elles vous rendront bien des services quand viendra votre tour de jouer les vedettes (intervieweur ou interviewé).

1. Êtes-vous un chanteur qui fait du cinéma ou un acteur qui chante ? ***Quelque part, les deux, j'veux dire.***

2. Parmi votre filmographie, quel est votre film fétiche ? ***Aucun. C'est comme si vous demandiez à une mère lequel de ses enfants elle préfère.***

3. Qu'est-ce qui vous a séduit dans le scénario ? ***La beauté du texte. Un rôle comme celui-là, on n'en rencontre qu'un dans sa carrière*** (dire ça à chaque fois).

4. Vous vous affirmez de plus en plus comme le Louis Jouvet (ou la Brigitte Bardot) des années 90... ***Je sais que certains l'ont dit, et c'est très gentil. Mais ce serait prétentieux de ma part de le faire moi-même.***

5. On prétend que vous avez une grande gueule... ***C'est une forme de pudeur. Comme tous les grands timides, j'ai besoin de me faire remarquer.***

6. Il existe entre vous et « Telle Personne » des liens très forts ? *Oui, très très forts. « Telle Personne », c'est un peu comme un frère pour moi.* (Ou une sœur, un père, une mère.)

7. Comment expliquez-vous votre récent passage à vide ? *C'était à un moment de ma vie où j'allais pas très bien. J'avais besoin de prendre du recul.* (À présent, tout va très bien, sinon personne ne vous interviewerait.)

8. Où puisez-vous cette énergie ? *En famille, à la campagne, loin de Paris. C'est là que je retrouve ce que je suis vraiment.*

9. L'amitié pour vous, c'est important ? *Oui.* (Si vous le pensez vraiment, dites « très ».)

10. À une femme : Qu'est-ce qui vous intéresse d'abord chez un homme ? *Son sens artistique.* (À éviter : sa bagnole, son boulot.)

10 bis. À un homme : Que regardez-vous en premier chez une femme ? *Ses yeux.* (À éviter : ses seins, son cul.)

11. Que détestez-vous le plus chez les autres ? *L'absence de franchise.* (À éviter : sa mauvaise haleine.)

12. Quel est votre plus gros défaut *Je suis fainéant. Et comme tous les fainéants, je travaille beaucoup.*

13. Avez-vous déjà touché à la drogue ? *Jamais !* (Si vous êtes camé jusqu'aux oreilles, dites simplement : une fois, pour essayer, à quinze ans. Plus rien depuis.)

14. Vos projets ? *Il est trop tôt pour en parler.*

15. Le succès, c'est important pour vous ? *Franchement, je préfère réussir ma vie, que réussir dans la vie.*

▶ **Annexe 2**

___

JOHNNY CHEZ FOUCAULT, L'INTERVIEW IDÉALE

Le 17 avril 1991, Jean-Pierre Foucault interviewe Johnny Hallyday en duplex des États-Unis. C'est l'événement de « Sacrée Soirée », annoncé dans toute la presse. Johnny est filmé depuis une salle de sport, les muscles saillants, suant dans un débardeur. Foucault est à Paris avec, à ses côtés, le jeune comique Pierre Palmade. L'interview événement ne dure que trois minutes, mais quelles trois minutes ! En voici le compte rendu exact.

Jean-Pierre Foucault : « On va continuer dans quelques instants notre conversation, cher Pierre, mais on va l'interrompre d'abord. Parce que nous avons un faisceau satellite, comme on dit, qui nous attend outre-Atlantique. Qui nous attend à Los Angeles. Et moi...

Pierre Palmade : Jojo ?

Foucault : Eh oui. Je vois déjà sur mon écran...

Pierre Palmade : Ouh ! là ! là !

Foucault : C'est très impressionnant, mesdames-messieurs, applaudissez et regardez en même temps, vous allez compr...

Pierre Palmade : Ouuh ! làààà !

Foucault : Johnny ? Johnny, bonsoir, est-ce que tu m'entends, Johnny ?

Johnny : Oui ça va, par euh... Vous m'entendez ?

Foucault : Très très bien. Et surtout ce qui nous a...

Johnny : Oui, j'entends par à-...

Foucault : Ah bon... Donc ça va s'arran...

Johnny : J'entends par à-coups là oui.

Foucault : Par à-coups, j'aime, oui. Il vaut mieux entendre par à-coups que m'en donner un. Parce que voir la forme olympique qu'a Johnny. J'aimerais que tu nous racontes un petit peu. Un : où es-tu ? Deux : pourquoi tu n'es pas là ? Trois : qu'est-ce que tu fais à Los Angeles ? Alors Johnny : où es-tu d'abord ?

Johnny : Eh bien, euh, je suis à Los Angeles.

Foucault : Oui.

Johnny : Je suis dans une salle de sport qui s'appelle Gold Gym. Et, euh, je m'entraîne ici pour ma tournée d'été, avec mon entraîneur. Et, puis je suis pas à Paris parce que j'ai, j'ai des choses à faire ici. Pour euh, notamment pour euh, travailler sur mon, euh, sur mon prochain album.

Foucault : Alors, Johnny, tu nous promets quand même de venir, très vite, bientôt, courant mai ou courant juin, dans le studio de « Sacrée Soirée »...

– Long silence –

Johnny : Comment ?
Foucault : Ah oui euh... Je vais lui envoyer une lettre.

Pierre Palmade : Quand reviens-tu, Johnny ?

Foucault : Quand reviens-tu nous voir à « Sacrée Soirée », Johnny ?

Johnny : Je reviens, je serai là prochainement euh, pour, pour faire ton émission bien sûr.

Foucault : O. K. !

Johnny : Pour « Sacrée Soirée », et puis euh... Et puis voilà. Et puis je... Et puis je pars en tournée le, le 10, le 10 juillet.

Foucault : Alors avant de parler de cette tournée, j'aimerais que tu nous expliques, Johnny, à quoi tu passes tes journées dans cette salle de musculation parce que, euuuh, ça porte ses fruits, c'est très très impressionnant. Comment fait-on ? Quels sont les exercices que te demande ton entraîneur à tes côtés ?

Johnny :... Ben il me... il me demande plein d'exer... Enfin il me demande des ex... des exercices de... Ben on travaille par parties, on travaille, euh, un jour les bras, un jour les pectoraux, un... les dorsaux, euh. C'est assez euh... On travaille à peu près trois heures par jour.

Foucault : Oui. Et com... combien de temps faut-il pour que tu te sentes dans une forme dite « olympique » ?

Johnny : Aah ben c'teuh... C'est... ça commence à venir là, ça commence à venir, parce que ça fait un mois qu'on s'entraîne.

Foucault : Ça se voit, hein ?

Palmade : Ça commence à se voir.

Johnny : Et euh... ben ça commence à venir. Toute façon c'est toujours bien, c'est c'est, on se sent, on se sent mieux en forme pour euh... pour la scène de toute façon.

Texte intégral. (Ni rajout, ni suppression ; ponctuation retranscrite au plus près.)

2

Comment parler comme un cuisinier moderne

Au cours de son existence, le Français avale de 75 000 à 100 000 repas, et consacre à cette tâche de treize à dix-sept années de sa vie éveillée, petit déjeuner compris.

Des gourmets, les Français ? Des goinfres, oui ! En une seule année, nos compatriotes ingurgitent 365 fois la consommation quotidienne de 56 millions d'habitants. C'est suicidaire. Et scientifiquement prouvé.

Voilà comment l'industrie alimentaire est aujourd'hui la première industrie française. Plus lourde que l'armement et l'automobile.

Leibniz serait déçu : le melon ne se mange plus en famille. Ni quoi que ce soit d'autre. On n'a plus le temps. D'ailleurs, il n'y a plus de familles. Un couple réuni à table avec ses quatre enfants, leur vieil oncle et les deux grand-mères est une communauté aussi rare qu'un troupeau de mammouths retrouvé intact sous la glace.

Pour ne pas mourir de chagrin comme des orphelins, nous compensons avec le riz « Oncle Ben's », le yaourt « Mamie Nova », la confiture « Bonne Maman » tartinée sur un gâteau « Papy Brossard », pour finir avec le café « Grand'mère ».

Nous négligeons peu à peu la boucherie au détail et les fruits frais, supplantés par les desserts lactés sous cellophane, la volaille prédécoupée et les barquettes précuites sous vide.

Un repas sur trois se prend désormais à l'extérieur du domicile. Là encore, tout change. On ne va plus au restaurant pour se nourrir, mais pour « faire la fête ». L'alimentation se consomme comme un loisir, au même titre que le cinéma ou la boîte de nuit. Du coup, les aubergistes soignent le décorum, assortissent les couverts, lustrent l'argenterie et montent la sono.

Le menu ? On ne le change pas, on le rewrite.

« Compote de pommes » fait cantine ? Une fois rebaptisée, « la nage de reinettes du verger » évoque les ciselures de porcelaine des ramequins princiers. Ça ne coûte rien, et ça rassasie la clientèle.

▶ **Vocabulaire**

LES CARTES À LA SAUCE POST-MODERNE

Littérateurs et restaurateurs ont toujours fait bon ménage. À commencer par les jurés Goncourt, célèbres pour leurs gobichonnades chez Drouant.

En retour, le plus obscur gâte-sauce nourrit des velléités d'académicien. Les cartes de restaurants ressemblent chaque jour davantage à des dissertations de troisième, avec leurs mots compliqués placés là pour faire joli. Et à l'instar du nouveau roman, l'irruption de la nouvelle cuisine n'a rien fait gagner en compréhension.

PÉTALE. Tranche. « Pétales de melon à l'ancienne » [le Procope].

GOUJONNETTE. Tranche fine. « Friture de goujonnette d'espadon » [les Fontaines]. N.B. : terme inconnu du Petit Robert.

AIGUILLETTE. Tranche mince et longue, théoriquement détachée d'une volaille. N.B. : « l'aiguillette » est plus fine que le « pétale », mais moins que la « goujonnette ».

BÂTONNET. Aiguillettes désépaissies dans la longueur. À ceux et celles qui suivent un régime, nous conseillons les « bâtonnets de carottes ».

EFFILOCHÉE. Bâtonnet, en plus transparent. « Goujonnette de sole à l'éffilochée d'endives » [Le Bistrot du Sommelier].

SIFFLET. Portion de bâtonnets.

JAMBONNETTE. Cuisse. « Jambonnette de pintade fermière au calvados » [le Procope].

LIT. Demi-portion. « C'est servi sur un lit d'épinards, tout ce qu'il y a de léger » [le serveur de Chez Germain].

PLUCHE. Demi-sifflet. « Pluches de cerfeuil ».

STIGMATE. Quantité qui ne laisse pas de trace. « Raie poêlée aux stigmates de safran » [le Planelle].

BAIES EXOTIQUES. Piments.

FRUITS ROUGES. Dénomination nébuleuse mais sucrée, irremplaçable lorsqu'il n'y a plus de framboises. Ou de fraises. Ou de groseilles. Ou de n'importe quel fruit rouge.

FRUITS DES BOIS. Fruits rouges, en plus cher. N.B. : par un curieux hasard, on trouve davantage de fruits des bois dans les restaurants que dans les bois, où ils sont gratuits.

PAVÉ DE CHAROLAIS. Bifteck (plat national depuis le milieu du XIXe siècle).

MIGNON. Filet. « C'est pour qui, le joli mignon ? » [le serveur (serveuse ?) de la Fermette Gay].

DE LA FERME. Pasteurisé. « Camembert de la ferme affiné à point ».

FRAÎCHEUR DE SAINT-JACQUES EN COQUILLE. Saint-Jacques surgelées reconstituées. N.B. : grâce à la conservation sous vide, il est possible d'en trouver hors saison, en plein mois d'août par exemple. Appétissant, non ?

MOSAÏQUE. Petite assiette. « Mosaïque de légumes grillés au romarin » [Brasserie Fernand].

BOUQUET. Salade [Fouquet's].

EFFEUILLÉE DU JARDIN. Salade [la Maison d'Alsace].

CRUDITÉS MARAÎCHÈRES AUX FINES HERBES. Salade [la Fermette Marbeuf].

MÊLÉE. Assortiment. « Mêlée de salades au haddock » [la Vigne].

MEDLEY. Mêlée. « Medley de poissons sur ratatouille niçoise » [le Bistrot du Petit Bedon].

MÉLI-MÉLO. Medley. « Méli-mélo de salades aux pointes d'asperges » [la Maison de l'Alsace].

CHIFFONNADE. Tranches en vrac. « Chiffonnade de jambon de Parme » [Bistrot de la gare].

NAGE. Buisson. « Nage de filets de rougets parfumés à la citronnelle » [Brasserie Fernand].

BUISSON. Nage. « Buisson de langoustines rôties en persillade » [Brasserie Fernand].

LA TECHNIQUE

« Y a-t-il une évolution du symbolisme du feu à travers celle des techniques de cuisson ? »

L'interrogation n'émane pas du philosophe Gaston Bachelard, mais du chef cuistot Alain Senderens, dans un article signé par lui dans Le Monde. *C'est qu'aujourd'hui, les chefs les plus toqués rédigent leurs menus comme des sommaires de revues d'avant-garde.*

Les notions pour le moins ordinaires laissent la place à de ronflants termes techniques. Même si cela n'ouvre pas l'appétit, au moins ça impressionne.

EN CHEMISE. Avec la peau. « Andouillette en chemise au mâcon blanc [le Calmont].

PAPILLOTE. Dans du papier aluminium. « Papillote de dorade au thym frais » [Chez Francis].

FORESTIÈRE. Cuit à l'eau. « Confit de canard pommes forestières » [Drugstore Saint-Germain].

ROBE DES CHAMPS.   Avec la peau. « Vous préférez mieux (sic) avec frites, ou des pommes de terre en robe des champs ? » [le serveur du Diable des Lombards].

POMMES ALLUMETTES FRAÎCHES.   Frites [Hippopotamus].

FEUILLANTINE.   Feuilleté. « Feuillantine de rognons de veau » [Brasserie Fernand].

À L'UNILATÉRAL.   Cuit d'un seul côté. « Saumon à l'unilatéral » [le Pichet].

CHIFFONNÉE.   Verte. « Salade chiffonnée. » N.B. : à ne pas confondre avec « chiffonnade » (voir plus haut).

À L'ANGLAISE.   À la vapeur.

FUMET.   Jus de cuisson de la tête et des arêtes du poisson.

MIGNONNETTE.   Néologisme d'épaisseur inconnue. « Mignonnettes de filets de bœuf aux deux poivres » [le Pichet] : steak au poivre, à peu de chose près. N.B. : selon le Petit Robert, mignonnette désigne 1. une plante ; 2. une doublure de vêtement ; 3. du poivre concassé pour assaisonner les huîtres ; 4. du gravier.

MATELOTE.   Ragoût de poisson. « Matelote d'anguilles ».

DARIOLE.   Pâté en croûte mieux présenté.

DODINE.   Dariole. « Dodine de pigeon en gelée aux deux cuissons » [Chez Beau-Geste].

BALLOTTINE.   Dodine.

GALANTINE.   Dariole.

PANNEQUET.   Paquet ? « Pannequets d'huîtres chaudes »
[Benoît].

ROSE À L'ARÊTE.   Pas très cuit. « Comment ça, il est pas
grillé votre poulet ? Il est rose à l'arête. Nuance, mon cher
monsieur ! » [le chef, descendu en salle].

SOUPE.   Légumes cuits à l'eau, pas forcément en potage.
« Soupe de poireaux » [Le 30 (succursale Fauchon)].
Il s'agit en fait de poireaux servis dans une assiette à
soupe.

GRILLÉ.   Grillade, chez Hippopotamus. N.B. : pour
débarrasser l'enseigne de sa réputation « bidoche-en-
sauce-aux-calories », le concepteur de la campagne
publicitaire s'est finement justifié : « Il ne s'agit pas de
prendre de front le problème de la viande, mais d'avoir
une attitude Hippo. »

SAVEUR.   Sauce, chez Hippopotamus. Ça fait moins gras,
effectivement.

FRAÎCHEUR.   Salade, chez Hippopotamus.

LES PRÉCISIONS SUPERFLUES

C'est toujours plus beau lorsque c'est inutile...

CUISSE ET RÂBLE DE LAPIN À LA MOUTARDE.   Lapin à la
moutarde [Fouquet's].

FRICOT DE VEAU AUX QUEUES DE CÈPES SÉCHÉS. Veau aux champignons [le Grizzli].

PETITE SALADE D'AUTOMNE À L'HUILE DE NOISETTE, PAIN DE CAMPAGNE GRILLÉ. Salade aux croûtons.

RIZ GRAND-MÈRE. Riz au lait [Bistrot de la Gare].

ESTOUFFADE DE BŒUF. Ragoût de bœuf.

BAVETTE À LA COMPOTÉE D'ÉCHALOTES. Bavette aux échalotes [Chez Grand-Mère].

LENTILLES EN VRAC AUX OIGNONS JEUNES À L'HUILE D'OLIVE VINAIGRÉE. Lentilles vinaigrette [la Galette de Redon].

MORUE FRAÎCHE À LA PROVENÇALE. Cabillaud à la ratatouille. N.B. : le vrai nom de la morue fraîche est cabillaud. La carte du Petit Marguery pousse le raffinement jusqu'au « dos de morue fraîche aux épices ».

AGNEAU RÔTI AU SEL DE GUÉRANDE. Agneau salé [les Fernandises].

ONGLET DU BOUCHER À L'ÉCHALOTE. Indispensable précision, au cas où on nous servirait celui de la mercière [Gallopin].

PETIT CURRY D'AGNEAU DE LAIT AUX POIRES, TIMBALE DE RIZ SAUVAGE AUX RAISINS BLONDS. Curry d'agneau [Pierre Gagnaire].

PIGEON DE BRESSE À LA VAPEUR DES GARRIGUES. [Gérald Passédat, le Petit Nice]. La vapeur d'eau n'était pas assez humide ?

LES CONTRE-EMPLOIS

Au contraire de la viticulture, où chaque terme (château, cru, cépage, etc.) vaut son pesant de champagne millésimé, il n'existe pas d'appellations contrôlées dans le domaine des recettes de cuisine. N'importe quel plat peut recevoir n'importe quel nom. Alors pourquoi se priver d'appeler un chat un chien ? C'est tellement plus chic...

POT-AU-FEU. Vaste bouillon, dont la traditionnelle viande de bœuf est parfois exclue. « Pot-au-feu de canard. »

RILLETTES. Pâté en plus pâteux, livrable en vingt-quatre heures (du Mans). « Rillettes de maquereau » [les Fernandises] ; « Rillettes de canard » [Aux Négociants].

CHOUCROUTE. Mélange de légumes marinés, pas forcément dans la bière, pas forcément alsaciens. « Choucroute aux 3 poissons » [le Pavillon Baltard]. N.B. : si vous aimez les mélanges, la même enseigne propose pour deux francs de moins une « choucroute au pot-au-feu » ; cela ne s'invente pas (mais ça se mange).

PARMENTIER. Avec de la purée. « Morue parmentier » [Aux Négociants]. N.B. : en français, cela s'appelle de la brandade.

COUSCOUS. Merguez ou pas, bon comme là-bas, dis ! « Couscous de poisson » [le Café parisien].

BOUILLABAISSE. Brouet touillé à la spatule, façon soupe de poisson. « Bouillabaisse d'œufs » [la Bélière].

TORTELLINIS. Pâtes fourrées avec n'importe quoi qui se mange. « Tortellinis d'escargots de Bourgogne au pistou » [Richemond Tremaille].

CARPACCIO. Tranches fines, pas forcément de bœuf. « Carpaccio de canard fumé » [le Bistro d'à-côté].

TARTARE DE THON. Thon écrasé à la fourchette (pas forcément cru).

NAVARIN. Théoriquement ragoût de mouton. Mais on vous sert ici et là du « Navarin de poisson aux petits légumes ».

PAVÉ. Pas toujours de quoi terrasser un CRS. Le « pavé de volaille » de l'Impasse ne consiste qu'en quelques filets de poulet.

LE CLUB DES POÈTES

Les haricots rondelets
Font un lit tendre et mollet
Où le confit se prélasse.

Quelle audace verbale ! Au Restaurant du Marché, de succulents tercets enjolivent la carte et appâtent le convive.

Goûtez plutôt cet autre :

O saucisse de nos amours
Nous te chérirons toujours
Toi qu'à Francfort on jalouse.

Exemple à suivre, autant qu'à méditer. Amis poètes, à table !

PRÉFACE GUSTATIVE. Entrée [la Bresse].

SÉLECTION DU POTAGER. Crudités [les Saveurs].

IMPATIENCE CAPUCINE. Terrine de légumes au fromage blanc [chaîne de restaurants Oh Poivrier !]

HACHIS PARMENTIER ROBERT HOSSEIN. Hachis parmentier [Fouquet's].

LOTTE EN HABIT VERT. Lotte aux poireaux [*Recettes de chefs en chefs*, Éditions Robert Laffont].

ASSIETTE DE GUILLOTINES. Tranches de Poilâne en lamelles avec charcuterie [Au duc de Richelieu].

DIMENSION FUCHSIA. Tomate mozzarella [Oh Poivrier !].

MERLAN FRIT EN COLÈRE. Merlan frit [le Ballon des Ternes]. C'est le retour du poisson-zombie. Furieux d'être déjà mort !

DIAGONALE INDIGO. Rosbif en salade [Oh Poivrier !].

IVRE D'HERMITAGE. Au vin. « Le coq ivre d'hermitage aux pâtes fraîches » [le Procope].

OBLIQUE AMARANTE. Pont-l'évêque, brie et cantal [Oh Poivrier !].

NEIGE AU COULIS DE FRUITS. Fromage blanc/confiture [Virgin Megastore].

PETIT PÂTÉ CHAUD DE LAPEREAU DE GARENNE, BEURRE SALADE DE ROQUETTE, DE FEUILLES DE CHÊNE, D'ÉCLERGEONS À L'HUILE DE NOIX ET AUX CHAPONS. Pâté de lapin et salade [Alain Chapel].

SORBET DE L'AU-DELÀ DES MERS. Glace à l'eau, parfumée au citron et à l'ananas [*Recettes de chefs en chefs*].

LES BOÎTES

Toutes les études concordent (et Dieu sait s'il y en a). Les Français consomment chaque année davantage de plats tout prêts. Mais avec la bouche de plus en plus fine. Il leur faut moins de calories et plus de qualité. Vaste programme.

Les industriels l'ont compris. À compulser la liste des surgelés débités au Monoprix du coin, on les croirait échappés d'une taverne basquaise ou du souk de Marrakech.

Loin de nous l'intention de railler a priori la cuisine en boîte. La « ligne exotique » Buitoni a même remporté un prix : celui de l'Institut français de l'emballage. Et si ! « Nous vendons du rêve, explique Pascal Meyer, responsable de la gamme. En stylisant chaque coupelle, nous avons particulièrement insisté sur la charge d'imaginaire liée au produit. »

Des cassolettes en sac plastique, ce n'est plus de la charge d'imaginaire, c'est le croisement du surréalisme et de l'alchimie. Le plus incroyable, c'est que ça se mange.

NOUVELLE TRADITION. Plat cuisiné en boîte (Findus).

LES CONNAISSEURS. Marque de plats cuisinés en boîte métallique (de la choucroute au cassoulet).

MITONNÉS. Plats cuisinés en barquette (Fleury-Michon).

SAVEURS TYPIQUES. Plats cuisinés en barquette (Fleury-Michon).

MARMITADE. Plat cuisiné en boîte (Marie).

MENU. Plat cuisiné en sachet plastique (Père Dodu).

MENU FROMAGE. Sorte de steak de fromage. Contient entre autres : eau, fromage – une chance ! –, protéines de lait, viande de dinde, etc. Existe aussi au jambon.

SAVEURS OCÉANES. Plats en sachets Fleury-Michon, finement aromatisés. Plusieurs modèles sont disponibles. Miettes de poisson : au goût de crabe (mais pas au crabe). Noix de poisson : au goût de Saint-Jacques (mais pas aux coquilles Saint-Jacques). Médaillon de poisson : au goût de langouste (mais pas à la langouste).

CUISINÉS DU JOUR. Plats cuisinés surgelés (Findus), parfois sortis de l'usine depuis plusieurs mois.

PUR'SOUP. Soupe en carton (Liebig).

TRAITEUR. Ligne de tartes surgelées (Belin).

SAVEURS DU MONDE. Ligne de plats « exotiques » en boîte (Garbit).

TRADITION. Concept culinaire néo-chimique. Chez Géo, le jambon « Baron tradition » se présente en barquette plastique, et renferme également sucres, conservateurs, sel nitrité, ascorbate et salpêtre. Étrange tradition...

DE PAYS. De la fabrique. Le « Jambon de Pays » Olida recèle lui aussi sel, sucres, assaisonnements et conservateur (salpêtre). N.B. : pourvu que les deux concurrents ne s'associent pas dans la création d'un « jambon tradition du pays ».

LA LAITIÈRE. Yaourt fabriqué à la tonne, et livré dans tout le pays par semi-remorques (Chambourcy).

MAISON. Marque de confiture industrielle, gélifiée à la pectine de fruits.

À L'ORANGE. De couleur orange. N.B. : « Oasis à l'orange » contient 10,76% d'orange. C'est précis, et largement suffisant.

ORANGEADE. Sirop sucré également de couleur orange (Tamango), dont la composition ne fait même pas allusion à l'orange, le fruit.

PARLONS D'AVENIR...

En cinq ans, la consommation des surgelés a progressé de 72%. Celle des fours à micro-ondes suit une courbe similaire. On n'arrête plus le progrès. Pour gagner quelques secondes, 26% des ménages possèdent un ouvre-boîtes électrique. On voit par là qu'il n'y a pas de temps a perdre...

LAIT REMODELÉ. Lait travaillé industriellement, sans lactose, et contenant 25% de matières grasses en moins.

LAIT VÉGÉTALISÉ. Mélange de composés de produits laitiers et de soja (spécialité japonaise).

CULARD. Bœuf « à gros cul ». Nouvelle variété obtenue par sélection génétique poussée. Les culards ont l'arrière-train surdéveloppé qui donne 20 à 30% de biftecks de plus que les bœufs normaux.

CRACKING. Fractionnement d'un produit de base permettant de lui retirer un composant non diététique.

IONISATION. Technique future de conservation des aliments ; en attente d'autorisations gouvernementales.

LYOPHILISATION. Séchage par le vide.

AGENT DE TEXTURE. Émulsifiant, stabilisant, épaississant ou gélifiant.

ÉMULSIFIANT : composant chimique utilisé pour mélanger l'eau (ou un produit ayant une affinité avec l'eau) et les corps gras (ou un produit ayant une affinité avec les corps gras). Ex. : la lécithine, qui permet de faire « prendre » les mayonnaises en tube ou en pot.

AGENT DE SAPIDITÉ. Goût artificiel.

EXHAUSTEUR DE SAVEUR. Améliore le goût (souvent déjà artificiel) des plats industriels.

VIANDE RESTRUCTURÉE. Morceaux artificiellement reconstruits à partir de déchets de morceaux nobles.

PIÉCÉ. Prédécoupé. « Grâce à la volaille piécée, les enfants ne se battent plus pour avoir la cuisse : ma femme n'achète que des cuisses » [un directeur de supermarché].

QUATRIÈME GAMME. Produits frais et crus, conditionnés sous atmosphère contrôlée, prêts à l'emploi (laitue triée et lavée, par exemple).

ATMOSPHÈRE CONTRÔLÉE. Cocktail de gaz, ou gaz neutre (*cf.* : azote), qui remplace l'air dans les sachets de salade sous plastique. N.B. : l'atmosphère contrôlée prolonge de sept à vingt et un jours la durée de conservation des légumes prétendus « frais ».

FRITINI. Hamburger végétal, mélange de froment, de seigle, soja, carottes, oignons et épices.

PET. Polyéthylène téréphtalate, dernier avatar des matières plastiques. « Oasis a bien fait de choisir le PET pour sa nouvelle bouteille » [un ingénieur de fabrication].

CARONDE. Nouvelle boîte de conserve de la marque d'Aucy, ronde aux extrémités, carrée au milieu.

APPERTISÉ. En boîte de conserve.

APPERTISATION. Nom scientifique de la conserve (procédé inventé par le Français Nicolas Appert en 1805).

IRRADIATION. Procédé de conservation.

FRIGOTARTINABLE. Qui se tartine directement à la sortie du réfrigérateur. « Président Light : un beurre frigotartinable » [dossier de presse].

TARTINABILITÉ. Capacité à se faire tartiner. « Sa tartinabilité n'enlève rien à sa saveur » [dossier de presse du beurre Président Light].

NATURALITÉ. Apparence naturelle. « Toute la naturalité du beurre assure un fort capital-plaisir » (dossier de presse Président).

SURIMI. Poisson artificiel japonais texturé et aromatisé au fumet de crabe synthétique. « Souvenez-vous : surimi = caca ! » [Jean-Pierre Coffe].

▶ Syntaxe

Voilà pour le vocabulaire. Ensuite, c'est simple. Avec les mots, il suffit de faire des phrases.

L'ARTICLE DÉFINI

Comme les princes du Sentier qui ne s'achètent jamais une Mercedes, mais LA Mercedes, les gloires des fourneaux aiment servir LA salade de pignons d'asperges avec LE plateau de fromages (si vous préférez LA terrine de foie gras, goûtez donc LE sauternes).

L'ADJECTIF POSSESSIF

LE SUPRÊME DE CANETTE ET SON ESCALOPE DE FOIE GRAS DE CANARD [le Montagnard].

PIÈCE DE BŒUF GRILLÉE ET SA COURGETTE FLEUR [Brasserie Fernand].

BROCHETTE DE FRUIT ET LEUR COULIS [le Train Bleu].

CHOCOLAT AMER ET SA CRÈME ANGLAISE AU CAFÉ [la Coupole].

LES INVERSIONS

FLAMBÉE DE PÊCHES. Pêches flambées [la Terrasse].

POÊLÉE DE POMMES-FRUITS AU BOUDIN. Boudin aux pommes [Camille].

L'AMOUR DES CHIFFRES

CRÈME BRÛLÉE AUX DEUX SUCRES. Crème trop sucrée [Virgin Megastore].

SALADE À L'HUILE DE NOIX ET À L'HUILE DE PÉPINS DE RAISINS. Salade trop grasse (mais avec la bonne conscience en plus).

PLAISIR AUX TROIS MIRABELLES. Tant que ça ? [la Maison de l'Alsace].

MOUSSE AUX TROIS CHOCOLATS. Hem... [la Taverne Kronenbourg].

PIZZA PÂTE FINE AUX TROIS FROMAGES. Pizza surgelée Findus.

FAUTE À LA SYNTAXE

La faute de syntaxe la plus couramment (et sciemment) pratiquée consiste à remplacer « au » par « de ». Ex. : « beurre de truffes » pour « beurre aux truffes ». L'avantage est notoire :

l'usage du de laisse augurer que la truffe ne joue pas un modeste rôle de condiment en quantité infinitésimale, mais qu'elle représente l'essence même du beurre. C'est mieux, mais c'est plus cher.

VINAIGRE DE FRAMBOISE. Vinaigre de vin, aromatisé à la framboise.

CANNELLONI DE MOUSSERONS. Cannellonis parfumés aux mousserons.

CRÈME D'HERBES. Sauce aux herbes. « Omble chevalier à la crème d'herbes » [L'Œnothèque]. Dans la foulée, la brasserie l'Européen est parvenue à extraire de la « crème de laitue » pour ses « filets de truite de mer ».

TURBOTIN GRILLÉ DANS LA TRADITION. Turbotin grillé selon la tradition. N.B. : vu les sévices que subit journellement la tradition, je ne souhaiterais pas à mon pire ennemi d'y mijoter.

▶ **Exercices**

THÈME Voici un texte en français courant. Traduisez-le en « néo-latin de cuisine » afin de le rendre accessible au P.-D.G. d'une société de biscuits fermiers asséchés sous azote, voire un gastro-entérologue parfaitement renseigné.
◊ « Tant va la cruche à l'eau qu'à la fin elle se casse. Adieu, veaux, vaches, cochons, couvées. Il faut manger pour vivre et non vivre pour manger. »

VERSION Voici cette fois une recette de cuisine assaisonnée à la sauce la plus moderne. Traduisez-la en français courant, de manière à la rendre digeste pour la chaisière du jardin du Luxembourg, émérite cordon-bleu, lauréate 1949 du concours de tartes aux quetsches de Fermanville (Manche).

LE DÉLICE IMMACULÉ
ET SON MIEL DE MILLE FLEURS.

◊ « D'une baratte de miel de montagne – ou en saison miel des vallées –, extrayez quatre noisettes de la taille d'une demi-noix. Disposez-les en sifflets avant de les faire mollir au bain-marie dans une cassolette préalablement garnie en papillote. Pendant ce temps, réchauffez à l'ancienne une mesure de lait entier (pour plus de saveur, vous pouvez utiliser du lait remodelé).

Additionnez délicatement le fumet brunissant à la nage lactée ainsi obtenue. Tournez en bouillabaisse jusqu'à ce que la saveur du miel s'incorpore entièrement au pot-au-feu.

Servez la matelote en ramequins.

Saisissez-la en bouche.

Le service est compris. Si vous le souhaitez, des chambres sont à votre disposition à l'étage. Très bonne fin de soirée. »

CORRECTION
DINGOLAIT.

« Ingrédients : une tasse de lait et deux cuillerées à café de miel.

Comment procéder : au lait très chaud, ajoutez le miel. Remuez bien. Ensuite : 1° Versez dans la tasse ; 2° Avalez ; 3° Allez vous coucher. »

Les Bonnes Recettes de grand-mère Donald, Walt Disney, Hachette (préface des Castors Juniors)

3
Comment parler comme un footballeur

Nantes-Monaco, Championnat de France de football. Dès la 10ᵉ minute, les commentateurs remarquent « une tête jaune dans la lucarne ».

Cela ne signifie pas qu'un Chinois resquilleur suit le match par un soupirail. Mais qu'un Nantais a expédié d'un coup de crâne le ballon dans le coin supérieur du but. Voilà comment l'ignorance peut conduire à de répugnants sentiments racistes, voire au désintérêt envers un sport olympique.

L'homme d'aujourd'hui ne peut survivre sans comprendre le langage universel du ballon rond – en français : du football.

C'est le premier spectacle télévisé du monde. La Fédération française compte plus d'un million et demi de licenciés. Quel parti politique peut se vanter de tels effectifs ?

Pourtant, à l'approche du Championnat d'Europe – où les Tricolores ont une chance de faire-mieux-la-prochaine-fois –, cet univers viril mais correct connaît des exclus. Une minorité de jolies femmes sous-informées ; quelques intellectuels courageux mais effrayés par la foule ; et surtout d'innombrables novices, de l'ingénieur à l'agrégé, rebutés par la technicité du vocabulaire et la richesse de la syntaxe.

▶ Vocabulaire

Marguerite Duras, lors de sa célèbre interview de Michel Platini dans *Libération*, s'était hasardée : « Le terrain, c'est le lieu où jouent les joueurs. »

Platini avait acquiescé mollement, à la manière du touriste approuvant sans comprendre le berger grec qui lui indique sa route en patois.

Car Duras ne parle pas la langue de Platini. Elle aurait dû dire : « L'herbe du Parc, c'est là qu'évoluent les 22 acteurs. » Michel aurait applaudi à tant d'érudition. On voit par là que même nos grands auteurs ont encore à apprendre.

AVERTISSEMENT

Pas de football sans télévision. Pas de télévision sans football. Et vice versa.

À la radio, c'était simple. Le speaker ne commentait pas : il racontait. Au contraire, à la télé, quand le ballon traverse le rond central, le commentateur ne peut se contenter de lâcher : « Le ballon traverse le rond central. » On allait le dire !

C'est ce qui distingue le commentateur de l'honnête homme. Il lui faut sans cesse inventer. Et davantage lorsqu'il ne se passe rien.

Voilà comment Fernandez, suant sous la canicule, a expédié à son insu « une balle pleine de neige ». Ainsi, le commentateur justifie son salaire et impressionne sa maîtresse (son épouse ne regarde plus les matches depuis longtemps).

DICTIONNAIRE DE BASE

GARÇON. Joueur. « Cantona, un garçon qui a fait ses preuves à Auxerre. » N.B. : le mot « garçon » ne désigne jamais un garçon du public, ni même un arbitre. Pour évoquer un petit ramasseur de balles, on précisera « un jeune garçon ». Dans le cas du fils d'un joueur, on citera son prénom. Ex. : « le petit Jean-Baptiste », dont le « jeune papa » doit être « bien fier ».

ACTEURS. Joueurs. Uniquement au pluriel, l'ensemble des joueurs sur le terrain. « Les 22 acteurs nous ont offert un beau match ». N.B. : c'est 22 ou rien ! L'expression « les 11 acteurs stéphanois » est à bannir.

CULOTTE. Short. N.B. : sous la culotte les joueurs portent encore une culotte, comme le veut le règlement.

BAS. Chaussettes. N.B. : ne s'applique jamais aux dessous des spectatrices.

BALLE. Ballon, généralement en mouvement. Ex. : « Mozer pose le ballon à terre. Puis il expédie une balle liftée sur la tête de ses attaquants. »

HERBE. Pelouse.

ANABOLISANT. Drogue. N.B. : l'herbe n'est pas une drogue dans le football.

CADRE. L'intérieur de la cage défendue par le goal. « Douze tirs, dont deux seulement dans le cadre. »

DIRIGEANT. Cadre d'une équipe de football. Le soigneur ou le gardien du stade font partie des « dirigeants », même s'ils ne dirigent strictement rien.

CAVIAR. Passe superbement ajustée. « Oh, le beau caviar de Gullit pour Van Basten. »

GONFLE.   Ballon, dans le jargon professionnel. N.B. : ce terme n'étant pas encore assimilé par les commentateurs télé, nous déconseillons aux débutants de s'encombrer la mémoire.

LUCARNE.   Coin extrême des poteaux, à droite ou à gauche sous la barre transversale. « Une lucarne de 30 mètres. »

SERIN.   Nom d'oiseau relatif à un joueur en méforme, instantanée ou chronique. « Un tir de serin. »

TOILE D'ARAIGNÉE.   Décoration imaginaire écartelée en pleine lucarne. « Formidable coup franc ! Pardo a décroché la toile d'araignée ! »

ÎLES.   Provenance caractéristique des joueurs noirs (même s'ils viennent d'Afrique, qui est un continent et non une île). Ex. : « Boli et Weah, deux garçons des Îles. »

AZURÉEN.   Joueur cannois ou niçois, c'est-à-dire venu de la Côte d'Azur.

AZUR.   Bleu. Caractérise exclusivement les couleurs d'une équipe. On dira « le maillot azur des Italiens », et non pas « une 205 azur mal garée bloque l'entrée du stade ».
Le langage du football aime à poétiser les couleurs de ses équipes, comme autant de blasons. D'autres exemples, à titre indicatif :

LES GRENAT.   L'équipe au maillot violet.

LES MARINE.   L'équipe au maillot bleu marine.

LES SANG ET OR. L'équipe au maillot rouge et jaune. N.B. : ces deux couleurs forment une paire indissociable. En parlant des maillots rouges de Liverpool, on ne dit pas « les sang », mais « les red ». Les Nantais qui jouent en jaune ne sont pas « les ors » mais « les canaris ».

LES BLEUS. Les Français (même s'ils jouent en blanc).

LES TRICOLORES. Les Français, mais seulement les Français. Malgré les trois couleurs de leurs drapeaux respectifs, Italiens, Allemands, Hollandais ou Camerounais n'accéderont jamais au stade de « tricolores ».

LES ACTIONS

POINTU. Coup de pied tiré de la pointe du pied. « Un pointu directement en touche ».

TÊTE. Action qui consiste à taper le ballon d'un coup de crâne. N.B. : la tête, en tant qu'organe, se dit « le crâne ».

ESCALOPE. Petite motte de terre laissée par les crampons lorsqu'ils se sont trop enfoncés dans le terrain.

BICYCLETTE. Ballon repris sans qu'aucun des deux pieds ne touche le sol.

LOUCHE. Courte passe aérienne survolant le défenseur adverse.

PIQUÉ. Orienté vers le bas. « Une tête piquée. »

CLOCHE.   Louche, mais en plus aérien. « Mal joué, cette balle en cloche ! »

TOILE.   Erreur grossière, commise en défense. N.B. : une erreur commise en attaque se dit simplement « une erreur ».

AILE DE PIGEON.   Déviation effectuée avec l'extérieur du pied, la jambe levée sur le côté. N.B. : selon Thierry Roland et Jean-Michel Larqué de TF1, « l'aile de pigeon » est invariablement « chère à Jean-Pierre Lacoste », personnage mystérieux dont le téléspectateur (ainsi que l'auteur de ces lignes) ignore tout.

POTEAU RENTRANT.   Balle déviée à l'intérieur du but par l'un des deux montants. Absurdité sémantique troublante : aucun poteau n'est jamais parvenu à pénétrer à l'intérieur de ses propres buts, délimités par lui.

NICHE.   Partie immatérielle du corps du gardien de but, située entre l'abdomen et les avant-bras recourbés. « Une balle directement dans la niche. »

CRAMPONS BOUCHON.   Crampons spéciaux pour terrains boueux. N.B. : terme remontant à l'époque où certains crampons étaient en liège.

PETIT FILET.   Partie triangulaire du filet, située sur les côtés de la cage du gardien de but.

PEAU DE PÊCHE.   Matériau fictif dont s'équipent les gardiens de but en verve. « Joël Bats a mis les gants en peau de pêche. »

MARQUER À LA CULOTTE. Ne pas quitter son vis-à-vis d'une semelle. « Jacques Chirac s'est attaché à marquer Valéry Giscard d'Estaing à la culotte » [Serge July].

PLEINE DE NEIGE. Balle expédiée si haut qu'elle devient délicate à négocier en retombant.

COUP DE PIED DE COIN. Corner, en français.

VENTRE MOU. Milieu de classement. « Séville navigue dans le ventre mou du championnat espagnol. »

FAUSSE QUEUE. Balle aérienne qui ripe sur le pied du joueur.

SE DÉVISSER. Commettre une fausse queue.

CARRÉ. Se dit du pied d'un joueur particulièrement maladroit. « Trop de Stéphanois ont le pied carré. »

COUP, BON COUP, TRÈS BON COUP. Opportunité de marquer. « Trois contre un : en voilà un bon coup ! » Aucun sous-entendu sexuel.

MOELLE. Énergie. « Il va falloir que l'OM ait de la moelle. »

ÉNERGIE. Violence de la part de nos favoris.

ÉNERGIQUE. Violent. « Parade énergique de Battiston sur le petit attaquant danois ! »

IMPUISSANT. Caractéristique du gardien qui vient d'encaisser un but. Aucun sous-entendu sexuel.

BATTU. Impuissant. « Dropsy est complètement battu. »

NE PEUT RIEN FAIRE. Tautologie accablant tout gardien de but impuissant. Toujours pas de sous-entendu sexuel.

COURANT D'AIR. Erreur de placement. « Y a des courants d'air dans la défense ! » [Michel Denisot].

RÂTEAU. Action consistant à faire rouler sous son pied le ballon vers soi. « Ah le joli râteau : il manquait pas une dent ! »

PETIT PONT. Action consistant à faire passer le ballon entre les jambes de l'adversaire.

GRAND PONT. Action consistant à expédier le ballon d'un côté de l'adversaire, et à le contourner de l'autre pour le récupérer.

METTRE DU GRILLAGE, METTRE UNE SOUTANE. Se protéger contre un petit pont. En français ordinaire : serrer les jambes.

ÉVOLUER. Jouer sous contrat. « Fargeon a évolué au Servette de Genève. »

PROGRESSER. Évoluer, faire des progrès.

DOUBLURE. Remplaçant du gardien de but. Les remplaçants des joueurs de champ sont nommés « remplaçants ».

TÉLÉPHONÉ. Trop prévisible pour tromper l'adversaire. « Cette passe en retrait, c'est téléphoné avec un gros cadran ! »

MIMINE. Faute de main commise par un joueur de notre équipe.

PALUCHE. Faute de main commise par un joueur de l'équipe adverse.

VIRIL. Se dit d'un match violent, quand l'arbitre laisse le jeu se dérouler sans sévir.

HACHÉ. Se dit d'un match violent, quand l'arbitre ne laisse pas jouer et siffle les fautes.

HOLD-UP. Erreur d'arbitrage à nos dépens, donc scandaleuse. « Quoi ? L'arbitre ne siffle pas penalty ? C'est un hold-up ! »

ARRÊT-BUFFET. En coupe, élimination franche et nette. « Contre l'Ajax, ça a été arrêt-buffet. »

PORTIER. Gardien de but.

SE TROUER. Se jeter sur une balle sans pouvoir l'intercepter. « Le malheureux gardien s'est complètement troué. »

PASSER AU TRAVERS, PASSER À CÔTÉ. Rater son match.

IMMANQUABLE. Action qu'un joueur vient de manquer. N.B. : on ne réussit jamais l'immanquable, on « manque l'immanquable ».

AVALER LA TROMPETTE. Être à bout de souffle.

MEILLEUR NIVEAU. En parlant de la qualité des joueurs : niveau élevé mais fictif, rarement atteint. « Sauzée n'est pas encore à son meilleur niveau. » « Lorsque je serai revenu à mon meilleur niveau, je pourrai donner le meilleur de moi-même » (un joueur).

SE DÉCHIRER. Se faire mal sur une action.

TOUCHER DU BOIS. Ne pas avoir de chance, justement, car on a tiré sur le poteau. « Ah ! qu'il est malheureux, Van Basten, lui qui a touché du bois quatre fois dans la soirée ! »

▶ Syntaxe

Voilà pour le vocabulaire. Ensuite, c'est simple. Avec les mots, il suffit de faire des phrases. Reste à connaître quelques tournures du meilleur effet.

MA, TA, SA, MON, TON, SON. L'adjectif possessif marque le jeu trop personnel d'un joueur. « Il faut que Susic donne son ballon ! »

FAIRE UN TROU. Tournicoter sur soi-même balle au pied. « Christian Perez, il a troué la pelouse du Parc ! »

SE PRENDRE LES PIEDS DANS LE TAPIS. Tournicoter tant et tant avec la balle qu'on finit par la perdre.

À LA DOUCHE. Expulsé du jeu par un carton rouge de l'arbitre. « Amoros, à la douche ! »

COMME À L'ÉCOLE DE FOOTBALL. Réussi de manière parfaite. N.B. : le monde du football aime à croire que seul le travail amène la victoire.

COMME À LA PARADE. Voir « comme à l'école de football ».

À ZÉRO. Bases utopiques du football. Locution uniquement employée lors des situations critiques. « Huit défaites en huit matches : les Niçois doivent tout reprendre à zéro ». N.B. : les footballeurs ne les ont jamais « à zéro », car ils n'ont jamais peur.

PLUS PAS. Moins. « Plus on gagne, plus on est pas fatigué » [François Oman-Biyik, AS Cannes].

À PARTIR DE LÀ. Expression totémique grâce à laquelle le footballeur explique tout, le contraire de tout, ou bien n'importe quoi. Ex. : « Nous sommes derniers. À partir de là, nous ne pouvons que progresser. » Ou alors : « Nous sommes derniers. À partir de là, impossible d'être motivés. » Ou encore « Nous sommes derniers. À partir de là, tout peut arriver. »

LES LOCUTIONS À BANNIR

ITALIE-FRANCE. Ce match n'a jamais existé et n'existera jamais. Seul existe le match France-Italie. N.B. : on peut remplacer Italie par n'importe quel autre pays.

LAISSER UNE CHANCE. Lors d'un tir au but, faire en sorte que le gardien puisse l'intercepter. Impensable ! Au contraire, on dira : « Jean-Pierre Papin n'a laissé aucune chance au goal soviétique. »

CE MATCH EST INTÉRESSANT. Le présent ne s'applique pas à un match de football. Seulement le passé ou le futur.

Jusqu'en seconde période, on prophétisera : « La partie se jouera en milieu de terrain. » Quelques secondes plus tard, on épilogue déjà : « Un match qui a tenu toutes ses promesses. »

▶ Le style

Vous l'avez compris, les dépositaires du style sont les commentateurs de la télévision. Ils tiennent au sein du monde du football le rôle de l'Académie française dans les belles lettres. C'est pourquoi il faut savoir les décoder, pour mieux encore les imiter.

En guise de style, le commentateur vedette manie deux notions, aussi abstraites que complémentaires. Le truisme et l'euphémisme.

TRUISMES

Le truisme renferme sous une autre forme une lapalissade connue de tous, mais agréable à répéter pour paraître savant. Personne ne le niera. Le hochement de tête est le geste fondamental du footballeur en pantoufles.

« UNE TEMPÉRATURE IDÉALE POUR JOUER AU FOOTBALL. » En été comme en hiver, n'importe quelle température comprise entre 0 et 35 degrés Celsius.

« TANT QUE LA BALLE EST PAS AU FOND, Y A PAS BUT. » Principe originel du football, assimilable par n'importe quel hominidé. On comprendra qu'il ne sert à rien de dominer sans marquer de buts.

« FAIRE LE VIDE DANS SA TÊTE. » Se concentrer. Truisme zen : il arrive souvent que la tête du joueur soit vide avant même toute séance de concentration.

« LE FOOTBALL, C'EST DEVANT ! » Qu'on veuille ou non marquer des buts, la cage adverse est face à nous. N.B. : paradoxalement, l'avant des uns coïncide avec l'arrière des autres...

« UNE FAUTE INUTILE. » Toutes les fautes sont inutiles en théorie, puisqu'elles coûtent une pénalité et font perdre du temps.

« UN AILIER DE DÉBORDEMENT. » La tâche de l'ailier consiste justement à déborder la défense adverse. Un « ailier de débordement » est donc un pléonasme rapide à la course.

« PAS MALHEUREUX. » Heureux parce que chanceux. « Laurent Blanc, pas malheureux de récupérer cette balle de contre ! »

« C'EST LA RÉPONSE DU BERGER À LA BERGÈRE. » Toute action appelle réaction, et vice versa.

« C'EST PAS LE PREMIER AILIER QU'IL VOIT. » Ce joueur a de l'expérience (se dit de n'importe lequel, vieux ou jeune, puisque tous ont commencé le football avant l'âge de dix ans).

« ... QU'IL ÉTAIT... » Décoration grammaticale amovible servant à pimenter les phrases les plus creuses. « Olmeta relâche sa balle, pressé qu'il était par l'avant-centre monégasque ».

« VOILÀ LA VÉRITÉ VRAIE DU FOOTBALL. »   Conclusion
valable toute l'année, sur tous les terrains, avant, pendant
et après les matches.

EUPHÉMISMES

*L'euphémisme permet de ne pas avouer la vérité, sans toute-
fois la cacher. D'ailleurs, Thouvenel ne laisse jamais filer une
balle en touche parce qu'il est trop vieux, mais parce qu'il a du
métier.*

« IL N'A PAS FAIT LE VOYAGE POUR RIEN. »   Un joueur de
notre équipe a commis une faute grave sur un adversaire.

« ILS PASSERONT PAS LEURS VACANCES ENSEMBLE. »
L'adversaire lui en veut encore, et le lui fait sentir pendant
le match.

« LE FOOTBALL EST AVANT TOUT UN JEU. »   Il y a trop
d'argent dans ce milieu pourri.

« LE SCOTTISH EST ROBUSTE ! »   Les Écossais encaissent
sans broncher les coups de savate des Français.

« TOUJOURS PAS D'EAU À L'HÔTEL. »   Il ne se passe rien sur
le terrain, et on s'emmerde dans ce pays (Thierry Roland
au Mundial mexicain en 1986).

« NOTRE AMI MEXICAIN PRÉFÈRE SE CONSACRER AU
DIRECT. »   Cet étranger qui réalise le match est un crétin
nullissime ! Même pas foutu d'envoyer un ralenti !

« L'ARBITRE TUNISIEN, MUSTAPHA HALLAOUI, EST ÉLECTRI-
CIEN AUTO DANS LE CIVIL ».   Cet arbitre est nul, et je
n'aime guère les Arabes. N.B. : il n'y a pas d'arbitre professionnel au football. Tous les arbitres, même les
meilleurs, exercent une profession « dans le civil ».

▶ Exercices

THÈME   Voici un texte en français courant. Traduisez-le
en « langage football » afin de le rendre accessible à un
arrière-gauche de quatrième division.
◊ « Il fait froid. Les joueurs, très agressifs, préféreraient
rester chez eux. Mais ce sont des professionnels, et ils
doivent finir de payer leur baraque avec vue sur la mer et
le stade. Tiens, mon micro est débranché. Vingt minutes
que je parle et personne ne m'entend à Cognacq-Jay. J'en
profite pour ouvrir les trois bières qui me restent. »

VERSION   Voici cette fois un texte en langage football.
Traduisez-le en français courant, de manière à le rendre
assimilable par une speakerine de FR3, ou un proviseur
de lycée.
◊ « Nos amis algériens avaient du métier. À partir de là,
Raymond a dit : " À trois contre deux, y a un bon coup à
jouer. Toi, s'ils font monter un défenseur supplémentaire,
tu le marques à la culotte. " On a bien écouté les consignes.
Température idéale pour un match au sommet.
« Raymond a pris son vis-à-vis en individuel. J'ai eu un
problème de transmission avec la régie, mais l'autre a
feinté une tête piquée. Raymond a débordé son ailier avec
beaucoup d'énergie et attendu le soutien des milieux de
terrain. L'un d'eux a dû s'y reprendre à deux fois pour
frapper au but. L'Algérien s'est complètement déchiré sur
cette action. Faute inutile. Il en a profité pour faire le vide
dans sa tête. »

CORRECTION   « Les Arabes avançaient lentement et ils étaient déjà beaucoup plus rapprochés. Nous n'avons pas changé notre allure, mais Raymond a dit : " S'il y a de la bagarre, toi, Masson, tu prendras le deuxième. Moi, je me charge de mon type. Toi, Meursault, s'il en arrive un autre, il est pour toi. " J'ai dit " oui " et Masson a mis ses mains dans les poches. Le sable surchauffé me semblait rouge maintenant. Raymond est allé tout droit vers son type. J'ai mal entendu ce qu'il lui a dit, mais l'autre a fait mine de lui donner un coup de tête. Raymond a frappé alors une première fois et il a tout de suite appelé Masson. Masson est allé à celui qu'on lui avait désigné et il a frappé deux fois avec tout son poids. L'Arabe s'est aplati dans l'eau, la face contre le fond, et il est resté quelques secondes ainsi, des bulles crevant à la surface, autour de sa tête. »

Albert Camus, *L'Étranger*.

4

Comment parler comme une shampouineuse-conseil

« On n'est pas belle par hasard », dit la publicité. « Le hasard est aveugle », répond ma belle-mère.

Il y a quelques mois, la prestigieuse maison Yves Saint-Laurent lançait un nouvel élixir pour la beauté des femmes. Pas n'importe quoi : un « soin lissant immédiat ».

Qu'est-ce qu'un « soin lissant immédiat » ? se demanderont les profanes. Et surtout les maris, qui ont dû débourser 195 francs pour un pot de 15 millilitres (soit 13 000 francs le litre).

Heureusement, la documentation YSL explique tout : *Soin de mise en beauté immédiate du contour de l'œil prolongée par une action raffermissante et régénératrice à long terme. Développé à partir d'une nouvelle technologie : des micropulsites « vecteurs diffuseurs d'actifs », en dispersion dans un gel aqueux non parfumé parfaitement compatible avec le milieu lacrymal.*

Qu'est-ce à dire ? Reprenons depuis le début.

Soin de mise en beauté immédiate : ça se voit tout de suite.

Du contour de l'œil : c'est pour les cernes et les paupières, mais n'en mettez pas dans l'œil, ça pique.

Prolongée par une action raffermissante et régénératrice à long terme : avec le temps, ça peut améliorer l'ensemble, mais il faudra être très très patiente.

Développé à partir d'une nouvelle technologie : c'est nouveau.

Des micropulsites : grâce à des trucs savants dont personne n'a jamais entendu parler. C'est quoi, ces machins ?

« *Vecteurs diffuseurs d'actifs* » : ah bon. Si c'est actif, tant mieux.

En dispersion dans un gel : ça flotte dans du liquide, mais pas trop liquide quand même.

Aqueux non parfumé : rien à voir avec Johnny. Ce liquide est mouillé grâce à de l'eau, et il ne sent rien.

Parfaitement compatible avec : compatible (si c'était compatible à moitié, ce ne serait pas compatible du tout).

Le milieu lacrymal : ça se mélange aux larmes. Quelles larmes, madame ? Votre mari vous trompe avec sa secrétaire ?

Ah ! vous vous en doutiez. Avant d'être belle, il faut savoir décoder le langage des crèmes amincissantes, des manucures et autres intellectuelles de salon de beauté.

Avant d'être pauvre aussi. Mieux que Saint-Laurent, « la Crème » du Japonais Kanebo vaut 2 500 francs les 40 millilitres, soit 62 500 francs le litre ! La Prairie a mis du caviar dans la composition de sa crème Hydra Suisse. 0,04 %, pas plus ! Mais tout tient dans ces 0,04 % !

▶ **Vocabulaire**

AVANT-PROPOS

Tout n'est pas bon à dire lorsqu'on veut s'attirer les faveurs d'une cliente. Une bonne diététicienne ne demandera jamais à une obèse si elle suit un régime. Elle risquera benoîtement : « Vous mangez beaucoup de féculents ? »

Admirez. La technique et l'érudition permettent de bannir les mots à connotation péjorative, comme graisse, cellulite, bourrelets, boutons, laid, sale, mou, flasque *ou encore* varices. *On manie au besoin le néologisme, l'euphémisme, le scientisme, l'emphase, le paramilitaire, et même le style garagiste pour brouiller les pistes.*

Mais, désormais, vous saurez déjouer ces pièges sémantiques. Et apprendre la vérité toute crue sur vos poussées d'herpès et votre embonpoint naissant.

NÉOLOGISMES

C'est nouveau, ça vient de sortir.

RIDULE.   Petite ride. Terme inconnu du Petit Robert. « N'attendez pas que les ridules d'expression se creusent en rides véritables » [Chanel].

MICROPULSITE.   Sorte de mini-capsule. Terme inconnu du Petit Robert. Certainement bénéfique, toutefois, puisque Yves Saint-Laurent vante « l'action raffermissante et régénératrice des actifs encapsulés dans les micropulsites ».

HYPERÉMIE.   Irritation, voire brûlure par accroissement du flux sanguin. Trouvaille sémantique des laboratoires Decleor, inconnue du Petit Robert. « Appliquer sur les parties du corps à traiter après avoir créé une hyperémie locale au gant de crin. »

CÉRAMIDES.   Graisses. Terme inconnu du Petit Robert.

ÉNERGISER. Terme inconnu du Petit Robert, tiré des brochures Yves Saint-Laurent. Énergiser signifie selon YSL « donner aux cellules le tonus nécessaire pour reconstituer leur propre énergie ». Et non pas « écouter NRJ toute la journée à la boutique ».

EUPHÉMISMES

La cliente d'un institut de beauté auprès de qui on déplorait ouvertement sa « coupe rose » n'y a jamais remis les pieds. Il aurait suffi d'utiliser « rougeurs diffuses », elle y serait encore.

Pour ne pas vous laisser prendre au piège, voici les horreurs que cachent les tournures mielleuses.

RONDEURS. Surcharges diffuses, conséquences d'un stockage excessif de lipides.

CAPITONS. Cellulite. Petites bosses sur la peau, alias peau d'orange. Terme emprunté au vocabulaire des tapissiers.

CAPITONNÉ. Couvert de mini-bourrelets de cellulite. La crème Fermeté de Clarins contribue à éviter « l'aspect capitonné ».

CIMENT INTRACELLULAIRE. Graisse. « Faites voir vos cuisses... Bah ! Juste un problème de ciment intra-cellulaire. »

ROUGEURS DIFFUSES. Couperose.

DUVET. Moustache. « L'épilation du duvet ? Ça fera 60 francs, madame Oliveira. »

MAILLOT. Poils du pubis qui débordent sur les cuisses. « Dans la foulée, on vous fait le maillot ? »

IMPERFECTIONS. Cratères vestiges de boutons d'acné, arrachés à l'ongle à l'adolescence.

FILM. Pellicule laissée sur la peau après un soin. « Un film protecteur, ou voile protecteur. »

FLÉTRISSURES. Vergetures.

CRAQUELURES. Vergetures.

MARQUES CUTANÉES. Vergetures encore.

PORES DILATÉS. Points noirs.

RUGOSITÉS. Boutons d'acné.

DÉFAUTS DE SURFACE. Boutons et points noirs.

FILER. Déborder, dégouliner. « Non aux rouges à lèvres qui filent. »

PETITS BOBOS. Bleus ou hématomes, toujours au pluriel. N.B. : aucun prospectus n'explique jamais pourquoi, et comment, les femmes en ramassent...

ESTOMPER. Cacher tant bien que mal. « Notre fond de teint anti-âge estompe toutes rides autour des lèvres. »

EFFLEURAGE. Léger massage.

VOILE. Voir film.

SÉCRÉTIONS CUTANÉES. Gras qui suinte du visage, et par conséquent le fait briller.

DESQUAMATIONS EXCESSIVES. Pellicules dans les cheveux. Les mots « sale » et « saleté » sont prohibés. Parce que trop négatifs. On emploiera plutôt :

IMPURETÉ. Saleté, crasse.

SÉBORRHÉIQUE. Gras. « L'objectif : déloger les impuretés des peaux séborrhéiques. »

TROUBLES MENSUELS. Règles. « Les troubles mensuels sont du ressort du médecin » [dépliant Clinique].

SCIENCE ET PSEUDO-SCIENCE

« Comment maigrir avant l'été ? Notre régime scientifique vous fera perdre 5 kilos en trois semaines. »

Impressionnant, non ? La science impressionne tout le monde, y compris les scientifiques, c'est dire. Même si elle ne signifie rien de concret. Surtout dans ce cas, d'ailleurs. Alors traduisons en bon français.

EFFET TENSEUR. Effet lissant.

EFFET LISSANT. Lifting cosmétique.

LIFTING COSMÉTIQUE. Effet tenseur.

COMPLEXE. Crème, en plus scientifique. N.B. : au lieu de « crème hydratante », on dira « complexe hydratant ». À bannir : « en dessert, complexe fouetté à la vanille. »

COMPLEXE BIO-PROTÉOLÉVURIQUE.   Crème protéinée.

ASTRINGENT.   Qui exerce sur les tissus vivants un resserrement [définition Petit Robert].

MICRO-DÉPRESSIONNAIRE.   Microscopique (et non pas déprimé au minimum). « À la surface de votre peau, le réseau micro-dépressionnaire, reflet de l'état de santé interne, se modifie à deux niveaux » [Chanel].

BIO-MICROSPHÈRE.   Élément encore inconnu au CNRS, mais qui pourtant existe. « Des bio-microsphères rouges et bleues visibles dans le gel favorisent la diffusion continue et prolongée des actifs » [Clarins].

DÉSOBSTRUER.   Déboucher. « Il faudrait vous désobstruer les pores, mademoiselle. – Je vous en prie, restez poli. »

LIPOSOME.   Selon les laboratoires, sorte de microsphère creuse dans laquelle on enferme les agents actifs.

MICRODIFFUSEURS.   Voir liposome.

MICRORÉSERVOIRS.   Voir liposome.

MICROBULLES.   Liposomes de chez Jeanne Gatineau.

MICROSPHÉRULES.   Liposomes de chez Lancôme.

ÉLÉMENT ANTI-TEMPS.   Antirides.

RADICAUX LIBRES.   Sortes d'amas de graisses, tapis sous la peau (et non pas : déçus de l'union de la gauche puis de l'ouverture au centre, totalement dépolitisés).

IONS MARINS.   Concept thalasso-chimique des laboratoires Thalgo. Corps inconnu des chimistes, même agrégés.

VIEILLISSEMENT.   Maladie   grave,   voire   mortelle. « Trinergie, l'antidote contre le vieillissement. » On en déduit que l'âge est un poison.

EMPHASE

Pourquoi faire simple quand on peut faire compliqué ?

PAIN DE NETTOYAGE.   Savon.

ANTI PERSPIRANT.   Déodorant.

CRÈME AQUAMOUSSANTE.   Crème qui mousse quand on se lave les mains avec.

CRAYON SOULIGNEUR.   Khôl.

RITUEL BIOQUOTIDIEN.   Maquillage le matin, démaquillage le soir.

CRÈME LAVANTE.   Shampooing.

SOIN BIJOU.   Produit irrémédiablement hors de prix. Guerlain a intégré de véritables particules d'or en suspension dans sa crème évolution Divinaura.

BUSTE.   Seins à problèmes. « Ne négligez pas la beauté de votre buste. » N.B. : on ne dit pas « affaissement des seins », mais « affaissement du buste ».

CONSEIL. Suffixe bavard ayant le sens des affaires. « La frange sur le front ? Parlez-en à votre visagiste-conseil. » (Pour celles qui n'ont pas de coiffeur-conseil.)

BRILLANT. Mat. « Grâce à lui, votre teint se fait brillant ». N.B. : un visage qui brille effectivement trahit une peau trop grasse. Consultez votre diététicien-conseil.

PRÉCIEUX. Pas très épais. « Un film précieux autour des yeux et des lèvres » [Decleor].

STYLE MILITAIRE

Le vocabulaire militaire est de rigueur dès qu'il s'agit de protection, antirides et autres. On sensibilise très tôt les femmes à ces problèmes. Dès l'adolescence ; exactement comme le fait l'armée – la vraie – auprès des futurs conscrits. L'industrie cosmétique terrorise ses jeunes clientes dans un double but. Les faire acheter leurs premiers « produits préventifs ». Et rasséréner les plus vieilles, vengeresses, réjouies par le malheur prématuré de leurs cadettes.

TRAITEMENT D'ATTAQUE. Traitement tout court. Il serait dommage d'attaquer une belle paire de seins.

MINE. Objectif sournois. Ne pas confondre les « bonnes mines » et les « mauvaises mines ». Plus c'est petit, plus c'est méchant. « Déclarez la guerre en douceur aux petites mines. »

TEMPS. Combattant traître. Votre allié avant vingt ans. Votre ennemi après (trente ans chez Chanel).

DÉFENSE ACTIVE. Le summum. On se demande même comment il n'y a pas plus de morts. Prenez la dernière *crème restructurante pour épidermes fins et fragiles* de Jeanne Gatineau. Elle « *renforce l'autodéfense naturelle* des peaux *nécessitant une protection renforcée* », suivant « *un plan de riposte complet anti-agressions* ». Compris, lieutenant ? À vos ordres, mon général.

▶ **Syntaxe**

Voilà pour le vocabulaire. Ensuite, c'est simple. Avec les mots, il suffit de faire des phrases. Reste à connaître quelques tournures du meilleur effet.

TOUT EST ACTIF

Vous a-t-on déjà vendu une bouilloire qui ne peut pas bouillir ? Un réfrigérateur qui ne refroidit pas ? Du sel qui reste fade ? Bref : un produit inactif ?

Il faut croire qu'il en existe en cosmétique, vu l'énergie déployée par les fabricants pour démontrer le contraire. Heureusement, chez les bonnes marques, tout est actif. Chez Clinique, on trouve même « *un savon qui laisse la peau propre* ». Notre conseil : lisez attentivement les étiquettes. N'achetez surtout pas un produit qui n'agit pas...

« *Elle combat les rides efficacement* » (la crème super-défi de Clarins). Comme s'ils allaient sortir un produit qui les combat inefficacement...

« *Spiralis conserve intacts ses principes actifs jusqu'à leur contact avec la peau.* » Vous imaginez un contour de l'œil qui ne fonctionne qu'en éprouvette ?

« *Ce shampooing contient sept plantes utiles.* » Tant mieux, il aurait été dommage d'aller cueillir des plantes inutiles...

« *Ce gel pour les seins est composé de principes actifs puissants* » [Clarins]. Ça tombe bien : les seins détestent les principes actifs impuissants...

LE PLÉONASME (ET LA RÉPÉTITION)

Les deux Dupont se sont-ils reconvertis dans les brochures cosmétiques ? Voici des phrases relevées sur des emballages et des publicités. Je dirai même plus : des phrases authentiques faites de mots, eux-mêmes composés de lettres. Question : les utilisatrices sont-elles débiles, ou les fabricants trop intelligents ?

« *Le savon-douceur n'agresse pas la peau.* » Manquerait plus qu'il morde...

« *Ils agissent exactement là où il le faut, avec l'efficacité d'une précision absolue.* » [Lancôme]. Heureusement qu'ils n'agissent pas là où il ne faut pas, avec une précision d'absolue efficacité...

« *La texture inédite de Dietic associe deux phases pour agir en deux temps.* » Relisez deux fois cette phrase, vous la comprendrez deux fois mieux.

« *Adapté à tous types de cheveux : gras, secs ou normaux.* » Tous, on vous dit, même les grassement secs.

« *Échantillon gratuit, interdit à la vente.* » Est-il défendu de vendre gratuitement une eau de toilette à 0,00 franc ?

« *Les bourrelets disgracieux* » *:* à l'opposé des bourrelets gracieux.

« *Prise de poids insidieuse* » *:* par opposition aux lutteurs de sumo qui grossissent délibérément.

« *Dès l'application, vous ressentez une fraîcheur immédiate.* » Immédiatement, dès l'application. Aussitôt donc.

Extrait d'un dépliant Biotherm : « *Qu'est-ce qu'un système liposomes ? Un système liposomes est une formule entièrement élaborée à partir de liposomes.* » Comme quoi on peut être grosse et mongolienne.

Toujours plus explicite, l'argumentaire de « Réponse radicale » de Rochas s'y reprend à quatre fois :

« *Un oui affirmatif à la jeunesse.* » Et le oui négatif, vous y auriez pensé ?

« *La neutralité douce, c'est le territoire de phytoneutre.* » Et la neutralité agressive, c'est la Suisse jumelée avec l'Irak ?

« *Une ligne de soin Anti-Âge qui a pensé aux problèmes de vieillissement de la peau.* » Incroyable, non ? Mieux qu'un insecticide qui a pensé au problème des moustiques.

« *Au fond, pour rester jeune, il suffit d'écarter les problèmes de vieillissement.* » On ne saurait mieux dire. D'ailleurs, pour ne pas prendre froid, il suffit de rester au chaud. Et pour rester sec, de ne jamais se mouiller.

LES PÉRIPHRASES

PRÊT-À-DÉMAQUILLER. Démaquillant. « Équité, le prêt-à-démaquiller de Christian Dior. » Comme si les autres démaquillants nécessitaient d'abord une heure de préparation...

PILIERS INTIMES DE VOTRE PEAU. Tissus cellulaires.

LA BARRIÈRE CUTANÉE. La peau.

L'ARCHITECTE DE VOTRE VISAGE. N'importe quoi, pourvu que ça barbouille.

ZONES FRAGILISÉES PAR L'ÂGE. Les mains, les yeux, le cou et la bouche. En clair : tout ce que les vêtements ne cachent pas.

SIGNE DE FATIGUE. Bouton au milieu de la figure. « À l'approche du week-end, des signes de fatigue apparaissent çà et là. »

JAMBES LOURDES, À PROBLÈMES. Varices. Ouvertement, aucun produit ne s'attaque aux varices ; ils « améliorent le retour sanguin ». Nuance.

AVOIR UNE VIE ACTIVE. Transpirer abondamment. N.B. : une caissière de supermarché, vissée sur son siège, peut avoir elle aussi « une vie active ». Tout dépend de la taille des auréoles sous les aisselles.

FAIRE BEAUCOUP DE SPORT. Sentir sous les bras. Euphémisme favori des industriels du déodorant : « Après le travail, vous faites beaucoup de sport, madame Cresson ? »

LE SOUTIEN-GORGE NATUREL. Les pectoraux. Paradoxalement, le soutien-gorge artificiel n'existe pas. On dira sobrement « soutien-gorge ».

FAVORISEZ LE RESSERREMENT DE L'ENVELOPPE NATURELLE. En français usuel : faites gaffe à vos seins, ça vieillit vite.

LE TISSU CONJONCTIF A FAIBLI. En clair : à votre âge, vos nichons pendent déjà.

TOUT ET LE CONTRAIRE DE TOUT

Et l'inverse aussi...

Pour la peau, Jeanne Gatineau conseille un produit de *texture poids plume et pourtant généreuse.* Et pourtant...

Argumentaire publicitaire pour les gels amincissants *chauffants* des laboratoires Vichy : *Ils procurent une sensation de fraîcheur.* Faudrait savoir.

Définition du verbe « raffermir » selon YSL : *Rendre la peau plus tonique et plus élastique.* Quoi de plus ferme qu'un élastique ? On se le demande.

Sur le tube du shampooing Phytocoltar : *Élimine et ralentit la formation des pellicules.* Comment peut-on ralentir ce qui a auparavant été éliminé ?

LE CONTOURNEMENT

« *Chère mademoiselle, ramenez donc ces échantillons d'anti-rides à votre maman.* » *Quel tact ! Pour lancer un nouveau produit réparateur, la parfumeuse-conseil sait user de diplomatie. Comment le faire tester aux clientes sans les vexer ? En évoquant une autre personne, amie ou parente.*

Et si, au fond, c'était pour vous ? Ces six locutions de conseillères, traduits en français usuel, vous permettront d'avoir une idée précise de votre état physique.

« *Connaîtriez-vous dans votre entourage une personne intéressée par ce nouveau complexe amincissant ?* » En français : vous feriez mieux d'arrêter le beurre et la confiture.

« *Connaîtriez-vous dans votre entourage une personne intéressée par un anti-perspirant ?* » En français : vous puez sous les bras ; serrez les coudes.

« *Connaîtriez-vous dans votre entourage une personne inté-ressée par ce genre de produit soin-du-buste ?* » En français : vos nichons balayent mon parquet.

« *Connaîtriez-vous dans votre entourage une personne inté-ressée par un anticernes ?* » En français : vous êtes gardien de nuit, ou quoi ?

« *Connaîtriez-vous dans votre entourage une personne inté-ressée par ce shampooing traitant ?* » En français : soyez gentille de ne pas vous gratter la tête : mon caniche est allergique aux pellicules.

« *Connaîtriez-vous dans votre entourage une personne inté-ressée par ce genre de produit antirides ?* » En français : regardez votre tronche ; on dirait une poire trop cuite !

▶ **Exercices**

THÈME   Voici un texte en français courant. Traduisez-le en « langage beauté » afin de le rendre accessible à la standardiste stagiaire de chez L'Oréal :
◊ « Martine a un gros cul. Solange a les nichons en berne. La pauvre Mireille a une peau minée comme un champ de bataille. Pourvu que je ne leur ressemble jamais ! En sortant du boulot, j'irai me bouffer un éclair au chocolat, pour me remonter le moral. Je vais me remettre du Nivéa : il fait si froid. Ma culotte me gratte. Demain, j'irai me faire épiler. »

VERSION   Voici cette fois un texte en langage-beauté. Traduisez-le en français courant, de manière à le rendre assimilable par un camionneur, voire un colonel de l'OAS :
◊ « Elle était assise, nue sans aucun vêtement, sur la chaise centrale de son espace-beauté, et attendait que sèchent le

vernis-mains-actives de ses doigts, et le vernis-fraîcheur-plantaire de ses orteils. Elle n'en était qu'au début de son bronzage-vacances, et le contour d'une surcharge ventrale inopinée et des masses lipidiques latérales s'épanouissait dans un soft-stretching spécialement adapté à sa morphologie. Ni duvet, ni maillot disgracieux, le contour des yeux s'avérait également lisse. Comme dans la pub Fidji, elle attendait, et son masque facial, vitrine de lumière dont elle seule connaissait l'âge véritable, trahissait les signes de fatigue de fin de journée. »

CORRECTION « Elle était assise, complètement dévêtue, sur une chaise au milieu de la chambre et attendait que sèchent les dix ongles de ses mains et les dix ongles de ses pieds qu'elle venait de vernir. Elle était très blanche, le contour de son gros ventre et de ses hanches se modifiait selon la position qu'elle prenait. Elle n'avait presque pas de poils sur le corps – son absence de sourcils le laissait prévoir. Jambes avancées, mains étendues, elle attendait, et son visage, qu'elle ne voyait jamais mais que voyaient les autres, était flétri et obtus. »

Nina Berberova, *Le Laquais et la Putain*. Actes Sud.

5

Comment parler comme un journaliste

– Papa, quand j'serai grande, j'veux être homme en blanc !

– Et moi, soldat du feu !

Par quel miracle la petite Cynthia (cinq ans) et son frère, le tout petit Jérémie (trois ans) maîtrisent-ils un verbiage si coloré ? Leurs parents seraient-ils instituteurs ? Mieux encore : ils sont journalistes !

Papa travaille à la télé. Il présente les informations sur une chaîne publique, quand il n'y a pas de grève. Plus modeste, maman écrit dans un hebdomadaire dont nous ne révélerons que les initiales : *VSD*. Leur capacité d'observation stupéfie ; leur talent transcende la plus insignifiante nouvelle.

Les flics débarquent ? Oui, mais en plus épique : *Les forces de l'ordre se rendent sur les lieux*. Papa va voir un match de foot ? Pas si simple : *Il croise l'ubuesque mouvance tifosi*. Maman n'a plus d'argent pour les courses ? *Elle lance le cri d'alarme du panier de la ménagère*.

Quelle spontanéité, quel sens pratique !

Jour après jour, pour notre bonheur, les journalistes s'expriment du mieux qu'ils peuvent, en dépit de leurs difficultés, structurelles ou conjoncturelles : les uns n'ont pas le bac, les autres n'ont plus de cigarettes.

Les seigneurs de la presse écrite, mais plus encore ceux de la radio et de la télévision, sont lus et écoutés par tous les Français. Dans dix ans, dans vingt ans, nous parlerons comme eux. Imperceptiblement, inconsciemment. Il n'est que temps de s'initier à leur dialecte. Ils l'ont encore dit hier aux infos : *Comprendre le monde qui nous entoure : nous sommes tous concernés.*

N.B. : ce chapitre traite exclusivement des figures nobles du journalisme : faits divers, infos générales, étranger. Deux études détailleront à part le style des journalistes politiques et autres chroniqueurs économiques ; si profondément immergés dans leur milieu qu'ils s'expriment désormais par mimétisme, comme des sous-préfets ou des managers de PME (voir chapitres 9 et 11).

▶ Vocabulaire

Tout est question d'autorité. Pour se faire reconnaître, le dentiste porte une blouse blanche, le gendarme un képi. Le journaliste n'a que sa plume. Voilà pourquoi il chérit les mots voyants et les tournures tarabiscotées. Dans le but de susciter l'admiration, et par conséquent la confiance.

Sans trop compliquer toutefois. Lui-même pourrait s'y perdre. Son lecteur avec. Alors il rabâche. On appelle cela le « style journaliste ».

LES CLASSIQUES

DANS UN PREMIER TEMPS.   D'abord.

DANS UN DEUXIÈME TEMPS.   Ensuite.

SOLUBLE. Qui a un rapport plus ou moins net avec... « La classe ouvrière est-elle soluble dans l'alcool ? » [Titre de *L'Événement du Jeudi*, février 91].

SURFER. Profiter de la mode ou de la situation, toujours sur telle ou telle vague. Mgr Gaillot « surfe sur la vague du néo-catholicisme de gauche », alors que « Jean-Paul Gaultier surfe sur la vague des slips-blancs-qui-moulent ». À notre connaissance, aucun surfeur n'a pour l'instant « surfé sur la vague du surf ».

DEMAIN. Bientôt, dans une semaine, un mois, un an, en 1992, voire à « l'échéance 2000 », mais pas demain. « Demain, l'homme ira sur Mars comme on prend sa voiture pour acheter le pain. » N.B. : pour évoquer effectivement le lendemain, on emploiera « dès demain ». « Notre supplément peinture-coiffure sera en vente dès demain. »

ANALYSER. Donner longuement son avis sans être interrompu. « Pour analyser la situation, nous sommes heureux d'accueillir sur ce plateau deux spécialistes. »

SPÉCIFICITÉ. Particularité.

MUST. Obligation. « Tondre le mérinos avant le méchoui, un must pour notre éleveur... » [documentaire sur FR3].

EN COLÈRE. Mécontent. « Sur la RN 77, le cortège des motards en colère a été longuement retenu par des vignerons en colère. »

SONNETTE D'ALARME. Bonne à tirer, si on est en colère.

CLIGNOTANTS VERTS. Tout va bien.

CLIGNOTANTS ROUGES.   Tout va mal. « Tous les voyants sont au vert sur le tableau de bord de l'économie française. »

TRÉSOR DE GUERRE.   Économies.

ENVELOPPE.   Somme d'argent.

INCONTOURNABLE.   Obligatoire, indispensable. « Avec l'Europe de 92, le contournement de Lyon devient incontournable. »

DOUBLE CASQUETTE.   Couvre-chef fictif de quiconque mène de front deux activités. « Pedro Delgado a deux casquettes : le cyclisme, et les affaires. » N.B. : même à la fête de L'Huma, personne ne porte jamais de « simple casquette ».

VOISINS.   Étrangers. « Il faut s'inspirer de ce qu'il y a de mieux chez nos voisins. »

DRASTIQUE.   Sévère.

ESPACE PLANTÉ.   Jardin. N.B. : « espace vert » date un peu ; trop « municipal » diront certains.

PAYSAGE.   Environnement, contexte. « Paysage religieux, intellectuel, artisanal, culinaire. » Voir également « PAF ».

PETIT.   Enfant martyr dont la déontologie défend de révéler le patronyme. « La petite Géraldine, quatre ans, tatouée au fer à repasser avant d'être battue à mort par l'amant de sa mère. »

APPRÉCIÉ DE SES CHEFS. Qualité caractéristique de l'auteur de faits divers, aussi odieux qu'inexplicables (bavure policière, exhibitionnisme forcené, viol de touristes, etc.). « Rien n'explique le geste criminel du brigadier, un fonctionnaire pourtant apprécié de ses chefs. »

BIEN NOTÉ. Voir « apprécié de ses chefs ».

PANIER DE LA MÉNAGÈRE. Pouvoir d'achat.

PÉRIPHÉRIQUES. Europe 1, RTL et RMC. « François Léotard s'exprime beaucoup sur les périphériques », ce qui ne signifie pas qu'il discute avec ses passagers à chaque fois qu'il contourne Paris en voiture.

PAS COMME LES AUTRES. Identique, à peu de chose près. « André Lamy, un humoriste pas comme les autres. » Et ça vous fait rire ?

FAUSSES NOTES. Problèmes d'entente.

BÉMOL. Sorte de pédale douce. « L'opposition a décidé de mettre un bémol à la cacophonie » [PPDA/TFI].

AU DIAPASON. En conformité, de manière identique. « Les fabricants de silencieux se sont mis au diapason de la campagne antibruit. »

LE CONCERT DES NATIONS. Les différents pays.

DÉSINFORMATION. Mensonges, volontaires ou non.

MOUVANCE. Environnement, milieu. « La mouvance Action directe. »

FRAGILISER. Affaiblir.

PLATE-FORME. Programme.

LANCER UN CRI D'ALARME. Protester.

FACILE. Cauchemar de journaliste, qui apprécie la complication.

TROP FACILE. Régal de journaliste, qui peut alors argumenter. « Les cahiers au feu, les profs au milieu, c'est trop facile ! »

PAS SI SIMPLE. Caractérise une situation trop complexe pour l'auteur d'un papier qui n'ose l'avouer. « Israël, c'est pas si simple » [*Globe*].

NOUS SOMMES TOUS CONCERNÉS. Vous vous en foutez, moi aussi. N.B. : lorsqu'une information concerne effectivement tout le monde, il devient superflu de le signaler. On dira : « Le tennis-elbow, un drame qui nous concerne tous », et non pas : « Quelque chose qui nous concerne tous, le prix du timbre-poste. »

PROFIL. Portrait. Vocable audacieux qui a relancé le cubisme à la télévision. En effet, lorsqu'un journaliste trace le portrait d'un invité en sa présence, celui-ci se retrouve de fait « face à face avec son profil ».

PANOPLIE. Ensemble de mesures. « La panoplie sécuritaire du gouvernement ne fera pas oublier la panoplie fiscale. »

LA VIE QUI VA. L'air du temps.

L'AIR DU TEMPS.   La vie qui va.

EFFET.   Conséquence prétendument spectaculaire. « L'effet-Gorbatchev, l'effet-Patrick-Bruel, l'effet-light, l'effet-vaches-landaises, l'effet-cassoulet, l'effet-etc. »

HEURE.   Moment où quelqu'un ou quelque chose entre dans l'actualité. « L'heure-Gorbatchev, l'heure-Patrick-Bruel, l'heure-light, l'heure-vaches-landaises, l'heure-cassoulet, l'heure-etc. »

GALAXIE.   Tout ce qui a un rapport, de près ou de loin avec cela. « La galaxie-Gorbatchev, la galaxie-Patrick-Bruel, la galaxie-light, la galaxie-vaches-landaises, la galaxie-cassoulet, la galaxie-etc. »

DOSSIER.   Somme d'informations trop complexe à dégrossir. « Le dossier-Gorbatchev, le dossier-light, le dossier-Patrick-Bruel, le dossier-vaches-landaises, le dossier-cassoulet. »

MARQUER UNE PAUSE.   (RADIO). Diffuser de la publicité. Et non pas : « Ces informations dramatiques sont trop pénibles à entendre. »

LES PÉRIPHRASES

Les périphrases sont des morceaux de phrases qui remplacent en dix fois plus long un mot trop court. Elles fleurissent le texte, indispensables pour éviter les redites, étaler sa culture, et sortir des ornières arides des dépêches d'agences.

Attention : la plupart des périphrases sont inutilisables hors de leur contexte journalistique. Au guichet d'un aéroport, ne demandez jamais de billet pour « l'État hébreu ». Au lieu des plages d'Israël, c'est au poste de police que vous passeriez la nuit.

HOMME EN BLANC.   Médecin. « Les hommes en blanc du pays de l'apartheid. »

BELLE AMÉRICAINE.   Voiture des années 50 et 60.

FORCES DE L'ORDRE.   Gendarmes ou policiers. Toujours au pluriel ; aucun journaliste n'ayant encore croisé de force de l'ordre solitaire.

SOLDATS DU FEU.   Pompiers.

CORPS D'ÉLITE.   Corps des pompiers. N.B. : aucun sous-entendu ici, ni sexuel, ni homosexuel.

ALLER AU-DEVANT DES URNES.   Essayer de se faire élire.

PERSONNE DU TROISIÈME ÂGE.   Petit vieux, pauvre ou souffrant.

PETIT VIEUX, PETITE VIEILLE.   Personne du troisième âge dévalisée ou assassinée. « Encore une petite vieille lâchement assassinée pour 45 francs. »

DE TYPE MÉDITERRANÉEN.   Avec une gueule d'Arabe.

DE TYPE MÉDITERRANÉEN PRONONCÉ.   Avec une sale gueule d'Arabe.

PAYS DES FJORDS.   Scandinavie.

PAYS DES GEYSERS. Islande.

LA BOTTE. L'Italie.

LA PÉNINSULE. L'Italie encore ; sauf si la péninsule en question est qualifiée d'« ibérique ». Dans ce cas : l'Espagne.

EMPIRE DU SOLEIL LEVANT. Japon.

ÎLE DE BEAUTÉ. Corse.

HEXAGONE. La France. « Les quatre coins de l'hexagone », absurdité que les confrères ressortent désormais avec la jubilation de celui qui vient enfin de comprendre.

L'ONCLE SAM. L'Amérique, politiquement parlant. D'un pur point de vue touristique, aucun estivant n'a encore visité le sud de l'Oncle Sam. Le nord non plus.

L'ÉTAT HÉBREU. Israël. En réalité, c'est la religion, et non l'État, qui est hébraïque.

OUTRE-MANCHE. Relatif à la Grande-Bretagne. « Nos amis d'outre-Manche. »

OUTRE-ATLANTIQUE. Relatif aux USA. « Nos alliés d'outre-Atlantique. »

OUTRE-RHIN. Relatif à l'Allemagne. « Nos partenaires d'outre-Rhin. »

OUTRE-QUIÉVRAIN. Relatif à la Belgique. « Nos sympathiques amis d'outre-Quiévrain. »

ENTRE SAÔNE ET RHÔNE. À Lyon. « Michel Noir compte franchir le pas entre Saône et Rhône. »

DE L'AUTRE CÔTÉ DES ALPES. En Italie (jamais en Suisse, pourtant située elle aussi de l'autre côté des Alpes).

MÉTAL FIN. Or.

MÉTAL PRÉCIEUX. Métal fin.

OR NOIR. Pétrole.

OR BLANC. Industrie des sports d'hiver.

OR VERT. Agriculture (attention à ne pas les combiner entre eux : le pétrole n'est en aucun cas du « métal fin noir »).

BILLET VERT. Dollar.

MAISON FRANCE. France. « Il faut mettre en ordre la maison France. »

CES MERVEILLEUX FOUS VOLANTS... Aviateurs.

... DANS LEURS DRÔLES DE MACHINES. En avion, à condition que les nouvelles soient bonnes. Dans le cas d'une catastrophe aérienne, on se concentrera sur la « boîte noire » du « vol maudit ».

UN CERTAIN QUOTIDIEN DU SOIR. Le journal *Le Monde*, cité par les confrères. N.B. : *France-Soir* est également un quotidien du soir, mais pour un journaliste respectable, citer *France-Soir* équivaut à citer *le Journal de Mickey*. J'exagère : mieux vaut citer *le Journal de Mickey*...

LIRE ENTRE LES LIGNES.   Comprendre. C'est au moyen de cette pernicieuse périphrase que les journalistes avouent inconsciemment leur incompétence. Entendu au journal télévisé : « Ulysse, que pensez-vous de cette déclaration de l'hôte du Kremlin ? » Réponse de l'envoyé spécial : « Franchement, Ladislas, il n'est pas facile de lire entre les lignes... » Apprécions au passage l'utilisation ronflante de prénoms peu courants, gage de bonhomie et de sérieux.

LES SURNOMS

Tout le monde connaît la « Dame de fer » ou le « Petit Père des peuples ». En langue savante, ces surnoms s'appellent des « antonomases ». En langue de journaliste, ces noms qu'on surnomme déjà « les noms bis » confèrent aux héros de l'actualité un air de sympathique familiarité.

CELUI QU'ON SURNOMME DÉJÀ.   Formule rituelle signifiant en fait : « Voici le nouveau surnom que je viens d'inventer ».

L'ÉLECTRICIEN DE GDANSK.   Lech Walesa.

LE PETIT JUGE.   Le juge Lambert, premier magistrat de l'affaire Grégory.

LE GRAND ARGENTIER DE BERCY.   Le ministre des Finances.

LE COMPTABLE DE BERCY.   Son ministre du Budget.

LE PATRON DES PATRONS.   Le président du CNPF.

LA PETITE DAME EN JAUNE.   Cory Aquino.

LE ROUQUIN SUBLIME.   Daniel Cohn-Bendit (historique).

LES LIEUX MYTHIQUES

Une poignée d'étapes historiques jalonnent la mythologie des salles de rédaction. Si vous n'avez rien écouté en cours d'histoire, rassurez-vous : les journalistes n'y étaient pas non plus.

Certains patronymes se suffisent à eux-mêmes, d'autres nécessitent l'apport de l'adjectif « nouveau ». L'évocation d'un seul nom permet alors un raccourci de dix bonnes lignes. Peu importe d'ailleurs ce qu'il s'y est passé. L'essentiel étant d'en connaître le sens moderne.

VICHY.   Tout le monde dénonce tout le monde. « Au dortoir des filles, c'est Vichy. »

CLOCHEMERLE.   Querelle de clocher. « C'est Clochemerle à l'UDF. »

NOUVEAU YALTA.   Les grands se partagent le monde. « On annonce un nouveau Yalta : Pierre Bergé à l'Opéra Bastille, Noureïev au Palais Garnier. »

NOUVEAU MUNICH.   On ne se méfie pas assez des moustachus. « Saddam Hussein à Bagdad, c'est un nouveau Munich. »

NOUVEAU GRENELLE.   Les syndicats font reculer le patronat. « C'est un nouveau Grenelle : la redevance télé sera gratuite pour les sourds et les aveugles. »

RUBICON. Épreuve délicate à traverser (prononcer rubis-con). « Sans sponsors, Florence Artaud aura du mal à franchir le Rubicon. »

ÉPINAY. Congrès houleux, où une minorité obtient la majorité. « Polanski président du jury, mais c'est Épinay à Cannes ! »

EN AVIGNON. À Avignon.

EN ARLES. À Arles. Coquetterie grammaticale propagée par les festivaliers des rencontres photographiques d'Arles. Jaloux d'Avignon ?

LIBANISATION. Partage d'un territoire. « Les Balkans sont désormais la proie d'une libanisation inéluctable » (France Info).

BALKANISATION. Voir « libanisation ».

LES NOMS DU CRU

Chacun d'entre nous sait désigner aujourd'hui les « ayatol-lahs » de la « glasnost » et de la « perestroïka ». Mais ces vocables reviennent de loin. Il a fallu le bain de sang de la révolution isla-mique iranienne et cinq années de disette en URSS pour que le public sache les prononcer correctement.

Car ces mots ne sont pas français ! Cueillis sur place, ils ont été « importés » par les envoyés spéciaux, pour un double béné-fice. Non seulement ces « noms du cru » recèlent un indéniable charme exotique, mais encore leur présence suggère que le jour-naliste a fait le déplacement.

Il faut en moyenne trois ans pour qu'un « nom du cru » passe dans le langage courant. Voici ceux qui feront fureur à l'horizon 95. Habituez-vous à eux en tâchant de les replacer dans la conversation.

INTIFADA. Révolution des pierres dans les territoires occupés (prononcer ineuti-fada).

GRÜNEN. Écologistes allemands, au pluriel. Littéralement : les verts (prononcer les grues-naines).

PASDARAN. Miliciens sanguinaires de la révolution iranienne (prononcer passe-dard-âne).

PASIONARIA. Femme d'origine latine passablement excitée, quel qu'en soit le motif : collectionneuse de cordes à sauter, mère de mongoliens drogués, admiratrice de Julio Iglesias.

MOVIDA. Nouvelle vague espagnole. Autrefois artistique, aujourd'hui commerciale.

TIFOSI. Supporters italiens des équipes de football, ou de l'écurie Ferrari.

OMERTA. Loi du silence en Sicile.

YAKUSAS. Membres de la mafia japonaise (prononcer y'a-cou-za).

TIRADORES. Population vivant sur les poubelles de Mexico, plus grande mégalopole du monde (prononcer tire-adore-esse).

INKATHAGATE. Scandale sud-africain (financement secret par l'État du parti zoulou, rival noir de l'ANC de Mandela). N.B. : presque tout ce qui se termine en « -gate » annonce un nouveau scandale, en hommage au Watergate, fantasme du journaliste vengeur. *Cf* : « Irangate », mais pas « Houlgate », station balnéaire du Calvados, 1741 habitants.

LES ADJECTIFS SAVANTS

L'adjectif savant se décline à partir d'une œuvre ou du nom d'un auteur célèbre. Le journaliste le destine d'abord à son rédac-chef, qui se félicite que son subordonné ait parcouru quelques livres au collège. Ensuite au public, qui déduit de ces qualificatifs sophistiqués que la situation ne l'est pas moins. Voici comment.

UBUESQUE. Absurde.

KAFKAÏEN. Cynique.

SURRÉALISTE. Paradoxal. *Le Monde* du 3/4/91 délivre ainsi son compte rendu du congrès de l'Unef-ID : « Dans cette hypothèse, les fabiusiens se retrouveraient en tête à tête avec les trotskistes du PCI : une situation un peu surréaliste, comme en témoigne un incident survenu à mi-congrès. »

DANTESQUE. Très pénible. « Paris-Roubaix : un final dantesque sur les pavés du Nord. »

CORNÉLIEN. Où vous auriez du mal à choisir. « Ceinture ou bretelles, Karl Lagerfeld a su extraire son art de ce drame cornélien. »

▶ Syntaxe

Voilà pour le vocabulaire. Ensuite, c'est simple. Avec les mots, il suffit de faire des phrases.

Mais la syntaxe journalistique cultive à dessein ses différences avec celle d'un La Fontaine. Car l'homme de presse a d'abord « le devoir d'informer » un public qui, lui, a « le droit de savoir ». Il consent alors de violents efforts rédactionnels, et tient à ce que cela se sache. D'où ce cortège de bévues volontaires : contresens, pléonasmes, truismes, synecdoques, etc. « C'est dans l'erreur que l'homme se révèle » [Première].

CONTRESENS

VOUS N'ÊTES PAS SANS IGNORER QUE... Vous savez que. En français, l'usage correct de la double négation recommande l'inverse, vous n'êtes pas sans le savoir...

UNE PLUIE ANTÉDILUVIENNE. Une pluie mouillée. Notez l'audace sémantique : antédiluvien caractérise la période d'avant le déluge, donc aride comme un édito de Beuve-Mery.

LITTÉRALEMENT. Au sens figuré. « Cette révélation a littéralement paralysé le maire de Lourdes ».

PLÉONASMES

Dans le monde dans lequel nous vivons, l'homme a besoin de certitudes. Et les journalistes ne sont-ils pas des hommes ? C'est pourquoi ils cultivent les pléonasmes. Comme les seules certitudes d'un monde qui va mal.

Imaginez le chaos ; que votre bon sens ne soit pas simple, au point qu'il vous commande de fuir à reculons ? Qu'on vous oblige à ajouter en moins ?

Au contraire, c'est l'inverse. Il fait bon ressentir le bonheur paisible d'un univers où les tragédies sont fatales, où les problèmes font souffrir, où le simple bon sens déconseille les valeurs pas sûres... Voilà qui rassure :

un bonheur paisible

vu de mes yeux

ajouter en plus

au jour d'aujourd'hui

s'approprier le bien d'autrui

des tireurs d'élite

un hasard aveugle

au maximum de son apogée

un problème douloureux

abattre net

un accident stupide

d'innocentes victimes

d'inquiétants assassinats

la diabolique machination

une tragédie fatale

collaborer ensemble

s'entraider mutuellement

une erreur involontaire

l'actualité brûlante

un redoutable machiavélisme

un malin plaisir

comparer entre eux

le simple bon sens

la fuite en avant

des crimes de sang

les valeurs sûres

un scénario bien réglé

ajuster minutieusement

INUTILES ORNEMENTS

Lorsque l'information manque, les journalistes – et c'est là leur rôle – ont toujours quelque chose à nous apprendre. En premier lieu que l'information manque. Ensuite qu'elle risque de manquer encore longtemps. Enfin qu'ils n'aimeraient pas que cela dure.

Heureusement, les grands professionnels savent distiller de savantes locutions en apparence inutiles, mais qui font patienter ; à la manière des coupe-faim « zéro calories » que l'on mâche sans se nourrir.

d'ores et déjà

pour l'heure

voire

à l'heure actuelle

or donc

pour le reste

dont acte

en tout état de cause

pour autant

Judicieusement placés, ces ornements permettent au débrouillard ignorant de « tenir » près de trente secondes en radio, soit un papier de plus de cinquante mots :

« Pour l'heure, nous ne savons rien. D'ores et déjà, l'information manque. En tout état de cause les officiels n'en savent guère plus. À l'heure actuelle, nous ignorons tout. Pour autant les confrères n'ont aucune précision supplémentaire. Voire. Or donc, hier non plus nous ne savions rien. Pour le reste, reste à en savoir davantage. Dont acte. »

TITRES EN KIT

Les manuels de journalisme enseignent qu'un bon titre doit exposer en quelques mots la teneur et l'attrait d'un article au moyen d'une formule aussi courte qu'attractive. Hélas, ce précepte reste souvent lettre morte, particulièrement dans le cas de papiers dépourvus d'intérêt.

La presse moderne sait parer au coup. Comme la nouvelle cuisine réchauffe des fonds de sauce congelés à mélanger à n'importe quelle viande, la confrérie des journalistes a concocté d'élégants titres en kit où il suffit de remplacer l'espace vacant [...] par le sujet du jour.

Cet ingénieux artifice focalise l'attention du lecteur, et épargne bien des migraines aux secrétaires de rédaction, déjà surmenés par la traque des fautes d'orthographe.

LA PASSION SELON [...]. Saint-Jean, Bastille (reportage de France Inter sur l'Opéra), Donald Duck, Eve Ruggieri, Bornes-les-Mimosas...

LA [...] MODE D'EMPLOI.   Vie, plomberie, salope, carte vermeil, braguette, pêche au gros...

DEUX OU TROIS CHOSES QUE JE SAIS [...].   D'elle, de lui, de Raymond Barre, du gibier d'eau, de la constipation...

TANT QU'IL Y AURA [...].   Des hommes, des pare-chocs, des fox à poil dur, des clémentines, des poêles en fonte...

VOUS AVEZ DIT [...] ?   Bizarre, eczéma, Annie Cordy, incontinence fécale...

LA [...] AU BOUT DU CHEMIN.   Petite fille, vérité, consécration, joue de bœuf, catastrophe...

Le [...] NOUVEAU EST ARRIVÉ.   Beaujolais, Rocard, Vieux Campeur, déodorant, lampadaire, misogyne...

[...] EXISTE, JE L'AI RENCONTRÉ.   Dieu, le malheur, le point G, Laurent Fignon, le soutien-gorge idéal...

LE CHARME DISCRET DE LA [...].   Bourgeoisie, pelle à tarte, guêpière transparente, Fiat 500, purée de flageolets...

UN [...] PEUT EN CACHER UN AUTRE.   Train, Léotard, cache-pot, McEnroe, mini-slip...

LA SOLITUDE DU [...] DE FOND.   Coureur, farceur, baiseur, pêcheur, pécheur...

L'ANGOISSE DU [...] AU MOMENT DU [...].   Titre en double kit, traitant les mots par couple. S'enchaînent successivement l'objet du reportage, puis l'épreuve à subir. Gardien de but/penalty ; violoniste/fortissimo ; fournisseur/dépôt de bilan ; gigolo/cunnilingus ; rédac-chef/titre de couverture...

▶ **Style**

« Le style rend singulières les choses les plus communes » [Voltaire].

CLICHÉS

Alsace, terre de contrastes. Venezuela, terre de contrastes. Il n'est plus une terre sur cette terre qui ne soit terre de contrastes. À tel point que cette « terre de contrastes » est devenue l'archétype du cliché journalistique, celui qu'on se balance en se claquant les cuisses dans les salles de rédaction. Ce qui procure le sentiment de supériorité de celui qui sait éviter les clichés.

Le plus paradoxal, c'est que lecteurs et téléspectateurs en redemandent, des terres de contrastes... Voici donc les derniers clichés en vogue :

VIEUX DÉMONS. Les démons sont invariablement vieux. Aucun académicien, même centenaire, n'en a jamais rencontré de jeunes.

GRANDS DOSSIERS. Un dossier s'annonce toujours grand. Sinon à quoi bon en faire un reportage.

FACE CACHÉE. De n'importe quoi ou de n'importe qui, pourvu qu'elle soit cachée. La seule digne d'intérêt.

PARTIE IMMERGÉE DE L'ICEBERG. Voir « face cachée ».

LA RENTRÉE SERA CHAUDE. L'été aussi.

ON NE LUI CONNAISSAIT QUE DES AMIS. Caractérise tout protagoniste de fait divers, victime ou assassin. Tautologie sournoise, puisque l'enquête n'a pu être menée qu'auprès de ses amis. D'ailleurs, personne d'autre n'a voulu répondre.

LES DERNIERS SONDAGES INDIQUENT QUE VOUS ÊTES PLUS NOMBREUX À NOUS REGARDER. – et pour cause. Les journalistes ne citent jamais de chiffres en baisse.

CONCLUSIONS

Dans les gazettes comme à la télé, un reportage s'achève invariablement par une conclusion assénée d'un ton solennel. La morgue du journaliste indique alors son professionnalisme et son impartialité. Du moins l'espère-t-il.

Contrairement aux apparences, la conclusion n'est pas un exercice de réflexion pure qui articule entre elles les innombrables informations brutes. Elle signifie simplement au public que le récit se termine – accessoirement, vous pouvez reprendre de la blanquette.

La preuve : en dépit de l'infinie diversité des situations, on ne dénombre que trois (3 !) conclusions types.

SI LE CONTEXTE EST DÉFAVORABLE. (Grève des chantiers navals, athlétisme français en lambeaux, célibat des prêtres, c'est-à-dire la plupart des cas), on renchérit dans le tragique : « *On voit mal ce qui pourrait débloquer la situation* ».

SI LE CONTEXTE EST FAVORABLE. (Excédent du commerce extérieur, Paul Belmondo en tête d'un Grand Prix de Formule 1, Richard Antony en tête du Top 50, cas rarissimes), le journaliste reconnaît à contrecœur ces encourageantes nouvelles, et ajoute aussitôt sa note de désespoir, signe qu'il ne se laisse pas emporter par les événements : « *Oui, mais pour combien de temps ?* »

SI PERSONNE N'EN SAIT RIEN.   L'homme de presse avisé conclut sans conclure, tout en concluant : « *Ne nous dépêchons pas de conclure. Il est urgent d'attendre. Variante : il faut se hâter lentement. Wait and see. L'essentiel est de raison garder* ».

▶ **Exercices**

THÈME   Voici un texte en français courant. Traduisez-le en « langue de journaliste » afin de le rendre accessible à un sous-rédac-chef aviné, au placard depuis le dernier changement de majorité.
◊ « Les journalistes sont des êtres humains comme les autres. Ils dorment, ils mangent, ils payent des impôts, ils se reproduisent. Mais ils voudraient que cela ne se sache pas. Voilà pourquoi ils le répètent sans cesse. Car personne ne les croit. »

VERSION   Voici cette fois un compte rendu journalistique qui s'avère, aujourd'hui plus que jamais, d'une actualité brûlante. Traduisez-le en français académique, de manière à le rendre assimilable par un miraculé de la science, donné pour mort en 1956, et revenu à lui après plus de trente ans de coma.

LA PUNITION AU BOUT DU CHEMIN
◊ « Les réserves d'or noir de la région ne représentaient que la partie immergée de l'iceberg. Les deux chefs d'État, eux qu'on surnomme déjà « Les rois pervers »,

optèrent pour la fuite en avant. Dans un premier temps, les populations locales, de type méditerranéen prononcé, succombèrent à la tragédie fatale, dans un final dantesque. Dans un second temps, les survivants, rescapés de l'horreur, déployèrent la panoplie sauvetage selon un scénario minutieusement ajusté. Voire. Ils s'enfuirent dans la montagne, entre Zéred et Jourdain, terre de contrastes. Au jour d'aujourd'hui, ils sont en sécurité, mais pour combien de temps encore ? »

CORRECTION « Il y avait beaucoup de puits de bitume dans cette vallée des Bois. Le roi de Sodome et le roi de Gomorrhe furent mis en fuite ; leurs gens y périrent, et ceux qui échappèrent s'enfuirent sur une montagne. »

Genèse (Ancien Testament), chapitre XIV, verset 10.

6

Comment parler comme un flic

Les flics sont partout. Plus il y a de flics, plus on a peur, c'est connu. Non seulement ils sont partout, mais encore ils nous adressent régulièrement la parole : « La ceinture à l'arrière, c'est pour les pédés ? » Prestige de l'uniforme. Ou alors :

– Il est à vous, le véhicule ?

– Pouvez pas dire une bagnole, comme tout le monde ?

Non, ils ne peuvent pas. Car pour devenir policiers ils étudient de longs mois, voire quelques semaines pour les meilleurs. On leur apprend à rédiger un procès verbal avec un vocabulaire strict et choisi ; cinquante mots, faciles à taper avec deux doigts, sur leur vieille machine à écrire maculée de bière séchée.

Pas n'importe quels mots : des condensés de sens, des sésames, des passerelles indispensables pour relier un brigadier-chef alcoolique et une star de la chansonnette qui rate ses virages en Porsche.

Prenez garde : même si vous ne fréquentez pas de chanteur-vedette, nul n'est à l'abri d'un virage manqué. Ou au choix : vol de briquet, franchissement de ligne bleue des Vosges, adultère aggravé, tapage nocturne l'après-midi, lacet mal attaché. Bref, on a tous quelque chose à se reprocher. Autant savoir quoi tout de suite.

En fin de chapitre, nous traiterons de l'argot des flics entre eux. Un dialecte rude mais imagé, indispensable si vous avez la chance d'effectuer une garde à vue au-delà des vingt-quatre heures (proxénétisme, terrorisme, trafic de drogue, etc.).

▶ **Vocabulaire**

LE TERRAIN

Lâché sur le terrain, le policier a pour mission de protéger le citoyen, et non l'inverse. On a trop tendance à l'oublier. En cas de conflit ou d'injustice flagrante, mettez-vous à sa portée. Ces quelques expressions vous rendront bien des services.

N.B. : inutile d'articuler trop ostensiblement. Le policier n'est pas sourd, des tests l'ont prouvé.

AGENT DE LA FORCE PUBLIQUE.   Flic de base.

GARDE À VUE.   Nuit au poste.

LOCAL DE GARDE À VUE.   Geôle décorée au vomi.

STUPÉFIANTS.   Drogue. « Les stupéfiants n'étonnent plus personne. »

NARCOTIQUES.   Drogues dures, y compris les médicaments, mais pas l'alcool.

CHAMBRE CONJUGALE.   Chambre à coucher lors d'un constat d'adultère.

PALPATION DE SÉCURITÉ.   Fouille, plus appuyée dans le cas d'une femme.

VIOLENTÉE.   Violée (généralement au féminin). « Vous avez donc été violentée par quatre Turcs. Racontez-moi les détails... »

DÉLICTUEUX.   Vaguement suspect. « Vu ces indices apparents de comportement délictueux, etc. » [un procès-verbal].

VOIE PUBLIQUE.   Rue.

ALTERCATION.   Baston.

RIXE.   Baston générale.

PROCÉDURE POLICIÈRE.   Descente.

PROCÉDURE POLICIÈRE UN PEU VIVE.   Bavure.

FOURGON CELLULAIRE.   Panier à salade.

VOL AU RENDEZ-MOI.   Vol consistant à payer un commerçant avec une grosse coupure, à prendre la monnaie et à récupérer son billet lors d'un instant d'inattention du commerçant (technique dévoilée dans un manuel de procédure policière).

VOL À LA ROULOTTE.   Vol dans les voitures en stationnement.

VOL À L'ESBROUFE.   Vol des objets placés dans les poches de la victime, pratiqué dans la foule : autobus, marchés, kermesses paroissiales, congrès socialiste des Bouches-du-

Rhône, foires d'empoigne, sortie de conseil des ministres, etc.

VOL À L'ENTÔLAGE.   Vol commis par une prostituée, avec ou sans complice, sur la personne de son client. Comme quoi : inutile de discuter le prix avant...

NUMÉRAIRE.   Argent liquide. « Le plaignant déplore un vol de bijoux et de numéraire. »

NUIT.   Selon la jurisprudence, « la nuit est l'intervalle de temps compris entre le coucher et le lever du soleil » [Code pénal].

NAVARRO.   Beau-frère policier. « Tu sais, Robert, mes deux frangines m'ont ramené deux navarros. Le genre de truc qu'on choisit pas. »

OUTREPASSER.   Faire le con.

APPRÉHENDER.   Arrêter (quelqu'un). N.B. : On appréhende un suspect, mais pas une mission. Le vrai bon flic a la loi pour lui : il n'a donc jamais peur.

DOCUMENTS.   Papiers. En voiture : carte grise, permis de conduire, vignette fiscale.

REFUS D'OBTEMPÉRER.   Envoyer les flics se brosser ailleurs.

DÉSORDRE.   Contraire de l'ordre. Notion fuyante, notamment sur la voie publique. Qu'est-ce qu'une rue en désordre ? Est-ce à dire qu'on aurait déplacé les feux rouges ?

VERSION OFFICIELLE.   Vérité officieuse.

INSUBORDINATION.   Chahut. « Si j'avais un fils sous dialyse, je l'empêcherais de faire de l'insubordination la nuit. »

ÉTHYLIQUE.   Alcoolo non flic. Un flic qui picole se dit « boute-en-train ».

CONTESTATAIRE.   Manifestant ancestral et hirsute.

DROIT DE COERCITION.   Privation de liberté. C'est-à-dire droit de mettre en prison.

LA ROUTE

Encore une énigme pour la science : tout policier, placé sous un képi en bordure de route, s'avère incapable de prononcer une seule phrase normale en français courant. Il se commute instantanément en langue flic.

En rentrant du boulot, vous fauchez malencontreusement un cycliste. Alors qu'on transporte le malheureux à la morgue, ne vous inquiétez pas si le policier vous demande : « Est-ce que votre véhicule agricole à moteur comporte des indicateurs de changement de direction ? »

Il veut simplement savoir si votre tracteur a des clignotants...
Non, bien sûr, pourquoi ?

INDICATEUR DE CHANGEMENT DE DIRECTION.   Clignotant.

CHAUSSÉE.   Route.

INTERSECTION.   Croisement.

PASSAGE PROTÉGÉ. Carrefour dangereux, là où ont lieu en général les accidents les plus graves. Protégé de quoi, de qui ? on se le demande.

SIGNALISATION AVANT. Phares jaunes. N.B. : signalisation arrière signifie « petits phares rouges et orange ».

FEUX DE POSITION. Veilleuses.

FEUX DE CROISEMENT. Codes.

FEUX DE ROUTE. Phares.

AVERTISSEMENTS LUMINEUX. Appels de phares.

SIGNAL SONORE. Klaxon (à ne pas confondre avec le « bip » du répondeur).

DISPOSITIF ANTIDÉRAPANT. Chaînes à neige.

FREIN DE PARCAGE. Frein à main tout bête.

SIGNALER SON INTENTION. Mettre le clignotant. (Pour le coup de la panne, attention à ne pas signaler trop tôt votre intention.)

LIGNES DE RIVES. Ligne discontinue, autrement dit qu'on a le droit de traverser.

DROIT DE PASSAGE. Péage.

PRÉPOSÉ. Homme-tronc qui attend votre argent au péage, généralement flic à la retraite.

MARQUER L'ARRÊT. S'arrêter.

REMPLIR SON OBLIGATION. Payer le péage.

VÉHICULE AGRICOLE À MOTEUR. Tracteur.

MOTOCYCLETTE LÉGÈRE. Moto pas très puissante, que même une 4L banalisée peut rattraper.

VÉHICULE À MOTEUR NON IMMATRICULÉ. Mob ou voiturette.

VITESSE NON ADAPTÉE AUX CIRCONSTANCES. 200 sur route, 300 sur autoroute.

TRANSPORT DE MARCHANDISES. Camion.

TRACTION ANIMALE. Charrette.

VÉHICULE EN MOUVEMENT. Voiture qui roule. Malin, non ?

DANGER : AÉRODROME. Panneau indicateur absurde ; sauf si votre voiture est équipée de canons antiaériens.

DANGER : TROUS EN FORMATION. Panneau indicateur zen ; destiné aux émules de Bouddha qui ont la patience d'attendre pour admirer les trous se former.

▶ Syntaxe

La syntaxe flic est aussi sommaire que rigoureuse. Le flic s'exprime peu, mais avec des expressions que ses supérieurs ont sélectionnées pour lui.

VOUVOIEMENT. Traitement réservé aux suspects présumés innocents. « Êtes-vous passé au cabaret la nuit dernière, monsieur le maire ? »

TUTOIEMENT. Traitement réservé aux suspects présumés coupables. « Enlève tes lacets, salopard. »

ÊTRE EN FACTION. S'emmerder quelque part, avec interdiction de bouger.

ÊTRE EN FACTION SANS RELÈVE. S'emmerder au même endroit, mais en picolant de temps à autre pour faire passer la journée.

REVÊTIR L'UNIFORME RÉGLEMENTAIRE. Aller au-devant des ennuis.

OUTRAGE À AGENT. Vérité à voix haute.

OUTRAGE AUX BONNES MŒURS. Slip taille basse.

OUTREPASSER SES DROITS. Faire respecter ses droits. « Appeler un avocat ? Vous outrepassez vos droits ! »

AGIR EN MATIÈRE DE FLAGRANCE. Agir en plein devant un bataillon de policiers, attablés en terrasse. On dit aussi « flagrant délit ».

ENTENDRE SUR LES FAITS. Écouter le baratin. « Nous avons entendu sur les faits Monsieur Ricardo, soi-disant artiste peintre, que les prostituées qualifient de proxénète en chef. »

ÊTRE EN POSSESSION DE.   Avoir de la dope dans sa poche. « Théoriquement, il est interdit d'être en possession de stupéfiants, monsieur le Député. »

« CIRCULEZ ! »   Ordre inconstitutionnel. Le droit de stopper fait partie intégrante du droit inaliénable de circuler. Schématiquement, ce serait comme évoluer à une vitesse nulle.

« Y A RIEN À VOIR ! »   Injonction perverse destinée à accroître la curiosité des passants. S'il n'y a effectivement rien à voir, pourquoi un tel attroupement ? Et autant de flics ?

« CIRCULEZ, Y A RIEN À VOIR ! »   Aberration juridico-sémantique.

JAMAIS PENDANT LE SERVICE.   Mot de passe rituel mais improbable, symbolisant l'ensemble vide. Au contraire : tout est possible pendant le service !

« MONSIEUR N'GWONO, RESTEZ POLI, NOUS SOMMES ENTRE GENS CIVILISATIONNÉS ! »   Je n'aime pas les Noirs. Sauf Sylvestre, mon collègue antillais. Lui, c'est différent, il est super sympa. Je fais même plus attention qu'il est noir, alors...

« NE VOUS ÉNERVEZ PAS ! TOUT SE RÈGLE PAR LE DIALOGUE. »   Dialogue mon cul ! Je suis tellement énervé que ça va se finir en bavure.

« JE FAIS CONFIANCE À LA JUSTICE DE MON PAYS. »   Sentence rituelle à prononcer chaque fois qu'un policier vous passe les menottes, que vous soyez garde des Sceaux, président de club de football ou simple truand (effet hilarant en présence d'une caméra).

▶ **Lexique interne**

POUR CEUX QUI VEULENT PLONGER

Chacun d'entre nous peut, un jour ou l'autre, avoir sérieusement affaire avec la police. Ce n'est plus le privilège des professions en vue : trésorier de campagne présidentielle, taggeur récidiviste. Comment s'exprimer ? Voici quelques rudiments d'argot flic, indispensables si votre garde à vue se prolonge.

N.B. : nous avons volontairement exclu le vocabulaire courant (cave, flingue), galvaudé par la vingtième rediffusion de « Starsky et Hutch ».

BŒUF-CAROTTE. Membre de l'Inspection générale de la police nationale.

RACLETTE. Inspecteur de ladite inspection générale. « C'est pas le moment de se faire coincer par une raclette du bœuf-carotte. »

AIGLES DE LA ROUTE. Motards (en moto).

MOULIN À VENT. Flic réglant la circulation à un carrefour.

CRÂNE. Délinquant.

GAGNEUSE. Prostituée.

CABOT. Brigadier.

BOCAL. Bureau. « René, passe voir le cabot dans son bocal. »

POINTEUR. Violeur.

TANCHE. Dindon de la farce dans un coup monté. Alias blaireau.

BOUBOU. Noir, Black, Africain.

GRIS. Arabe, Beur, Maghrébin.

BRIGADE ZOMBIE. Policiers déguisés en punks, en skins ou en dealers, chargés d'enquêter sur le terrain.

NUITEUX. Collègue travaillant de nuit.

BLEU. Uniforme réglementaire. « Je vais quand même pas aller aux putes avec mon bleu ! »

CRABE. Croque-mort.

VOITURE PIE. Voiture de police, blanc et noir.

GOMME. Matraque. « Si il m'énerve, il va tâter de la gomme. »

B. S. Blessure au service. Bobo remboursé par la Sécu.

B. H. S. Blessure hors service. « Ce week-end, je me suis fait une B. H. S. au-dessus de mon barbecue. » Bobo non remboursé par la Sécu. Encore que...

TARTINER. Coller des PV sur les voitures.

FAIRE LA PLANTE VERTE. Être en faction. C'est-à-dire ne rien faire. Mais payé quand même.

FAIRE DES CRÂNES. Procéder à des arrestations.

TRAVAILLER LA PERSONNE. Procéder à l'interrogatoire.

HABILLER UN CLIENT. En vue du tribunal, faire en sorte que l'inculpé en prenne pour le plus longtemps possible.

REFROIDIR. Tuer.

RATIONNER. Faire croire à une maladie soudaine pour se mettre en congé maladie. (Les policiers ont trouvé mieux à faire que de tabasser de l'Arabe.)

SE FAIRE CASSER. Descendre en grade. Cauchemar de flic. D'où la mâle assurance joviale des non-gradés.

▶ **Exercices**

THÈME   Voici un texte en français courant. Traduisez-le en « langue flic », accessible à une contractuelle revêtue de son uniforme réglementaire :

◊ « Mais non, elle gêne pas, ma bagnole. Je me suis juste arrêté deux minutes pour aller au coiffeur. C'est le Noir qui bouche la rue, avec son scooter. Moi, énervé ? Non, j'ai rien pris. Vous parlez de drogue ? Me fouiller ? Si vous voulez... J'aime beaucoup vos yeux. Et la jupe de la police, j'aime beaucoup aussi. Vous êtes libre ce soir ? »

Pour aller plus loin, traduisez ce même passage en
« argot flic », pour que Pierre J. et Charles P., plantons à
vie du commissariat de V.-en-V. (Rhône), entravent illico
de quoi il retourne.

VERSION   Voici cette fois un texte en langue flic,
mélange subtil d'argot et de jargon administratif.
Remettez-le en français courant, mais sans gros mots, de
manière à le rendre assimilable par une première com-
muniante ou un contrôleur du ciel gréviste.

◊ « Après un certain laps de temps n'excédant pas une
heure au dire des principaux témoins, une voiture pie
nous dépassa en actionnant son gyrophare à signal
sonore. Agissant en matière de flagrance, ses occupants
nous verbalisèrent pour vitesse non adaptée aux circonstances, bien que nous respections toutes les consignes de
sécurité sur cette chaussée à intersections protégées.
Version officielle : à cause de notre plaque d'immatricula-
tion. « Hé la tanche, tu crois que ton véhicule motorisé
peut outrepasser les lois républicaines de notre secteur ? »
demanda l'agent de la force publique.

« J'allai avec Dean dans le bocal du cabot, et on essaya
de se faire entendre sur les faits : nous manquions de
numéraire. Ils dirent qu'en application de la loi, ils use-
raient du droit de coercition si Dean refusait de remplir
son obligation de responsabilité civile. »

CORRECTION   « Peu de temps après, une auto de
police nous doubla à coups de sirène, et on eut une contre-
danse pour excès de vitesse nonobstant le fait que nous
roulions à trente. C'était la plaque de Californie qui nous
valait ça. " Vous croyez, les gars, que vous pouvez foncer
par ici aussi vite que vous voulez sous prétexte que vous
débarquez de Californie ? " dit le flic.

« J'allai avec Dean au bureau du brigadier et on essaya d'expliquer à la police qu'on n'avait pas d'argent. Ils dirent que Dean devrait passer la nuit en prison si on n'aboulait pas l'argent. »

Jack Kerouac, *Sur la route*. Gallimard, 1960.

7

Comment parler comme
dans la pub

Vous dînez au restaurant entre amis, la soirée bat son plein. Quand soudain, catastrophe ! Votre voisin renverse son verre de vin sur votre magnifique chemise blanche. Dans tous les restaurants du monde, on appelle cela une tache. Et le garçon l'asperge de sel. Partout. Sauf dans la publicité.

Car, dans la pub, votre tache toute bête se transmute instantanément en *tache incrustée*. Oui, incrustée ! Le vin ne glisse plus lamentablement à la surface du tissu, comme d'ordinaire. Le nectar de vigne s'enfonce, profondément, au cœur du linge. C'est que la pub intensifie la vie.

Question. – Pourquoi la serviette hygiénique Vania Pocket absorbe-t-elle mieux ? Parce qu'elle *contient du rétensorb* ! Sans campagne télévisée, qui aurait suspecté l'existence bienfaitrice du rétensorb ?

Il s'en passe des choses, dans l'univers merveilleux de la publicité ! Grâce à elle, le public médusé découvre des prodiges qu'il aurait pu ignorer toute sa vie.

Quelques aigris pleurnichent cependant, avec des arguments d'un autre âge : la publicité s'adresse à nous comme à des débiles, elle nivelle nos jugements par le bas.

C'est mal connaître ses vertus pédagogiques.

La jeune maman qui vante à sa fille le gel intime Doussintim emploie sans détour un langage d'adulte, scientifique et rassurant. *Son pH est doux*, assure-t-elle. L'adolescente acquiesce. Ce qui prouve qu'elles ont fait des études de chimie.

Comme en leur temps les Évangiles, la publicité ne délaisse aucun d'entre nous. Heureux les pauvres et les idiots ! Jamais elle n'hésite à nous prouver l'évidence.

Prenez l'ami Ricoré. Vous vous souvenez : *L'ami Ricoré, l'ami du petit déjeuner ! Il vient toujours au bon moment, avec du pain et des croissants.* Des familles entières ont poussé un « ouf » de soulagement. Manquerait plus qu'il débarque au mauvais moment, avec sa vieille 4L jaune, quand tout le monde est à l'usine ! Ou avec une choucroute et du salami, à tremper dans le café...

Plus personne ne peut se passer de publicité : indispensable à la prospérité de l'économie, donc au bien-être des populations. La télévision diffuse près de deux mille spots par semaine. Observez les personnages de ces chefs-d'œuvre de trente secondes : tous rayonnent de bonheur ! Ils savent qu'ils œuvrent pour une juste cause.

Voilà pourquoi il faut saisir chacune de leurs paroles, puis apprendre à parler comme eux. Pour jouir de l'existence, plus fort, plus vite, plus haut...

▶ **Vocabulaire**

AVANT-PROPOS

La publicité ne se gargarise pas d'un vocabulaire particulier, savamment hermétique, à la manière des clercs de notaire ou des rocardiens. Au contraire, chaque annonce doit pouvoir être assi-

*milée par le plus grand nombre. Au moins par l'annonceur,
puisque c'est lui qui paye.*

   *Colette disait : « Il faut écrire avec les mots de tout le monde,
mais comme personne. » Elle parlait littérature. La publicité a
retenu la leçon. Pas de mots incongrus, mais des formules qui font
rêver.* Kenzo, ça sent beau. *La voilà, la poésie du siècle à venir !*
Votre dodo, c'est mon dada, *tonne Monsieur Meuble. Moins
mièvre et plus imagé que « Mignonne, allons voir si la rose... »*

DE NOUVEAUX ADJECTIFS

   *Il est malaisé de qualifier ce qu'on préfère par-dessus tout. Une
confiture ou un être cher. Par exemple, sauriez-vous décrire votre
dernier amour en quelques mots ? Sa taille, son poids, son âge,
son endurance ? Bah, incomplet. Alors, annoncez simplement
avoir rencontré « votre dernier amour » : vos amis qui vous
connaissent bien sauront exactement de quoi il retourne. Un
dernier amour très « dernier amour », ça ne court pas les rues.*

   *La publicité fait de même. Elle utilise les marques comme des
adjectifs. Mieux : elle invente de nouveaux adjectifs à l'aide de
mots normaux. Comme ça, tout le monde comprend. Et la langue
française s'enrichit.*

   On est tous Vache qui Rit.

   Très mode, très fourmi, très polo, très fancy.[Polo Fancy
de Volkswagen].

   Quand on est bière, on est très Mutzig.

   Très cigare et léger. [Havanitos].

   *Je suis pas très sucre. Je suis pas très alcool non plus. Je suis
très brut de pomme.*

   Quelque chose en vous est Dior.

   Je suis très jus de raisin.

Je suis Palmolive, ça se lit sur mon visage.

C'est vrai. Je suis très vizirette.

Prenons la vie côté Schwepping.

Soyez Bretagne !

Ça c'est très Ford.

DES ADVERBES INUTILES

Un adverbe, c'est un mot qui se termine en général par « ... ment », et qui rend les phrases bien plus jolies. Il y en a beaucoup dans les livres. Dommage : c'est très compliqué à manier. Le mot français le plus long est d'ailleurs un adverbe : anticonstitutionnellement. Mais personne ne sait l'utiliser.

La publicité a résolu ce problème : en créant l'« adverbe inutile ». L'adverbe est là. Il est vraiment là. Mais s'il n'y était pas, cela ne changerait rien. Vraiment rien.

Voici quelques slogans enjolivés d'adverbes inutiles, suivis de leur traduction en français normal.

Complètement Sym : Sym.

Complètement poisson [Pêcheurs de France] : nous les pêcheurs, nous pêchons du poisson.

Terriblement Quartz [Molyneux] : il s'agit en fait de montres à quartz, et non pas de montres terriblement à quartz.

Danessa, une mousse tellement chocolat : il y a du chocolat dans notre mousse. N.B. : si elle ne contenait *que* du chocolat, cette mousse serait en fait du chocolat. Il deviendrait alors impossible d'en manger à la petite cuillère.

Résolument Rive Gauche [YSL] : notre parfum est en vente sur les deux rives, mais nous n'avons rien de plus malin à raconter.

DE NOUVEAUX VERBES

Travailler, dormir, manger, payer : la vie moderne ne se résume plus à quelques activités routinières. À l'aube de l'an 2000, de nouvelles formes d'action apparaissent. Pour les décrire, la publicité n'hésite pas à inventer de nouveaux verbes à partir de mots connus. Donc mémorisables.

Laine-moi. Berger du Nord.

Orangina, ça me pulpe.

Je doudoune en 48 heures chrono ! [La Redoute].

Stagez avec Platini.

ITAX. Sauve qui poux !

Comme une pépite sortie de la vase, les publicitaires extraient parfois un verbe inédit d'un nom de marque, manifestant par là leur sens aigu de la modernité.

Rowentez-vous la vie. [Rowenta]

Oui, je swatch. En smoking, talking, dancing, mais sans darling. [Swatch]

MOTS GIGOGNES

Paradoxalement, la pub manque de place : spots trop courts, affiches trop petites car lettres trop grosses. Dans ces conditions, comment exposer en peu de mots le concept d'un produit nouveau – donc inconnu –, et toutes ses qualités ? Convaincre une mère de famille que de nouvelles gaufrettes s'avèrent à la fois fondantes et croustillantes ? Cauchemar de rédacteur-concepteur...

Les meilleurs ont franchi l'obstacle. Comment ? Grâce aux mots gigognes ! Deux mots qui s'emboîtent, comme des lits, en forment un troisième. Croustifondant ! Vous y auriez pensé ?

Avec du talent, on peut tout emboîter : les marques, les noms, les verbes ou les adjectifs. Voyez ces audacieux assemblages.

Deux adjectifs : *Les gaufrettes Verkade, c'est croustifondant.* Eh oui !

Deux noms : *Confipote, Crédisponible* [BNP].

Un nom et un adjectif : *Les fruisanes de La Tisanière, Le loto c'est spormidable !*

Un nom et un verbe : *Ici, on tabastoppe.*

Une marque et un adjectif : *Jextraordinaire, Bridélice.*

Une marque et un verbe : *Biocalinez-les.* [Biocanina]

Une marque et un nom : *Vacances à la frmçaise.* [Fram]

En deux étapes, certains créatifs ont d'abord inventé un mot gigogne, puis l'ont transformé en verbe. Du grand art !

Toast + tartine = Toastine. D'où : *Je toastine, tu toastines.*

Croquer + minceur = Croq'mince. D'où : *Je croq'mince.*

AUCUN RAPPORT

La règle en matière de publicité, c'est qu'il n'y a pas de règle. Lorsqu'un publicitaire n'a rien à dire d'une marque, il raconte n'importe quoi. En y allant franchement : la plus grosse connerie possible. Pourvu qu'il n'y ait aucun rapport entre le slogan et le produit : ça marche !

À quoi bon critiquer ? Depuis 1924, on s'extasie sur les trouvailles des surréalistes qui composaient des poèmes en recollant des titres de journaux épars :

Nous sommes sur le chemin

des allumettes

selon la formule

du poisson.

Mon bonheur, c'est Mozart ! Mon jambon c'est le baron [Geo]. Silence, on mange !

Du soleil plein le chocolat [barre au chocolat Sundy, de Nestlé]. Vite avant que ça fonde.

Euromarché. Les mousquetaires de la distribution. Vous les imaginez, quatre benêts à moustache, croisant le fer au rayon volaille ?

Camembert Cœur de Lion. Des racines comme un arbre. Les arbres ont des racines, c'est nouveau. En forme de camembert, on s'en doutait.

Soif de mordre ! [Brut de Pomme] À pleines dents dans une boîte en fer : soif de dentiste avant tout !

Chopin composait des sonates. Moi des salades composées [Yoplait]. Ça y est, ça les reprend. Silence !

RARETÉ

Sartre a expliqué qu'il n'y a pas de sentiment plus communément partagé que de vouloir être différent des autres.

La pub l'a compris. Avec elle, tout devient rare. Un sac, une lampe, un pot de chambre, notre existence elle-même. Bien sûr ce n'est pas vrai, mais ça fait tellement plaisir de se l'entendre dire...

Nectar, un plaisir rare [Jacques Vabre]. En clair : buvez-en tous les jours, matin, midi et soir.

Venez essayer une voiture rare. Slogan entendu à la radio. Il vantait une voiture si rare que j'en ai oublié la marque. Tant mieux. Jamais je n'aurais pu l'essayer : si rare qu'il n'y en avait certainement pas assez pour tous.

Saab, une voiture à part. Effectivement, deux AA qui se suivent, c'est pas courant.

Ronce de noyer. Très rare de nos jours [Rover]. Quel drame si la ronce de noyer venait à disparaître ! Après le koala et la baleine bleue, l'heure est venue de lancer une campagne mondiale de protection. Sauvons la ronce de noyer ! Très rare de nos jours !

205 Roland Garros. Le privilège rare de conduire une voiture d'exception. Ça existe, un privilège pas rare ?

Avoir une montre Oris est un privilège, il ne manquerait plus que ça se sache. Pathétique slogan en forme d'acte manqué. Car personne ne connaît les montres Oris. Moi non plus. Vous non plus ? L'ignorance est un plaisir rare.

FLATTERIE

L'histoire se passe chez un marchand d'oiseaux. Un client demande au vendeur :

– Pourquoi vendez-vous 50 000 francs ce vieux perroquet déplumé ? Alors que vos plus beaux spécimens, bavards et multicolores, valent tout au plus 10 000 francs ?

– Parce que le déplumé, lui, il m'appelle « chef », répond le vendeur.

Plus habile qu'un vieux volatile, la publicité sait caresser le client dans le sens du poil. Qui en redemande avec jubilation. « Moi, moi j'existe, moi ! » Depuis La Fontaine, on n'a guère *trouvé mieux que la flagornerie pour faire des affaires. Cette leçon vaut bien un fromage, sans doute.*

Sortez du troupeau, roulez en Polo [Volkswagen].

On vous veut comme vous êtes [Marina Rinaldi prêt-à-porter spécial grandes tailles].

Les montres de caractère sont celles qui ont le vôtre.

Moi et mon auto, on déteste l'incognito [Peugeot].

Encore plus narcissique :

Pharmaton, maxi-moi.

Bouchara, c'est moi.

Monsavon c'est moi.

Ma Corsa, c'est tout moi.

En Devernois, je suis moi.

Enfin, le summum du cynisme pour cette argumentation en faveur des maillots de bains Shankara : *Même si votre modestie doit en souffrir, vous serez obligée de supporter bien des regards admiratifs ou envieux.*

AU CŒUR DU CENTRE

Longtemps, la publicité a été accusée de superficialité. Désormais, elle ira à l'essentiel. Comme le public à qui elle s'adresse, elle veut donner du sens à la vie, de la substance, de la profondeur.

C'est la publicité qui a défriché le concept phare des années 90 : la profondeur. Toucher au cœur. Dans le vif du sujet. Comme en Formule 1, où le moteur est devenu la raison d'être du bolide, plus important que la voiture elle-même. La publicité vient d'entrer dans son âge adulte. Au cœur du centre en quelque sorte.

Ariel liquide. La propreté jusqu'à la racine de la tache. Explication officielle : *la tache a des racines qui s'infiltrent dans les fibres.* Il était temps de s'en soucier !

Super-Croix, on l'a vu, traque les *taches incrustées.*

Plus difficile, parce que plus sale, Omo s'attaque aux *salissures incrustées.*

Vizir liquide les traces au plus profond des fibres. Une révolution : le linge devient propre à l'intérieur de lui-même !

Dans Dash 3 Ultra, *l'action de l'argile douce aide à la lubrification des fibres.* On s'adresse aux étourdies qui laveraient leur linge sans eau, ou alors avec du vin blanc sec. Ensuite, l'affaire prend un tour plus sexuel. Car grâce à cette entreprise de lubrification, les fibres *glissent plus facilement les unes sur les autres.* Humide sous-entendu aisément capté par la clientèle essentiellement féminine des lessives.

Toujours dans le genre libidinal, Le Chat Compact rend *l'eau plus pénétrante, plus active.* Ce qui changera de l'eau fainéante, inactive comme c'est pas permis.

Son action se diffuse au cœur de la vaisselle [Somaron, cachet effervescent]. Ça veut dire quoi ? Que les autres produits restent collés au rebord de l'évier, ou que Somaron brise la vaisselle avant de la nettoyer ?

Avec son oxygène actif, Ariel va plus loin pour supprimer jusqu'à la saleté invisible. Vous ne la voyez pas, puisqu'elle est invisible, cette saleté. Mais l'oxygène actif la renifle, pendant que l'oxygène inactif roupille.

Skip micro continue son action là où les autres lessives s'arrêtent. Mais où va-t-il ? Il lave les molécules ?

CONCLUSION : *Ariel Ultra invente une nouvelle propreté.*
Attention, amis publicitaires, à ne pas aller trop loin. La
nouvelle propreté, ça doit être dégoûtant, vu que
l'ancienne propreté, c'était déjà très propre...

▶ **Syntaxe**

Voilà pour le vocabulaire. Ensuite, c'est simple. Avec les
mots, il suffit de faire des phrases.

RÉPÉTITIONS, PLÉONASMES ET TAUTOLOGIES

*Ce qu'il y a de bien avec la publicité, c'est qu'elle nous aime.
Et qu'elle nous aide. Même fatigué, on la comprend. Comme un
prof idéal, elle rabâche sans s'énerver. Plus besoin de réfléchir.
Juste attendre que les idées rentrent à force d'être répétées.*

*Un slogan de pub, c'est un peu comme une page de Flaubert,
ou de Kundera : on se sent plus intelligent après.*

Balisto, c'est différent, c'est pas pareil : pour ceux qui
confondent.

Il est le seul parce qu'il est unique [Journal du Dimanche].
Inutile d'en acheter deux à la fois, merci du conseil.

Le four Dimension 4 en apporte une preuve exemplaire
[Panasonic]. Voilà ce qui a manqué à l'affaire Vuillemin.
Des preuves exemplaires. La justice disposait de preuves,
d'accord, mais pas assez exemplaires. Pas étonnant que ça
traîne.

*L'ALB Honda contribue efficacement à la sécurité active du
véhicule.* Précision salvatrice. Vous imaginez les cartons
contre les platanes s'il contribuait inefficacement à votre
sécurité ?

La bière qui fait aimer la bière [Heineken]. Car avec les autres bières, on préfère l'eau.

La lumière qui démode la lumière [Philips]. Depuis cette campagne, à l'agence de pub, ils bossent dans le noir.

Elle séduira d'emblée tous ceux qui aiment les belles automobiles [Ford Escort]. Par-dessus tout, la pub est une esthète. Elle ignore ceux qui préfèrent les voitures moches. Tant mieux. Ils ne le méritent pas.

Vania. Être bien vous va si bien. Ils ont raison, chez Vania. Être mal nous va si mal.

Slogan pour la glace « Extrême » de Gervais (une sorte de cône) : « *Jusqu'au bout extrême.* » C'est loin, un bout extrême ! À la fois plus à la pointe que l'extrême du bout. Voire plus au bout que le bout de la pointe...

Tout ce qui est bon n'est pas forcément mauvais [Gerblé]. Bonne remarque. Autant s'envoyer un cognac hors d'âge dès le petit déjeuner ?

La prime de la clarté récompense JVC, qui présente ainsi ses derniers trésors technologiques : *JVC repousse encore plus loin les limites* de la vidéo. Sa gamme *renouvelle sans cesse* votre émerveillement. Le son hi-fi *comblera définitivement* les mélomanes. Le matériel se distingue par son *esthétisme soigné.*

ÉVIDENCES

La publicité a un avantage sur l'amour : l'émerveillement continu. Elle ne se lasse d'aucune banalité, elle ressasse chaque évidence avec un plaisir égal. Gide a dit : « Le sage est celui qui s'étonne de tout. » La pub n'en manque pas.

Ça fait briller sans rayer [Jex]. Manquerait plus qu'il écorche l'évier !

Avec le Placement Écureuil Permanence, [...] vous récupérez votre capital initial dans sa totalité. Stupéfiant ! Et tant pis pour les masochistes qui investissent avec l'espoir malsain de ne jamais revoir leur argent.

Gini n'apaise que la soif. Ça tombe bien, c'est tout ce qu'on lui demande.

Sauce tomate Spaghetto. C'est déjà dans le pot. Une chance ! Quelle perte de temps s'il fallait remplir des pots vides avant chaque repas...

TOUT ET LE CONTRAIRE DE TOUT

À l'heure où les théories du hasard et du chaos règnent sur la science moderne, la publicité prend de l'avance. Les rapprochements les plus hasardeux, les raisonnements les plus paradoxaux, les concepts les plus bancals, les voici.

Bordeaux, la couleur singulièrement plurielle. De toute façon, hips ! Après 3 litres, hips ! C'est de la gourmandise. Hips !

Regardez de près pour voir loin [Crédit Agricole]. Fermez les yeux au passage, sinon vous louchez.

Il vous donne de l'avance le jour où vous prenez du recul [Journal du dimanche]. Et la veille, il retarde ?

Ça ne change rien. Et c'est ça qui change tout [Canderel]. Ça ne change pas, donc.

Pour vous arrêter de fumer, fumez [NTB]. Et pour recommencer, arrêtez.

L'inattendu tant attendu [Karl Lagerfeld]. On est surpris de s'y attendre...

Vous serez attentif aux bruits silencieux de l'air, de l'eau [Office du tourisme de Finlande]. Parce que les bruits bruyants, on les entend mal.

Regardez, il n'y a rien à voir [Scotch Magic].

Le couscous, vous le connaissez comme là-bas. Découvrez-le comme chez nous [Petit Navire]. Ça peut être pire...

Bronzer plus vite tout en se fabriquant une belle peau de l'intérieur [Œnobiol solaire]. C'est ce qu'on appelle rentrer dans le vif du sujet.

Même mouillés, ils sont secs [Ultra Pampers].

Quand y en a plus, y en a encore [Palmolive]. Et si on versait du Palmolive sur des Pampers ?

De la part de ton odieuse petite peste adorée [Lancel]. Spécial SM : la peste adorée, elle vous fouette en guêpière ?

Pour vous, c'est quoi le pétrole ? C'est tout sauf du pétrole [Elf Aquitaine]. C'est quoi un bon slogan ? C'est tout sauf un bon slogan.

TROUVER À QUI PARLER

Si vous vous ennuyez en faisant vos courses, faites comme les publicitaires. Discutez avec les produits rangés sur les rayons.

Fais-moi belle, Paic Douceur. C'est connu. Nombre de ménagères engagent la conversation avec un flacon de détergent. C'est tellement flatteur de se savoir plus intelligente que son vis-à-vis. Encore que...

Bonne Maman, c'est toi que j'aime tant. Pour celles qui préfèrent tailler une bavette avec un pot de confiture.

Rambol aux noix, plus je te vois, plus j'ai envie de toi. Nettement plus sensuel. Probablement à cause des noix.

Velouté, tu me mets la pulpe à la bouche ! [Danone] Ne parlez pas la bouche pleine.

Monoprix, tu me plais, tu sais ! Là, on entre dans le vrai débat de fond. Et l'on dialogue carrément avec le magasin !

En partant, rien ne vaut une dernière causette avec les voitures garées sur le parking : *Sacrée 205, j'aime ton numéro !*

Plus explicite : *Tu es lisse, tu te glisses, je succombe à ton CX* [Renault]. Allumez le moteur avant de parler à votre bagnole.

LE DÉBAT DU JOUR

Les bons jours, il arrive que des objets non doués de parole se mêlent à la conversation. En avance sur les mystiques qui savaient écouter les cailloux, les publicitaires aiment avoir l'avis de leurs orteils ou d'un flacon de Rexona. C'est le moment de les écouter.

Les jambes ont la parole [Collants Well].

Carte bleue Visa. Elle parle toutes les langues. Avec un peu de chance, elle va causer à vos guibolles.

Gel douche Fa. La fraîcheur qui parle à ma peau. Y a qu'elle qui parle. La saleté, elle, s'écrase.

Après-rasage mousse hypoallergénique à l'anthémile. Demandez à votre peau, elle vous expliquera [Williams]. Minute : je discute déjà avec mon Fa !

Rien n'est aussi bête que des pieds qui n'ont jamais entendu parler des chaussures Bocage. Les miens par exemple, tous piteux sous le bureau. Ah, les ignorants !

Princesse Tam-Tam. La lingerie qui parle de moi. Pourvu qu'elle ne se plaigne pas trop de l'humidité...

Guerlain fait chuchoter la poudre. Et Maradona, il fait tourner ?

Carte d'Or. Jamais glace n'a été aussi gourmande. Dommage qu'elle ne puisse pas parler la bouche pleine.

SLOGANS ABSCONS

Dans « abscons », il y a « bsc ». Mais surtout il y a « con ». Le slogan abscons, chef-d'œuvre créatif, se bâtit à partir d'une phrase apparemment intelligente, mais mal construite et impossible à appréhender sans hocher la tête d'un air niais. Comme celle-ci d'ailleurs.

C'est en voulant le dénouer que tout bêtement on s'y attache [Nid de tagliatelles Barilla]. Tout bêtement, c'est annoncé.

Arrêtez le temps le temps d'un instantané [Nestlé]. Ça va durer encore longtemps ?

Chez Fly, on emporte sans se démonter, on monte sans s'emporter. C'est pas contagieux au moins ?

Le fromage blanc de campagne de La Laitière. Ce qui est nouveau, c'est qu'il est comme autrefois. Autrefois, il était comme aujourd'hui. Pas fameux, donc. Puisqu'on l'a changé.

Philips, c'est déjà demain. Faut pas se tromper sur le calendrier. Les revendeurs Philips ferment le samedi, puisque c'est déjà dimanche. Allez-y donc le dimanche, puisque c'est déjà lundi.

La salle de bains qui tient dans une baignoire [Jacob Delafon]. On attend la cuisine qui tient dans l'évier et la chambre à coucher qui dort avec vous dans le lit.

Plus on lit Lire, plus on a envie de lire autre chose. Donc moins on lit Lire. Donc moins on a envie de lire autre chose...

Fiat. Y a moins bien mais c'est plus cher. Suicidaire aveu. Car quand il y a mieux c'est moins cher...

C'est mieux d'avoir tout de suite ce qui est bien, et ce qu'il y a de bien c'est que pour la suite c'est mieux [Olivetti]. C'est grave, docteur ?

Azzaro, pour les hommes qui aiment les femmes qui aiment les hommes. En clair : Azzaro, c'est pas pour les pédés. Slogan suicidaire quand on sait combien nos frères homosexuels sont enclins à se parfumer.

C'est pourquoi on peut faire confiance à Le Chat Machine. AU Chat Machine ! pas À LE Chat Machine ! Comment peut-on faire confiance à des Nuls qui ne causent même pas le français ?

Au bout du noir, il y a encore des sensations [Nestlé dessert]. Et au bout du blanc, on ne sent plus rien ?

Le plaisir, c'est de changer de plaisir [Collective de la pomme]. Moralité : une pomme oui, mais pas tous les jours.

Comment dire Nonsk à Wisk ? Difficile de faire plus consk. Et plus creusk.

ET QUAND ON N'A PLUS RIEN À DIRE...

Attention : le soleil publicitaire brûle les ailes. La réclame, c'est comme Tchernobyl ou le Sida. Ce sont d'abord les spécialistes qui en subissent les dommages.

Un publicitaire en fin de carrière peut avoir reçu des doses intellectuellement mortelles. Lorsque Séguéla essaie de parler intelligemment de pub, c'est-à-dire avec du recul, il parle encore comme dans une pub : « Trop de pub tue la pub. » Beaucoup de ses collègues ont disjoncté à leur tour, et sont tombés au degré zéro du « blanc, plus blanc que blanc », qu'on croyait enterré par Coluche.

Ford, encore plus Ford. Moins Ford que Ford, ça roule aussi ?

Hit Burger, le plus hit des burger. Écrit à la main ce slogan, avec le plus slow des gants.

Difficile d'être plus nana que ma nana. Dans la foulée, impossible d'être plus arrosoir que mon arrosoir.

205 GTI, plus GTI que jamais. Et 205, peut-être, aussi, non ?

1664. Seize cent soixante-quatre [Kronenbourg]. L'abus d'alcool est dangereux pour la santé.

L'année commence vraiment Ford. Et elle termine vraiment malt ?

▶ Exercices

THÈME Voici un texte en français courant. Traduisez-le en « langue de pub » afin de le rendre accessible à un minibus d'experts en marketing, conseillers en communication du Premier ministre.

◊ « Le bleu vous va mieux que le gris. Les Français veulent du concret. Où sont vos valises ? La nuit, il fait complètement nuit. Les Anglais n'aiment pas les femmes. Les Japonais travaillent trop. L'alcool tue lentement. »

VERSION   Voici cette fois un « brief » en « langue de pub ». Traduisez-le en français courant, de manière à le rendre assimilable par une carmélite relativement jeune, privée de télé, de radio et de journaux depuis 1951 (et de dessert aussi).

◊ « Quand Mamie Brioche nous sert ses P'tites Brioches, on découvre des brioches si peu brioches que même les brioches redécouvrent la brioche. Oh oui, Mamie ! Mouill'brioche-moi la vie ! C'est l'instant-passion. Même le thé fond dans l'eau. Au plus profond du cœur de mon corps, un plaisir m'envahit, rare. Si rare qu'il y en a très peu. Moi, avec P'tites Brioches, je deviens très P'tite Brioche. Super-moi, tout simplement. »

CORRECTION « Elle envoya chercher un de ces gâteaux courts et dodus appelés Petites Madeleines qui semblent avoir été moulés dans la valve rainurée d'une coquille de Saint-Jacques. Et bientôt, machinalement, accablé par la morne journée et la perspective d'un triste lendemain, je portai à mes lèvres une cuillerée du thé où j'avais laissé s'amollir un morceau de madeleine. Mais à l'instant même où la gorgée mêlée des miettes du gâteau toucha mon palais, je tressaillis, attentif à ce qui se passait d'extraordinaire en moi. Un plaisir délicieux m'avait envahi, isolé, sans la notion de sa cause. Il m'avait aussitôt rendu les vicissitudes de la vie indifférentes, ses désastres inoffensifs, sa brièveté illusoire, de la même façon qu'opère l'amour, en me remplissant d'une essence précieuse : ou plutôt cette essence n'était pas en moi, elle était moi. J'avais cessé de me sentir médiocre, contingent, mortel. »

Marcel Proust, *Du côté de chez Swann*.

8

Comment parler comme à Neuilly, Auteuil, Passy

> « *Neuilly, Auteuil, Passy,*
> *C'est pas du gâteau.*
> *Neuilly, Auteuil, Passy,*
> *Tel est notre gettho* »
>
> (Air inconnu.)

Autrement dit, le Triangle d'or. Dans ces quartiers de l'Ouest parisien se concentrent les héritiers des lignées aristocratiques et des vieilles dynasties bourgeoises. Sur leurs contrats immobiliers, le prix du mètre carré compte plus de chiffres que la date. Là vivent les grandes familles, les NAP's, l'élite sociale du pays.

La publicité singe leurs manières en les attifant de prénoms grotesques et d'un accent à détacher au couteau à poisson. « Charles-Édouââârd, auriez-vous l'obligeance de descendre la poubelle ? » De jeunes comiques s'en font une spécialité, et des appendices reproducteurs en or.

Haïs en 36, méprisés en 68, les NAP's fascinent aujourd'hui tous les Français. Les sociologues les plus barbus constatent que, du PS au RPR, les classes moyennes aspirent à « l'embourgeoisement » (la France compte déjà plus de huit millions de cadres).

L'exemple des Albanais fuyant vers l'Italie, des Hongrois gagnant l'Autriche, des Allemands de l'Est réfugiés à l'Ouest suscite l'espoir des plus démunis.

Depuis de longs mois, clandestinement, des milliers d'habitants de l'Est parisien désertent leurs sordides banlieues communistes, pour se réfugier à l'ouest du mur d'argent de la capitale. Selon *La Lettre Confidentielle Jalons*, ces exilés volontaires, pour la plupart jeunes et diplômés (BEPC, ANPE, RMI), visent l'Eldorado entr'aperçu dans les reportages de *Point de Vue-Images du monde* et les offres d'emploi de *L'Express*.

Peut-être n'êtes-vous pas de ces gueux, et jouissez-vous des largesses de la République (emploi stable à Gaz de France, droit de vote à dix-huit ans, prime d'invalidité, etc.). Ne vous réjouissez pas trop vite. Personne n'est à l'abri du drame.

Imaginez le pire. Un soir de match, alors que vous avez fait le déplacement du 94 (Val-de-Marne) au Parc des princes (Paris XVIe), votre voiture s'immobilise avenue Mozart. C'est le Delco ! Impossible à expliquer aux locaux, si vous ignorez leur dialecte. Pour toute aide, ils vous claqueront au nez leur lourde porte à sécuricode. Soyez heureux qu'ils n'appellent pas la police !

Ces gens-là s'inquiètent si vite. Ils tremblent depuis la Révolution. Qui leur a *tout* pris. Il ne leur reste *rien*. Désormais, les riches sont ruinés. C'est là leur malheur.

Pourtant, il suffirait d'un rien pour les décrisper. Un mot dans leur langue, un sourire, un château-yquem 1937. Au fond, ils sont restés très simples. Certains d'entre eux ont même d'excellents amis pauvres.

▶ Vocabulaire

Tout est précieux, entre Neuilly, Auteuil et Passy. Le cristal des coupes à champagne, le pucelage des jeunes filles (ce qui est rare est cher), et le vocabulaire.

LES RUDIMENTS

MAMAN. Ma mère. « Maman a sa scoliose. Elle ne peut plus nouer son chignon. »

PAPA. Mon père. « Je sais que ça peut paraître original, mais papa déteste les haricots verts. »

LES PARENTS. Mon père et ma mère, c'est-à-dire papa et maman. « Les parents ont découvert hier que les radios émettent vingt-quatre heures sur vingt-quatre. »

OUI, JE VOUS EN PRIE. Oui.

NON, MERCI. Non.

MERCI INFINIMENT. Merci.

TÉLÉVISION. Télé. « Je ne vois pas du tout qui est cette Simone Garnier. Nous n'avons pas la télévision. »

AUTOMOBILE. Auto.

ENQUIQUINER. Exaspérer, faire chier au-delà du possible. « Ça m'enquiquinerait de travailler au tri postal. »

IMPORTUNER. Emmerder. « Chouchou, cesse de m'importuner ! »

EMPOISONNER. Importuner.

FÂCHEUX. Plus que pénible. « Allô ? Vous avez raté votre avion ? Il n'y en a pas d'autre avant deux semaines ? C'est fâcheux. »

HURLER DE RIRE.   Sourire. « Maman et moi hurlions de rire chez Fauchon. »

FOU DE RAGE.   Contrarié. « J'ai eu 10 à l'oral. Papa était fou de rage. »

EXQUIS.   Adjectif infatigable chez ces dames. « Ces aquarelles, c'est exquis. » « Votre potage maigre aux poireaux est exquis. » « Ce serre-tête bleu marine, c'est exquis. »

UNE HONTE.   Indignation permanente et universelle. « C'est une honte ! Cette petite sort tous les soirs. » « Des chiens non tenus en laisse, c'est une honte ! » « Huit cents francs pour un ourlet, c'est une honte ! »

MERDE (interjection).   Va te faire enculer jusqu'à l'os par tous les trous qu'il te reste, s'il t'en reste !... « Alors là, Pierre, pardonne-moi d'être vulgaire, mais merde ! »

SUER.   Chier. « Sortir en hiver, quand il gêle, voilà qui me fait suer ! »

ÉPOUX.   Mari. « Mon époux a quelque souci avec ses subordonnés. »

ÉPOUSE.   Femme. « Mon épouse sera enchantée de vous faire goûter sa tarte à la rhubarbe. »

PROPRIÉTÉ.   Château. « Chaque vendredi, je descends en famille dans ma propriété. »

CABANON.   Maison traditionnelle, entièrement retapée. « Ce n'est qu'un cabanon provençal, derrière Sainte-Maxime, avec piscine et tennis pour les enfants. »

MASURE.   Baraque de quinze pièces et cinq salles de bains. « Dès que les ouvriers auront fini la toiture, venez visiter notre masure. »

FEMME DE CHAMBRE.   Bonne. On emploiera également « cuisinière ».

AMI.   Vague connaissance. « Je suis allée faire du rafting en Ardèche avec sept amis. Je ne connaissais personne. »

BONS AMIS.   Amis.

DES AMIS QUE JE CONNAIS TRÈS BIEN.   Bons amis.

AMI PERSONNEL.   Médecin, dentiste, avocat, expert comptable de la famille. « Mon dentiste est un ami personnel. »

INTIME.   Nous avons dîné une fois ensemble.

COPAIN.   Connaissance encombrante « Alexandra, notre aînée, invite à la maison des "copains" d'un "genre" ; nous ne savons comment l'en dissuader. »

CHER.   Qualificatif de politesse. « Donnez-moi des nouvelles de votre cher père. S'est-il remis de son accident de cœur ? »

TRÈS CHÈRE.   Mon amie (en glapissant). « Ah ! très chère ! Que je suis heureuse de vous revoir ! »

TRÈS SIMPLE.   Avec des manières d'aristo. « Elle est très simple. Elle n'élève jamais le ton pour parler à ses domestiques. »

ORGANISÉ.   Coincé. « Bérengère est très organisée. Jamais un mot plus haut que l'autre. »

MONDE.   Milieu. « Athénaïs et moi sommes du même monde. »

DANS NOS FAMILLES...   Je vous rappelle gentiment que nous ne sommes pas du même milieu.

PEUPLE.   Pas NAP. « Le T-shirt Chanel et les Ray-Ban, ça fait carrément peuple. »

INOUÏ.   Pas comme nous. « Nous avons rencontré en Bourgogne des brocanteurs à l'accent inouï ! »

MONDAIN.   Poli. « Chérie, as-tu passé une bonne nuit ? – Chéri, veux-tu une réponse franche ou mondaine ?... »

MONDAIN.   Fêtard. « Maman est très mondaine. »

VERRE.   Apéritif, ou digestif.

DÎNER.   Dîner mondain, ou « prié », avec carton d'invitation. N.B. : de Neuilly à Passy, on ne « mange » pas : on déjeune ou on dîne.

DÎNETTE SUR LE POUCE.   Un « wine & cheese » pour 60 personnes.

COMME DES SAUVAGES.   Sans domestiques. « Nous avons vécu deux semaines comme des sauvages, dans notre villa en Corse. »

ENTRE NOUS.   Vingt ou trente. « Venez boire un verre à la Lavoisière, on sera entre nous. »

POMMES SAUTÉES. Patates frites. On ne dit jamais « des frites ».

GRAND COULOMMIERS. Brie.

PONT L'ÉVÊQUE. Camembert.

GRAND EMMENTAL. Gruyère.

MAÎTRE FROMAGER. Fromager.

ARTISAN BOUCHER. Boucher.

FOURNISSEUR. Épicier-livreur.

LES DENRÉES. La bouffe. « Finis ton assiette, Marie-Servanne : on ne gaspille pas les denrées. »

RÉCEMMENT. Il y a deux ou trois mois. « Votre grand-mère m'a dit que vous étiez allé dans une soirée récemment. »

VÊTU. Sapé. « Je suis passée à l'improviste aux festivités d'ouverture de la place Vendôme, j'étais à peine vêtue. »

CARRÉ. Foulard Hermès. « Maman m'a prêté son carré vert émeraude. »

JODHPURS. Pantalon serré aux genoux, utilisé pour monter à cheval. N.B. : paradoxalement, la coupe « jodhpurs » dissimule la culotte de cheval.

LODEN. Manteau vert d'origine autrichienne.

GRIS NATURE. Cheveux de femme non teints.

DINGUE.   Considérable, énorme. « Yves-Germain a un boulot dingue aux pompes funèbres. Il voit à peine les enfants. »

LES PIEDS ENTRE DEUX CHOSES.   Le cul entre deux chaises.

PROSTITUÉ.   Pute. « Je ne me sens pas assez prostitué pour faire de la politique » [Pierre de Gaulle, petit-fils du Général].

MARIE-JEANNE.   Marijuana, drogue douce. « Dieu du ciel ! Jean-Charles fume des cigarettes de marie-jeanne dans les toilettes. »

L'ARGENT

Comme tout un chacun, les NAP's évoquent sans cesse l'argent. Mais avec le tact de ne jamais prononcer ce mot obscène.

FORTUNE.   Argent. « Il a perdu toute sa fortune ».

FORTUNÉ.   Riche.

PAS TRÈS FORTUNÉ.   Disposant de moins de 30 000 francs par mois.

PAUVRE.   Moins de 15 000 francs par mois.

RIEN POUR VIVRE.   Moins de 10 000 francs par mois. « Ces gens-là n'ont rien pour vivre. Comment partiraient-ils en vacances ? »

LES DÉFAVORISÉS. Les pauvres. « Vous rendez-vous compte que dans notre pays 90 % des gens vivent comme des défavorisés ? »

VIVRE DE CE QU'ON A. Être rentier. « Papa ne fait pas grand-chose. Il vit simplement de ce qu'il a. »

UNE VIE DE MISÈRE. Sans domestiques. « Depuis la saisie d'une partie de leur domaine par l'État, les F. mènent une vie de misère. »

C'EST DU ZOLA. Ils touchent le Smic.

LES AVATARS DU PASSÉ. La Révolution et la fin des privilèges.

DÉSARGENTÉ. Fils de famille dont les biens ont été dilapidés.

MÉRITANT. Fauché et endetté. « Édouard est méritant, il fait ce qu'il peut pour remonter la pente. »

UNE VRAIE FORTUNE. Fortune familiale, dissipée par les générations successives. « La vraie fortune, c'est le nom. »

AVOIR DE QUOI VIVRE. Être très riche. « Il semble que le baron Empain ait encore de quoi vivre. »

ÊTRE MATRAQUÉ PAR L'ISF. Posséder beaucoup (du nom de l'impôt de solidarité sur la fortune). « C'est honteux d'être à ce point matraqué par l'ISF, vous ne trouvez pas ? »

NOUVEAU RICHE. Bourgeois qui a fait fortune en une génération, et qui tient à le faire savoir.

PARVENU.   Nouveau riche, sans les manières (Le genre qui klaxonne pour doubler avec sa Ferrari Testarossa).

ARRIVÉ.   Parvenu, en moins péjoratif, à cause de la notion de difficulté. « C'est un arrivé parti de rien. »

MILLIARDAIRE.   Peintre à succès. N.B. : les seules fortunes immédiates tolérées sont celles des artistes. « Car ce sont des écorchés vifs de la société, qu'il faut aider. »

DONNÉ.   Hors de prix. « J'ai fait des affaires en allant chiner aux Puces. Huit mille francs pour un cendrier empire, c'est donné. »

ÉCONOME.   Radin à mourir. « Mon épouse est très économe. Elle arrive à trouver pour le prix du kilo une pleine cagette de pêches. Évidemment, elles sont un peu gâtées, mais elle enlève le moisi d'un coup de couteau, et les enfants se régalent. » [Un grand bourgeois lyonnais.]

LES AUTRES ET NOUS

ISRAÉLITE.   Juif. « Dis-moi, chéri, ces "Cohen" ne seraient-ils pas israélites par hasard ? »

IMMIGRÉ.   Musulman. « Jamais je ne confierai mes enfants à une immigrée. » N.B. : Espagnols et Portugais ne sont pas des « immigrés », ils sont à notre service.

LES GENS.   La masse, le peuple, c'est-à-dire pas nous. « Les gens sont stupides. »

BONNE FAMILLE FRANÇAISE.   Catholiques.

ILS ONT BEAUCOUP DE PROBLÈMES.   Les parents sont divorcés.

ILS N'ONT PAS EU DE CHANCE AVEC LEURS ENFANTS. Les gosses se droguent.

EXPLOITANT AGRICOLE.   Châtelain. « Papa est exploitant agricole » (comprendre : nous vivons dans un manoir, au pied de nos terres).

MAUVAIS QUARTIERS.   1er, 2e, 3e, 4e, 5e, 6e, 8e, 9e, 10e, 11e, 12e, 13e, 14e, 15e, une partie des 17e, 18e, 19e et 20e arrondissements de Paris, et toute la banlieue sauf Neuilly.

POPULAIRE.   Mauvais. « Le 14e, c'est très populaire comme quartier. Peu fréquentable en tout cas. »

BEAUX QUARTIERS.   VIIe, XVIe, une partie du XVIIe, Neuilly. « Bien que le 6e arrondissement se trouve loin des beaux quartiers, il y a là-bas quelques coins remarquables. »

AVENUE DE NEUILLY.   Avenue Charles-de-Gaulle, à Neuilly. N.B. : utiliser son nouveau nom fait parvenu.

LE VILLAGE.   Seul cinéma encore en service à Neuilly, rebaptisé ainsi par la municipalité, « parce que ici, tout le monde se connaît ».

PRONONCIATION DES NOMS PROPRES

BROGLIE.   Breuille.

LA TRÉMOILLE.   La Trémouille.

SCHNEIDER.   Chneidre.

CASTELLANE.   Castlane.

CASTRIES.   Castre.

UZÈS.   Uzai.

DE...   ne se prononce pas. Seules les particules « du » et « des » s'énoncent.

PRÉNOMS USUELS ET QUELQUES DIMINUTIFS

EFFIXE.   François-Xavier.

PÉHEU.   Pierre-Édouard.

PÉACHE.   Pierre-Henri.

JIBÉ.   Jean-Baptiste.

MARIÉLO.   Marie-Héloïse.

LUDO.   Ludovic.

BÉNÉ.   Bénédicte.

MARICLÔ.   Marie-Clotilde.

ANTONIA, JUANITA, ASCENCIÓN, MARIA, TERESA, etc. Domestiques.

N.B. : Les NAP's sont friands de petits surnoms un rien puérils. Au point que *Le Savoir-Vivre* de Gisèle d'Assailly recommande (dès 1951) la plus grande dignité :

« Fifi, Dédé, Lulu, Toto, etc., peuvent s'appliquer à des enfants très jeunes. Passé quinze ans, ils sont ridicules. Il faut s'habituer à donner à l'enfant son vrai nom dès qu'il atteint "l'âge de raison". Si, au-delà de sept ans, on continue à l'appeler Pouf, Titi, Croquette ou Raton, il y a toutes les chances pour qu'à soixante-dix ans on continue d'appeler ce bambin-vieillard, oncle Pouf ou tante Croquette. "Ma cocotte", "mon coco", "mon fiston" ne sont pas non plus d'une extrême distinction. »

LA BEAUTÉ

Les NAP's sont des êtres humains comme les autres. Qui aiment regarder les filles, puis qui donnent leur avis. Mais précautionneusement. Dans le monde, le mensonge tient lieu de politesse. Alors, franchement, comment la trouvez-vous ?

RAVISSANTE. Quelconque.

JOLIE. Pas moche.

CHARMANTE. Jolie.

SOMPTUEUSE. Jolie, mais allumeuse.

ATTRAYANTE. Sexy (péjoratif).

UNE ALLURE FOLLE. La robe est bien, pas la fille.

UNE TENUE ORIGINALE. Sac à patates destructuré, importable.

SIMPLEMENT BELLE. Très belle (le vocable *simple* indique toujours un compliment).

ELLE A UN CERTAIN CHARME. C'est un tonneau.

ELLE RESSEMBLE À SA MÈRE. C'est un steak.

ELLE RESSEMBLE À SON PÈRE. C'est un monstre.

LES ÉPOUSAILLES

UN « GRAND » MARIAGE. Il y a de la particule à revendre à la cérémonie.

UN « BEAU » MARIAGE. La famille du marié a de l'argent.

UN MARIAGE « CHARMANT ». Pitoyable, du buffet à la décoration.

CADEAU DU CIEL. Nouveau-né.

NAÎTRE. Naître dans une famille « à particule ». « Si l'on est "né", c'est pour tenir son rang » [un père à sa fille].

MÉSALLIANCE. Mariage d'une fille de bonne famille avec un garçon qui n'en est pas. « Quelle mésalliance ! Marthe-Albane de La Tour Flapie épouse un certain Mohammed Ramouni. » N.B. : l'inverse est moins catastrophique, car dans ce cas le nom ne se perd pas.

PROLIXE.   Qui a fait beaucoup d'enfants, quatre minimum. « Églantine est leur huitième. Les d'Alembert forment un couple très prolixe. » (c'est un compliment).

LE CUL

RANGÉE.   D'apparence sérieuse. « Ma chère cousine est relativement rangée pour ses dix-neuf ans. »

PROVOCATION.   Port du décolleté, ou de la mini-jupe. « Mais ! ? ! Mais ma chérie, tu ne vas pas sortir comme ça ! C'est de la provocation ! Autant courir nue avec un billet de 100 dollars entre les fesses et crier *Au viol !* »

CORRECT.   Pas dragueur. « Ton amie Anne-Sophie, n'est-ce pas elle qui fréquentait un garçon pas très correct ? »

MALHEUREUX.   Cocu. « Mme du B. trompe son mari, le malheureux. »

MALHEUREUSE.   Cocue. « Quand elle l'a su, la malheureuse s'est réfugiée dans la religion. »

FILLE DE MAUVAISE VIE.   Adolescente qui couche à droite à gauche, l'idéal étant de se marier vierge.

DÉPRAVÉE.   Elle a couché avec trois garçons dans sa vie (donc deux de trop). « Excuse-moi, mais cette Marie-Diane est une petite dépravée. »

FILLE DE MAUVAIS ALOI.   Salope.

VOLAGE.   Reine des salopes, qui se tape tout ce qui bouge. « Passé ses quarante ans, Clotilde est devenue un peu volage. Pauvre Charles... »

BON !...   Explication officielle et délicate. « Malgré leur allure respectable, les deux meilleures amies de maman se font quand même sauter toute la journée ; parce que bon !... »

▶ Syntaxe

Voilà pour le vocabulaire. Ensuite, c'est simple. Avec les mots, il suffit de faire des phrases.

Mais avec un luxe (encore !) de précautions ; car les NAP's ne commettent pas ces bourdes grammaticales si courantes qu'elles sont désormais passées dans le domaine public. Il faudra vous y faire :

Respect de la double négation :
JE NE SAIS PAS.   Chais pas.

Emploi systématique de la première personne du pluriel :
NOUS SOMMES ALLÉS NOUS BAIGNER.   On a été se baquer.

Utilisation du conditionnel :
SAURIEZ-VOUS M'INDIQUER LA RUE DES MORILLONS ? C'est où, les objets trouvés ?

Observation de la préséance :
MESDAMES, MESSIEURS.   M'sieu-dames.

MON ÉPOUSE ET MOI.   Moi et ma bourgeoise.

   Formules de politesse :
JE VOUS PRIE DE M'EXCUSER.   S'cuze.

VEUILLEZ PRENDRE UN SIÈGE.   Assis !

   Jamais de subjonctif après « après que » :
NOUS DÎNERONS APRÈS QU'IL PARTIRA.   On bouffera après
qu'il soit parti.

   Pour toutes difficultés supplémentaires, consulter
Grevisse, *Le Bon Usage*, Éditions Duculot.

▶ Exercices

THÈME   Voici un texte en français courant. Traduisez-le
en NAP afin de le rendre accessible à M. le cardinal de La
Tour du Pin, évêque de La Tour du Pin, invité au déjeuner
de Noël par charité chrétienne.
◊ – L'Église c'est l'Église ; la rue Saint-Denis, c'est la rue
Saint-Denis. Chacun sa merde ! Quand on voit
Mgr Gaillot, ce communiste planqué, qui fait campagne
pour la drogue au pensionnat, pour la sodomie chez les
tout-petits, et pour le mariage des prêtres homosexuels
sidatiques, on voit bien qu'il a pas de gosses...
– Il en a ? Ah bon, je me disais aussi...

VERSION   Voici cette fois un dialogue de la plus exquise
espèce, tel qu'il s'en murmure à mots feutrés sur le perron
du Jockey-Club, car l'étage des hommes est par tradition
interdit aux femmes. Traduisez-le en français courant, de
manière à le rendre assimilable par le chef du personnel

des éboueurs de Bezons (Val-d'Oise, 93), jamais sorti de Bezons. (Comme il le dit lui-même : « M'en fous, j'suis d'Bezons, j'bosse à Bezons... »)

◊ – Prendriez-vous un verre, mon ami ?
   – Volontiers, merci.
   – Je vous en prie.
   – Dites-moi, très chère, comment vont les affaires ?
   – C'est assez fâcheux. Bien que mes amies me disent ravissante, voire attrayante. Peu m'importent mes cheveux gris–nature, mais ce sont mes relations – je récuse par avance les jeunes parvenus – qui avancent sur le sinueux sentier de l'âge. Ils deviennent corrects. Même les plus mondains, ceux qui sortaient tous les soirs, nous nous voyons à peine une fois l'an.
   – Pourquoi ne pas vous retirer sur vos terres ?
Elle hurla de rire.
   – À quoi bon, très cher ? Je ne goûte guère les travaux agricoles. Jamais ne me suis-je aventurée à Neuilly au-delà du boulevard du Commandant-Charcot, ça m'enqui-quine. À tout prendre, je préfère les quartiers populaires et leurs mauvaises fréquentations. Évidemment, je pour-rais vivre de ce que j'ai, la Révolution ne nous a pas laissés totalement sur la paille ; et malgré l'ISF, il nous reste de quoi subsister. Mais je ne tiens pas à dilapider l'héritage familial.

CORRECTION
   – J'te paye un rhum, fils.
   – Je veux bien, Georgina, mais je remettrai ça, je te préviens.
   – Je te ferai pas d'offense, fils.
   – Ça va, les affaires ?
   – Ah, pas le diable. Je suis pas Bardot. C'est rien de vieillir, mais c'est les clients – le fond de la clientèle, quoi,

je compte pas trop sur le passage – qui vieillissent. Z'ont moins d'idées folles qu'avant. J'en avais qui venaient tous les quinze jours, je les vois plus que tous les six mois.

– Tu devrais prendre ta retraite.

Elle eut un bon rictus qui était son vrai sourire.

– Pour quoi faire, fils ? J'aime pas la campagne, moi. J'ai même seulement jamais dragué dans le bois de Boulogne, y'a des fourmis. Moi, mon pays, c'est le Topol, la rue aux Ours. Sûr que je pourrais rester dans le coin à me les rouler, j'ai un peu de blé à gauche, quand même, je suis pas folle, mais non non.

René Fallet, *Paris au mois d'août*. Denoël, 1964.

9

Comment parler
le langage de l'entreprise

En avril 91, la SEP, Société européenne de propulsion qui fabrique les moteurs de la fusée Ariane prend une décision qui marque un tournant de l'histoire sociale. Sa haute direction avertit solennellement que désormais, elle se passera d'ouvriers. À leur place, la SEP emploiera des « collaborateurs d'atelier ».

Surprise : aucun syndicat ne bronche.

Car ce sont les mêmes ! Les prolos ne sont pas virés : ils sont débaptisés. Ça ne change rien, et c'est ça qui change tout...

« Mon activité médiatique est d'abord destinée à renforcer mon image de gagneur » [Bernard Tapie, *Gagner*, éditions Robert Laffont].

L'idéologie de la réussite, le mythe du golden-boy, la course au profit, ont marqué les années 80. Et ce n'est pas fini ! Après la faillite du système communiste, le capitalisme s'impose pour l'an 2000 comme valeur cardinale à l'échelle planétaire. De Saint-Pétersbourg à Boulogne-Billancourt.

Petit à petit, les « partenaires sociaux », les soutiers comme l'élite, pratiquent avec bonheur le même sabir : *la langue d'entreprise*. Un babil technico-commercial futuriste, survitaminé de « marchés à conquérir » et de « compétitivité retrouvée ».

On en extrait du concentré de mélasse que les médias gloutonnent avidement tel le doberman ses croquettes de protéines reconstituées. Ça s'utilise comme de la viande fraîche.

Prenez la *responsabilité*, vertu des plus partagées, qu'il s'agit de prendre chaque fois que l'occasion se présente. Résumons-nous. Les patrons prennent leurs responsabilités. Les syndicats prennent leurs responsabilités. Et quand cela ne suffit pas, c'est à l'État de prendre ses responsabilités.

Hervé Bourges, P-DG d'A2-FR3, n'a laissé planer aucun doute à ce sujet au micro d'Elkabbach sur Europe 1 :

« Craignez-vous des grèves pendant le Tour de France ?

– Certains y ont songé...

– Que va-t-il se passer, alors ?

– Ils prennent leurs responsabilités, et nous prendrons les nôtres. »

Et vous, ami lecteur polyglotte, avant d'explorer l'univers merveilleux du taux-de-l'argent-au-jour-le-jour, avez-vous pris toutes vos responsabilités ?

▶ **Vocabulaire**

LA PÊCHE

« 50 ans : la pêche ! » clironne L'Express *en couverture.*

C'est vrai. Nos entrepreneurs tiennent une forme olympique. Question de maturité. À l'âge où l'on commence à ahaner dans les escaliers, la difficulté exalte. Partout, ce ne sont que « challenges », « défis », « expériences ». Solder des agrafeuses devient une « aventure ». Inviter sa stagiaire à dîner relève de la « maïeutique ». Tout est bien qui commence bien.

CHALLENGE. Objectif. « Mon challenge, c'est de prouver que nous pouvons ramener une industrie que l'on disait moribonde au niveau mondial » [Bernard Terrat, P-DG].

DÉFI. Tentative.

EXPÉRIENCE. Tentative, en plus subtil. « Vendre des concombres alors que nous étions spécialisés dans le cornichon, c'est une expérience » [G. Brunet, patron de PME].

AVENTURE. Bizness inédit. « Quand j'ai vu qu'il existait un créneau dans le beurre d'huile allégée, je me suis lancé dans l'aventure » [un chef de produit].

IMMERSION. Obsession du boulot. « Je suis une passionnée du travail en immersion totale. Il est hors de question que je prenne un congé pré ou post-natal de plusieurs mois, même de quelques semaines » [Sonia Bresson, P-DG].

DÉCIDEUR. Celui qui prend des décisions, chef, patron, cadre supérieur, etc. « Faut-il croire en une flambée des cours ? Les décideurs hésitent » [*France-Info*].

PERFORMANT. Efficace.

POSITIVER. Voir le bon côté des choses. « Avec Carrefour, je positive » [une caissière].

VOLONTARISTE. Entreprenant.

IMPULSER. Décider, faire. « Les ouvriers impulsent le conflit » [*La Vie Ouvrière*]. Traduire : ce sont les ouvriers qui font grève. Original, non ?

GÉRER. S'occuper de… Et non pas assurer la gestion. « Le chef de produit gère le marketing d'un ou deux produits » [Henri de Bodinat, P-DG].

TECHNIQUE

Contrairement aux apparences, le métier de gagneur ne s'improvise pas. De savants termes techniques jalonnent les carrières « sans faute ». Ils rallongent la sauce des discours, et impressionnent les dactylos. Et quoi de plus sensuel qu'une dactylo en pâmoison ?

MAÏEUTIQUE. Pédagogie. « Faire admettre aux OS le blocage de leurs salaires réclame une imposante maïeutique » [un syndicaliste qui tient à rester anonyme].

PORTEUR. Juteux. « En février 87 a eu lieu à Monaco la première vente aux enchères de droits audiovisuels. Un créneau particulièrement porteur, même si la vente n'a pas donné les résultats escomptés » [Dupas & Frèches, *Modernissimots*].

OPÉABLE. Qui risque de subir une OPA (voir ce mot). « Tout est opéable, nous déclara sans ambages un banquier de la place » [*Le Monde*].

PRÉSENT SUR LE TERRAIN. Présent. « Lotus n'est pas assez présent sur le terrain de la couche-culotte » [un publicitaire].

PRODUCTIQUE. Automatisation de la production.

ERGONOMIE. Adaptation des machines à l'homme (ce qui

semble, au passage, la moindre des choses). « Un système informatique doit être à la fois puissant, flexible, et ergonomique » [*A pour Affaires*].

FLEXIBILITÉ.   Facilité d'utilisation. « La flexibilité des robots a des limites » [*Le Monde*].

ADAPTABILITÉ.   Flexibilité (néologisme). « Il faut des hommes doués d'une grande adaptabilité » [*Entreprise & Carrières*].

DÉCLINER.   Adapter aux situations. « Le logo est une forme évocatrice destinée à être déclinée » [Dupas & Frèches, *Modernissimots*].

FRANCHISE.   Contraire parfois d'honnêteté. Système permettant à un commerçant de vendre une gamme de produits moyennant une redevance à la maison mère (Benetton, Phildar, Yves Rocher, etc.).

MARKETING DIRECT.   Promotion des ventes par courrier, téléphone, et minitel.

UN PLUS.   Un avantage, un supplément. « Le mini-slip en trousse de six, c'est un plus. »

ACCORD DE PARTENARIAT.   Entente.

SYNERGIE.   Collaboration. « Il faut optimiser les synergies avec Hoechst dont la pharmacie est plus puissante » [*Challenges*].

EGO-TRAINING.   Entraînement à la « grosse tête ». « Philippe Gabillet a mis au point une méthode d'automotivation, l'ego-training, combinant plusieurs techniques d'autosuggestion, par l'individu, de son propre potentiel énergique et mental » [*Médias*].

ACQUISITION DE DONNÉES.   Saisie (sur ordinateur).

CATÉGORISATION.   Classement.

COMMENSURABLE.   Comparable.

DISPERSION.   Écart. « C'est dans les pays où il y a la plus grande dispersion des salaires que le chômage est le moins élevé » [L. Rebuffel, CGPME].

EN TEMPS RÉEL.   Tout de suite.

NON-EFFICACITÉ.   Inefficacité en bon français. « Il faut trouver une parade à la non-efficacité parisienne » [Revue *Matra-Racing*, octobre 87].

VISAGE-MARQUE.   Prescripteur, c'est-à-dire personnalité prêtant son image à des fins publicitaires. « Les visages-marques en chair et en os sont plus performants : l'astronaute Patrick Baudry et le jockey Yves Saint-Martin en sont la preuve éclatante, qui sont "drivés" par une agence spécialisée » [Dupas & Frèches, *Modernissimots*].

ZÉRO.   Aucun. « Le "zéro défaut" du service-client existe-t-il ? Les Japonais y croient, en tout cas » [*A pour Affaires*].

EURODOUTE.   Doutes émis quant à la réussite de l'Europe des douze (nom propre). « L'Eurodoute est suffisamment obsédant pour que l'Élysée réclame d'urgence la tenue d'un sommet » [*Challenges*].

PANTOUFLER.   Pour un haut fonctionnaire, se recaser

dans le privé à salaire d'or, généralement grâce aux services rendus auparavant.

PANTOUFLAGE. Action de pantoufler.

ENTREPRENEURIAL. Qui a un rapport avec l'entreprise (néologisme). « Les éditions Norman Rentrop de Bonn ont salué ce concept entrepreneurial » [*Entreprise & Carrières*].

POLITIQUE CONTRACTUELLE. Négociations interminables. « Les syndicats se disent prêts à reprendre la politique contractuelle » [*Le Progrès*].

LES FIORITURES

Un gagneur me l'a certifié : « Aujourd'hui, l'entreprise, c'est pas l'usine, c'est d'abord une culture. »

C'est pourquoi son verbiage se consomme comme le pétrole : raffiné, tout en nuances et ornements. Objectif : l'anoblissement du concept. On ne « résoud » plus les problèmes, on les « solutionne ». Cette « mutation » éclipse tous les « changements ».

Ne jamais faire simple quand on peut faire compliqué. Ne jamais faire clair quand on peut faire obscur. Ne jamais faire « pratique » quand on peut faire « easy ».

AVAL. Avant. « L'entreprise met un pied en aval dans le processus de production » [*Entreprendre*].

AMONT. Après, au sens futur. « On propose une étude d'amont courte, simple, et très opérationnelle » [un designer].

À TERME.   À la fin, quand on sera vieux. « À terme, je compte faire creuser une piscine dans mon chalet de montagne » [B. Roux, P.-D.G.].

PLAFOND.   Le plus haut possible. « Un prix plafond. »

PLANCHER.   Le plus bas possible. « Un prix plancher. »

NIVEAU.   Étage. « La machine à café et les fax sont au niveau 3. »

CAPITAL-CONFIANCE.   Confiance. « En vendant à l'Irak leur savoir-faire technologique, les industriels allemands fautifs ont fait un peu plus qu'égratigner le capital-confiance de leur pays auprès des nations » [*Challenges*].

MÉDIATION.   Négociation.

FAISABILITÉ.   Possibilité.

EFFICIENCE.   Efficacité.

VENTILATION.   Répartition. « La ventilation des suppressions d'emploi par secteur révèle que les muscles de l'économie américaine sont plus atteints que la graisse » [*Libération*].

SAVOIR-COMPRENDRE.   Compréhension. « Un savoir-faire doublé d'un savoir-comprendre les goûts et les couleurs des Euro-étrangers » [*Autrement*].

MUTATION.   Changement.

OBSOLÈTE.   Vieux, démodé.

OUTIL DE PRODUCTION. Usines. « Votre outil de production est obsolète. »

ESPACE DE VENTE. Magasin.

QUALITÉ DE LA VIE. Propreté. « Le vocable "HYGIÈNE" étant obsolète, je vous serais reconnaissant de bien vouloir le remplacer par "QUALITÉ DE LA VIE" dans tous vos courriers, rapports, etc. » [note interne de la mairie d'Annecy].

LIEU DE VIE. Hypermarché. « Chez Mammouth, nos points de vente sont pensés comme des lieux de vie » [un directeur de succursale].

DISCOUNTER. Patron de supermarché.

AVANCÉE MÉDIATICO-INNOVANTE. Battage dans les médias. « Les avancées médiatico-innovantes constituent une stratégie incontournable pour le discounter » [Michel-Édouard Leclerc].

POINTU. Spécialisé. « Les cadres de plus de quarante-cinq ans ont des compétences pointues qui restent inexploitées par les entreprises » [association *Cadres pour l'entreprise*].

SPÉCIFICITÉ. Particularité.

PARAMÈTRES. Circonstances.

MINIMALISTE. Minimal.

RÉGION. Province. « OBS-buro est une jeune industrie née en région » [publicité].

ACQUIS. Boulot. « Gérer cinquante personnes est un gros acquis » [E. Locati, directeur de magasin Décathlon].

QUALITATIF. En rapport avec la qualité.

QUANTITATIF. En rapport avec la quantité.

CONDITIONNEMENT. Emballage.

RESSOURCES HUMAINES. Personnel.

COMMUNICATION DE RECRUTEMENT. Offre d'emploi.

VOYAGISTE. Agent de voyage.

EMMARCHEMENTS. Escaliers. « L'accès à la Grande Arche se fait par les emmarchements [prospectus de promotion du quartier de la Défense].

CLIGNOTANT. Indicateur économique infatigable ; jamais de mémoire de boursier on n'a vu de clignotant s'éteindre. « Un à un, les clignotants annonciateurs de réductions d'effectifs s'allument dans tous les secteurs » [*Le Nouvel Économiste*].

VERT. Solde positif. « Plus tard dans la soirée, l'indice CAC40, entre-temps revenu dans le vert, et vice versa, s'inscrivait à 0,15 % au-dessus de son niveau précédent. » [*Le Progrès*].

S'IMPLANTER. S'établir, s'installer.

AFFINER. Préciser.

PRIVILÉGIER. Favoriser.

OPTIMISER. Améliorer.

FINALISER. Achever.

SOLUTIONNER. Résoudre.

RÉGULER. Régler. « Il est urgent de réguler le trafic aérien. » Mais surtout pas : « Ma fille cadette n'est pas encore régulée. »

PRIVILÉGIER. Choisir.

GÉNÉRER. Créer.

NOMINER. Désigner.

SE VOULOIR. Vouloir être (performant ou compétitif).

L'ANGLAIS

L'anglais, c'est la langue du business par excellence. Indispensable à l'étranger, décorative chez nous. Comme le professe Jacques Delors, promoteur infatigable de l'Europe économique : « Iou ave tou spique faux-règne langue-ouadgises, ife iou ouante tou ave suque-cesse ine zeu Europe of naille-neu-ti-tou ».

STOCK-OPTIONS. Actions cédées aux salariés des entreprises à un prix fixe.

RAIDER. 1. financier averti qui tente de prendre le contrôle d'une entreprise par le biais d'une OPA. 2. barre chocolatée hypercalorique qui fait le régal de la secrétaire dudit financier.

BROOKER. Vendeur de titres en Bourse.

OUT-PLACEMENT. Technique d'entreprise qui consiste à trouver du travail aux employés dont elle veut se débarrasser.

VENTURE-CAPITAL. Capital-risque (prononcer veine-tcheure-capital).

TURN-OVER. Rotations de personnel. « Alors que, en moyenne, le turn-over des SSII se situe autour de 18%, Sligos l'a abaissé à 15%. Instructif ! » [*Entreprise & Carrières*].

KNOW-HOW. Savoir-faire (prononcer « no-eau »).

SPONSORING. Parrainage.

METOOISM. Imitation, suivisme (prononcer « mie-toux-iseume »). « Le me-too product est la copie d'un produit leader » [Henri de Bodinat, P-DG].

LOBBY. Groupe de pression.

BRIEFING. Exposé, conférence.

BRAIN-STORMING. Séance collective de créativité.

COUPONING. Promotion des ventes d'un produit grâce à une offre de réduction par coupon.

MANAGEMENT. Administration.

LISTING. Liste.

MAILING. Courrier.

BLIND-TEST. Test de produit « à l'aveugle » (marque cachée) pour connaître les goûts « objectifs » des consommateurs.

LOOK. Aspect.

DUMPING. Baisse exagérée des prix pour gêner la concurrence. « L'assurance auto est en proie à une bagarre tarifaire, d'où un certain dumping de la part de nombreuses compagnies » [*Le Progrès*].

LE FRANGLAIS

Avec l'anglais, les difficultés commencent quand il faut conjuguer les verbes. La solution : le franglais. Un substantif british transmuté en verbe régulier du 1er groupe, tout ce qu'il y a de régulier. Vous « understandez » ?

BRIEFER. Expliquer. « Boujut m'a briefé : Arlette, sa nouvelle secrétaire, est lesbienne. »

RELOOKER. Modifier l'aspect.

DRIVER. Conduire (prononcer draille-vé).

SURBOOKÉ. Complet (prononcer surbouqué). « Aux heures de pointe, quand les autres vols sont déjà surbookés, la marge de manœuvre est forcément étroite » [*A pour Affaires*].

LES INITIALES

DRH. Directeur des Ressources Humaines, c'est-à-dire chef du personnel. « Tu t'emmerdes au standard ? Va voir le DRH... »

RES. Rachat d'Entreprise par les Salariés.

OPA. Offre Publique d'Achat.

GMM. Groupe Multi-Média.

GMS. Grandes et Moyennes Surfaces. C'est-à-dire hyper-marchés, supermarchés, mais aussi magasins « populaires » (Prisunic, Uniprix), et grands magasins (Galeries Lafayette, Printemps).

PLV. Publicité sur Lieu de Vente.

PQR. Presse Quotidienne Régionale. « Pour faire connaître notre saucisson aux escargots, nous avons choisi la PQR et la PLV en GMS. »

KF. Millier de francs. « Selon les spécialistes, la barre des 200 KF pour un premier salaire est franchie depuis l'année dernière » [*Challenges*].

VOCABULAIRE MILITAIRE

PLAN DE BATAILLE. Projet meurtrier. « L'entreprise française a mis sur pied un plan de bataille qui prévoit la suppression de 400 000 emplois » [*Alternatives Économiques*].

REPOSITIONNEMENT. Nouvelle tentative. « Managez notre expansion au sein de notre repositionnement stratégique » [offre de recrutement d'un chef de produit (Lille et sa région)].

CIBLE. Clientèle.

CIBLER. Viser.

CRÉNEAU. Domaine. « En 79, c'est Fichet-Bauche qu'il va chatouiller sur le créneau de l'armoire-sécurité » [*Entreprendre*].

NICHE. Créneau, en plus juteux. « Elle a franchi le cap des 100 MF de CA grâce à sa créativité sur une niche : l'agenda publicitaire de luxe » [*Entreprendre*].

FORCE DE FRAPPE. Jamais assez puissante. « Un seul objectif : muscler la force de frappe de nos PME. Sur ce sujet, nous ne serons jamais assez nombreux » [*Entreprendre*].

BRIGADE DE VENTE. Escouade de représentants. « Je suis descendu à Valence en TGV avec toute la brigade de vente. On s'est bourré la gueule au bar. »

SE BATTRE. Essayer de gagner de l'argent. « Nous nous battons quotidiennement sur tous les fronts pour grignoter un franc ici et là » [C. Abraham, patron de la CGM].

VOCABULAIRE SEXUEL

PÉNÉTRATION. « Paradoxalement, le préservatif pénètre difficilement chez les homosexuels de plus de quarante ans. » [Muriel Cousin, spécialiste].

POSITION. « Il ne faut jamais hésiter à prendre des positions osées si l'on veut se faire remarquer en rayon. »

DÉSIR. « Il faut susciter le désir des possesseurs de tondeuses à gazon. »

JOUISSANCE. « L'acheteur de Canard WC veut jouir du plus-produit. »

EUPHÉMISMES

Tout s'arrange. Il n'y a plus de sourds, rien que des mal-entendants. Plus d'aveugles, mais des mal-voyants. Les chefs d'entreprise et les smicards, c'est comme les cardiaques, mieux vaut ne pas leur déballer crûment la vérité. Surtout si leur femme les trompe.

MAÎTRÎSE. Confrérie des chefs. « À Peugeot-Sochaux, il n'y a pas si longtemps, il y avait deux portes pour les WC : l'une pour la maîtrise, l'autre pour les ouvriers » [*Entreprise & Carrières*].

SENIOR CONFIRMÉ. Cadre de plus de cinquante ans, c'est-à-dire fini. « Les seniors confirmés sont pratiquement exclus du marché de l'embauche » [un chef d'entreprise de soixante-huit ans].

DE CHARME.   Femelle. « Autocrate de charme, Sonia Bresson n'a pas voulu partager le pouvoir avec un Dg et préfère superviser tout en personne » [*Entreprendre*].

LOGIQUE D'ENTREPRISE.   Loi du plus fort. « Il n'y a pas de complot japonais qui pousserait une entreprise japonaise à ne traiter exclusivement qu'avec des sous-traitants japonais, mais une logique d'entreprise avec ses critères de prix, de qualité, et de délais » [J. Gravereau, HEC Eurasia Institute].

CULTURE D'ENTREPRISE.   Sens des affaires. « Certaines personnes ne supportent pas le rythme de travail et la culture d'entreprise par le commerce et... par le client » [L. Péra, chef de produit (nautisme)].

RASSURANT.   Qui ne change pas. « En six ans, le nombre officiel des chômeurs a montré une constance rassurante en passant de 2,45 millions à 2,48 millions en données corrigées des variations saisonnières » [*Challenges*]. N.B. : toute variation, dans un sens ou dans l'autre, affole les économistes. Si le dollar monte, ce n'est pas rassurant ; si le dollar baisse, ce n'est pas rassurant.

DÉMARQUE INCONNUE.   Vol en grand magasin. N.B. : pourcentage paradoxalement connu, répercuté sur les prix à la caisse.

LES PERSONNELS.   Le personnel.

TECHNICIEN DE SURFACE.   Balayeur.

AUXILIAIRE DE PROPRETÉ.   Femme de ménage.

COLLABORATEUR D'ATELIER.   Ouvrier.

DIRECTION DES RESSOURCES DOCUMENTAIRES. Documentation [Bayard Presse].

EFFORT DES SALARIÉS. Aucune augmentation. « La réussite de la France dans le Grand Marché de 92 exige un effort de la part de nos salariés ».

MOUVEMENT. Grève, vue par les patrons. « Le mouvement, lancé par la CFDT, a été suivi par quelque 160 des 300 salariés de l'usine » [*Libération*].

ACTION. Mouvement, vu par les syndicats. « Action nationale, le 11 juin, décidée par cinq fédérations de l'énergie électrique et gazière, dont la CGT » [*La Vie Ouvrière*].

SECOUSSE SOCIALE. Grèves en tous genres, sur tous les fronts. « SNCF, RATP, Air France, policiers, infirmières, biologistes ; une forte secousse sociale a accueilli le nouveau gouvernement » [*Le Progrès*].

COUP DE FROID. Baisse sérieuse, même en plein mois de juillet. « Un coup de froid subit s'est abattu sur le marché de Paris où le Matif a encore perdu du terrain » [*Le Monde*].

DÉRAPER. Se tromper. « Nos experts en prospective ont dérapé sur le cours de la banane. »

EFFRITEMENT. Diminution.

DYSFONCTION. Bordel généralisé. « Il existe des dysfonctions dans les remboursements de la Sécurité sociale. »

MALADIE PROLÉTARIENNE.   Syndicalisme (mal dont souffre Henri Krasucki selon *Le Nouvel Économiste*).

MAUVAISES NOTES.   Résultats calamiteux ; et non pas notes prises en dépit du bon sens par une dactylo incompétente. « Les mauvaises notes du commerce extérieur ».

DÉFICIT D'IMAGE DE MARQUE.   Réputation de merde. « Question antivol, les scooters Peugeot souffrent d'un déficit d'image de marque » [mon revendeur].

LEXICOLOGIE DU CHÔMAGE

Vous pensiez que les chômeurs n'étaient que des travailleurs privés d'emploi ? C'est plus compliqué que ça.

DEMANDE D'EMPLOI NON SATISFAITE.   Chômage. « D'ici le milieu de la décennie, la France risque de compter près de trois millions de demandes d'emploi non satisfaites » [Insee].

DEMANDEURS D'EMPLOI.   Chômeurs en quête d'un travail à durée indéterminée et à temps complet, selon la définition officielle du ministère du Travail. Eux seuls sont comptabilisés dans les statistiques.

CHÔMEURS.   Demandeurs d'emploi de toutes catégories inscrits à l'ANPE, ou bénéficiant de mesures spécifiques pour l'emploi.

SANS-EMPLOI.   Chômeurs, préretraités, jeunes en SIVP (stages d'initiation à la vie professionnelle) et en contrats emploi-solidarité. *Challenges* déplore avec raison « la brusque envolée de la courbe des sans-emploi ».

EXCLUS DE L'EMPLOI.   Total des sans-emplois, ajouté aux allocataires du RMI et au quart monde.

DISPENSÉ DE POINTAGE.   Au chômage.

CANCER SOCIAL.   Le chômage, encore.

DÉCRUTEMENT.   Licenciement. « les décrutements en douceur de Renault » [*Le Monde*].

DÉCRUTER.   Virer un salarié en lui proposant un emploi ailleurs.

▶ **Syntaxe**

Voilà pour le vocabulaire. Ensuite, c'est simple. Avec les mots, il suffit de faire des phrases. Sur un ton décidé, il va de soi.

TOUT VA BIEN

Même quand ça va mal...

SE RECENTRER SUR LE MARCHÉ INTÉRIEUR.   Stopper les exportations.

SE REDÉPLOYER.   Reprendre de zéro, ou plus bas encore.

ASSEOIR NOTRE POSITION.   Sauver les meubles.

SE DONNER LES MOYENS DE... Réclamer des subventions. « La sidérurgie française doit se donner les moyens de sa politique » [communiqué CGT].

« *La firme doit d'abord défricher le terrain français* » [*Entreprendre*] : leurs produits sont trop nuls pour être vendus ailleurs, de toute façon.

Paul Marchelli, président de la Confédération française de l'encadrement : « *Les jeunes ingénieurs des grandes écoles manquent encore trop souvent de bagage en matière sociale.* » Traduire : les surdiplômés ne se prennent pas pour de la merde devant les ouvriers.

Marchelli, toujours au sujet des cadres : « *Ils arrivent sur le terrain en méconnaissant le facteur humain mais ils intègrent rapidement cette dimension* ». Traduire : Prétentieux et arrogants, les prolos ont vite fait de leur faire prendre le pli.

PLÉONASMES

Pour se persuader d'idées qui font plaisir.

LES CONSOMMATEURS-ACHETEURS. Comme si les consommateurs n'achetaient pas...

ANTICIPER L'AVENIR POUR LES PROJETS FUTURS DE DEMAIN. C'est dans longtemps ?

DÉPLOIEMENT STRATÉGIQUE. Comme s'ils allaient se déployer sans stratégie...

« Nous pouvons maintenant créer artificiellement l'illusion parfaite de la réalité » [*Entreprise & Carrières*]. C'est de la fausse imitation ?

PRÉ-TEST. Test. La prudence recommande d'effectuer les tests avant de prendre une décision. Après, c'est trop tard. À moins qu'il ne s'agisse de tests *avant* le test. Dans ce cas, c'est encore des tests...

ÉVOLUTION EN COURS. Évolution. « *Données sociales* s'impose aujourd'hui comme la meilleure référence pour comprendre les évolutions en cours » [autopromotion Insee].

Parachevons l'ouvrage par l'opinion courageuse de l'expert Allen Sinaï, chef économiste de la firme de prévisions Boston Co. : « Quand le chômage augmente, les gens ont moins d'argent à dépenser. »

NON À LA LANGUE DE BOIS

La langue d'entreprise se veut précise, concrète, pétrie de réel. Tout le contraire de la langue de bois politicienne, qu'il faut combattre.

Quand le mensuel Challenges *s'y attelle, le lecteur récolte ce précipité de concision :*

« Si encore quelques pays échappaient à l'implacable évolution de la structure du monde du travail, ainsi que certains se complaisent à le prétendre, on comprendrait le verbiage conjoncturaliste ponctué de vœux pieux dont le discours officiel fait sa matière première. »

En une seule phrase ! Il fallait le dire.

▶ **Exercices**

THÈME   Voici un texte en français courant. Traduisez-le en langue de l'entreprise afin de le rendre accessible au

sous-directeur des ventes du groupement d'achat du GIE Réussite-Plus-Produit (400 KF annuels + primes).
◊ « Cette année, on ne part pas en vacances. Les enfants ont la rougeole. Le médecin coûte cher. Nous sommes mal remboursés. Avec ce que je laisse à la sécu, c'est un scandale. Bon. Je raccroche. Je suis à la bourre. J'ai un TGV. »

VERSION   Voici cette fois un texte en langue d'entreprise. Traduisez-le en français courant, de manière à le rendre assimilable par le dernier artisan savetier en exercice de la région Champagne-Ardennes, aussi ruiné qu'aveugle, interviewé tous les trois mois par FR3, pour la rubrique petits-métiers-en-voie-de-disparition.
◊ « Lola était en immersion complète au sein de la force d'action des personnels soignants, implantée à l'hôtel Paritz. Décideuse de charme (elle jouissait d'un lobbying performant), on lui proposa de driver sur le terrain le service pommes-beignets, en ciblant les Hôpitaux de Paris. Le créneau des livraisons en temps réel était porteur. Lola releva le défi, avant que le challenge ne l'oblige à reconsolider ses positions à terme.
   Lola inclut d'abord dans son plan de bataille la problématique du know-how. Grâce à un fort turn-over et une maïeutique sans faille, elle impulsa une synergie de réussite, avec un seul objectif : le zéro défaut. Le travail de Lola s'effectuait en amont. Elle gérait le blind-test avant expédition. »

CORRECTION   « Le groupe des infirmières dont Lola faisait partie logeait à l'hôtel Paritz, et pour lui rendre, à elle particulièrement, les choses encore plus aimables, il lui fut confié (elle avait des relations) dans l'hôtel même la direction d'un service spécial, celui des beignets aux pommes pour les Hôpitaux de Paris. Il s'en distribuait ainsi chaque matin des milliers de douzaines. Lola remplissait cette fonction bénigne avec un certain petit zèle qui devait d'ailleurs un peu plus tard tourner tout à fait mal.

   Lola, il faut le dire, n'avait jamais confectionné de beignet de sa vie. Elle embaucha donc un certain nombre de cuisinières mercenaires, et les beignets furent, après quelques essais, prêts à être livrés ponctuellement juteux, dorés et sucrés à ravir. Lola n'avait plus en somme qu'à les goûter avant qu'on les expédiât dans les divers services hospitaliers. »

   Louis-Ferdinand Céline, *Voyage au bout de la nuit*, Folio.

10

Comment parler comme dans le Sentier

D'abord une histoire juive : « Comment dit-on "va te faire foutre" en anglais ?

– Fuck Off !

– En Italien ?

– Va fare enculo !

– Et dans le Sentier ?

– Fais-moi confiance ! »

Il faut un décodeur subtil pour comprendre le Sentier. Au cœur de Paris, ce royaume large comme un drap fantaisie abrite un enchevêtrement grouillant de main-d'œuvre de tous les pays, de machines à coudre, de camionnettes ; le tout supervisé par les champions du monde du baratin. Dix mille entreprises : ça turbine. Cinquante mille employés : ça cause.

Impossible d'ignorer le jargon du Sentier. Que vous habitiez Nice ou Cherbourg, il vous habillera pour l'hiver. Les Français renouvellent chaque année le quart de leur garde-robe (3 000 francs par an et par personne). Or 70 % des vêtements fabriqués en France proviennent du Sentier. Tous les vendeurs, détaillants ou grossistes du pays viennent se servir là. En chemises et en techniques de vente.

▶ Prononciation

Le Sentier a son accent. Chaud, vibrant, mais impossible à retranscrire ici (imaginez sommairement une caricature de Roger Hanin, mal imité par Robert Castel).

À côté de cela, une marque de prononciation, une seule, porte invariablement la griffe Sentier. On ignore s'il s'agit d'une coquetterie importée par les ashkénases de Varsovie, ou les sépharades de Marrakech. Mais ce même « défaut » est aujourd'hui repris par tout le Sentier. Y compris les livreurs pakistanais à la découverte de la langue de Voltaire (non, c'est pas un magasin, Voltaire).

De quoi s'agit-il ? De remplacer *Tu* par *T'y*, lors de l'emploi dans la phrase d'un verbe auxiliaire. Essayez. C'est moins technique qu'il n'y paraît.

Phrase type, avec le verbe être : « *T'y es salarié ?* »

Phrase type, avec le verbe avoir : « *T'y as le treizième moi ?* »

Plus pervers, sous forme réflexive : « *Fils, tu t'y es fait le brushing à la Georges Michaël !* » (Et non pas « t'y t'es fait... »)

En rafale : « *T'y as faim ? T'y as vu l'heure qu'il est ? C'est pas un ventre qu't'y as ! T'y es blindé pour le carême.* »

▶ Syntaxe

Vous l'avez remarqué pendant les Soldes, les gens du Sentier ne forment pas leurs phrases comme nous. Dans le cas d'âpres négociations – par exemple un lot de trois casquettes façon base-ball à 99,95 francs –, on s'y perd.

Si le vocabulaire reste facilement assimilable, c'est en revanche au niveau de la syntaxe, plus retorse, que les nuances s'expriment. Tout en force.

MISE EN APPOSITION

La mise en apposition consiste à inverser l'ordre des propositions dans la phrase, de manière à marquer un effet. Cette

*alchimie stylistique élaborée par les poètes latins, admirablement
servie par Proust ou Maupassant, se pratique quotidiennement
dans le Sentier. Avec un naturel à faire blêmir nos académiciens,
si seulement ils venaient s'acheter des sweat-shirts.*

Meilleur y a pas : il n'y a pas meilleur.

Turquoise j'achète : j'achète tout ce qui est turquoise.

Promis je te règle ta facture : je te réglerai la facture, c'est
promis.

Mais surtout, du Sentier elle est venue, l'expression culte :
« Plus beau que moi, tu meurs ! »

COMMENT POSER UNE QUESTION
L'ART DU PRONOM

D'OÙ. Comment, pourquoi, où, avec quoi, etc.

Dans le Sentier, on n'utilise qu'un seul pronom inter-
rogatif pour poser les bonnes questions. Un seul, mais il
fait pour tout. Démonstration.

D'OÙ ?, dans le sens de « Comment ? ». *D'où que tu sais ce
que je déclare aux impôts ?*

D'OÙ ?, dans le sens de « Pourquoi ? ». *D'où tu veux t'associer avec cet escroc ?*

D'OÙ ?, dans le sens de « Où ? ». *D'où tu l'as vue, la nana
avec le short cuir ? Aux Bains, t'y es sûr ?*

D'OÙ ?, dans le sens de « Avec quoi ? ». *D'où tu t'es offert la
Testarossa, mon salaud ?*

D'OÙ ?,   dans le sens de « Depuis quand ? ». *D'où que le parcmètre il est à cinq francs de l'heure ?*

D'OÙ ?,   dans le sens de « Au nom de quoi ? ». *D'où tu me parles comme ma mère ?*

PAS D'ARTICLE INDÉFINI

Contrairement aux idées reçues, jamais un caïd du Sentier ne s'est acheté une Golf GTI avec un auto-radio. Ni même une Mercedes, jamais. Précisément, il s'est fait « brancher LE laser, dans LA Golf. » (Dans LA Mercedes, LE Blaupunkt, il est en série.)

J'ai LES ray-ban : je porte des lunettes Ray-Ban, comme tout le monde.

J'ai LE caméscope et LE mountain bike : j'ai gagné au Juste Prix sur TF1.

Je passe L'aspirateur : impossible ! « Toi tu passes l'aspirateur, pendant que moi je fais la caisse... »

N.B. : l'article défini convient parfaitement au domaine de l'abstraction. Un père de famille avertira sa fille : « Sarah, si tu rentres pas avant minuit, je te fais LE scandale ! »

PAS DE PLURIEL

Dans le cas de marchandises, les noms communs restent invariablement au singulier. De la même façon qu'on dit « l'argent », même si on en a beaucoup.

Dans le Sentier, on n'achète pas « des chemises », mais « de la chemise ». On ne se spécialise pas dans « les T-shirts », mais dans « le T-Shirt ».

« T'y as du gant et de la moufle ? J'te trouve de l'anorak. Et on crée de la série pour cet hiver ! »

LUI, L'ARTICLE PRONOMINAL

Placé après le nom, lui, il renforce le propos, et illumine la phrase. Exemple : « Lui, le patron ». *Ou encore :* « Nadia, elle, cette salope », *etc.*

Le soleil, il t'est tombé sur la tête mon fils ! : Le soleil t'est tombé sur la tête.

Les ennuis, ils t'attendent : tu vas avoir des ennuis.

Gare à ne pas se laisser berner par la complexité apparente de certains enchaînements :

« Moi, je te le dis à toi, parce que c'est toi : Azoulay, il l'avait, la honte. Sa maîtresse à lui, elle sortait avec son associé. Et l'autre, sa femme, elle la racontait partout, l'histoire, dans tout le Sentier ! »

Ce qui se traduit en deux lignes seulement :

« Azoulay avait honte. Sa maîtresse sortait avec son associé. Et sa femme le disait ! »

▶ **Vocabulaire**

LE BIZNESS

Le Sentier est avant tout un quartier d'affaires. Normal que l'essentiel de la conversation traite d'argent, de bénéfices, et de traites justement.

« JE SUIS LE MOINS CHER DE TOUT LE SENTIER. » Locution type employée dans tout le Sentier, sans exception.

« JE SUIS MOINS CHER QU'EN FACE. » Locution type employée également en face.

PESER. Avoir de l'argent. « Combien il pèse, Mimouni ? »

SYMPATHIQUE. Bon marché en apparence. « Pour la jupe turquoise en cuir, j'te fais un prix sympathique. Deux mille ! Vraiment parce que c'est toi. »

MANGER. Dépenser. « Lévy, il a coulé son affaire. Sa femme elle mangeait trop. »

TOUCHER. Acheter. « J'ai touché le Naf-Naf à moitié prix. »

BLAKOS. Marché noir. « Huit mille au blakos ! Pas plus ! Sinon je perds de l'argent. »

BANANE. Déficit. « Avec ses 2 000 ceintures torsadées à la Christian Lacroix, H'limi, il a pris une sacrée banane. »

BANANER. Verbe à la forme pronominale. Se faire bananer : se faire arnaquer, prendre une banane.

MORT. Décès fictif, synonyme de mauvaise affaire. « À ce prix-là, tu veux ma mort ? »

BOUBLECH. Gratuit. Enfin, presque. « Le lot de bustiers, c'est boublech ! Si tu me prends les ceintures évidemment. »

CAME. Marchandise. « Je passe te livrer la came avec le 4X4, si le p'tit est pas tombé en panne avec ! »

BOMBE. Qualité. « Ma came, j'te jure, c'est de la bombe. »

VICE. Entourloupe. Faire du vice : tenter d'embobiner quelqu'un. « Arrête ton vice, David. J'suis dans le Sentier depuis plus longtemps que toi. »

ENDORMIR. 1. arnaquer (quelqu'un). 2. voler (un objet).

S'ÉCLATER. Être rentable (jamais appliqué à une personne). « Purée, elle s'éclate bien, la boutique ! »

J'AI KEN. J'ai bien vendu. N.B. : le verlan rejoint ici la symbolique sexuelle, chère aux affaires. « Ken » diminutif de « Keni », signifie niquer, c'est-à-dire réaliser une bonne opération.

ASSOCIÉ. Personnage fantôme, parfois fictif, toujours absent lors des transactions, mais omniprésent dans la conversation. Pour refuser un rabais, entre autres. « 10 % ? Ah si ça ne tenait qu'à moi... Mais j'ai un associé dans l'affaire. Et lui, il fait pas de cadeau. »

Cependant, lorsqu'il s'agit de faire le beau, dans la drague par exemple, l'associé est allègrement relégué au second plan. « T'inquiète pas pour ta voiture, Nadia. Mon associé ira la chercher à la fourrière. »

LA GÉOGRAPHIE

Vu du Sentier, le monde change de visage. Chaque région du globe a sa fonction. Chaque activité humaine a sa terre promise.

DEAUVILLE, JUAN, SAINT-TROPEZ. Paradis pour les weekends.

ISRAEL, FLORIDE, MER ROUGE.   Paradis pour les vacances.

THAÏLANDE, PORTUGAL.   Paradis pour usines de confection.

LE SENTIER.   Paradis fiscal.

CHAMPS-ÉLYSÉES.   Enfer des déjeuners d'affaires.

LA CHANCE

Pas de bizness sans « baraka », cette « bonne fortune » que le vrai commerçant invoque sans cesse. Quand les affaires ne marchent pas, pour se trouver une excuse. Et quand elles marchent, pour ne pas attiser la convoitise des voisins.

LES YEUX.   L'œil, c'est-à-dire la malchance. « Change de sujet, tu vas nous mettre les yeux. »

5 SUR TOI.   Bonne chance à toi. Allusion aux cinq doigts de la main de Fatma, symbole de félicité.

HAMSHA.   La main. *Idem.*

MABROUK.   À la fois bravo et bonne chance. « Mabrouk pour la Mercedes ! »

YA RABI.   Que Dieu me protège.

NOIR.   Porteur de poisse (et non pas Antillais ou Africain). « Cette fille, elle est noire ! Je l'ai ramenée trois fois chez elle. Trois fois le lendemain on m'a rayé la portière. »

« *ET LE BIZNESS, ÇA MARCHE, FILS ?* »

À cette question cruciale, le biznessman averti ne répond jamais franchement « oui ». Modestement, il procède par antiphrases, histoire de ne pas se porter l'œil. Et qu'on ne vienne pas lui emprunter de l'argent ! Petit lexique gradué, pour s'y retrouver sans calculatrice.

CALME. Satisfaisant. « Aujourd'hui, c'est calme. On a fait onze mille de chiffre rien que ce matin. »

DOUCEMENT. Normalement. « Ça marche doucement la collection hiver, mes enfants. Comptez pas trop sur les primes de fin d'année. »

TOUT DOUCEMENT. Bien. « Les doudounes, elles partent tout doucement avec ce froid. Faudra en recommander un stock. »

PAS TROP MAL. Très bien. « L'affaire, elle marche pas trop mal. Si Dieu le permet, l'année prochaine, on ouvre le troisième magasin. »

ET QUAND ÇA NE MARCHE PAS...

... plusieurs excuses possibles :

– **LES GENS N'ACHÈTENT PAS !** (Observation judicieuse.)

– **ILS N'ONT PLUS D'ARGENT !**

– **C'EST LA MÉTÉO QUI EST POURRIE !**

– LA VENDEUSE NE SAIT PAS VENDRE !

– DIEU L'A VOULU AINSI !   (S'applique indistinctement aux quatre propositions précédentes.)

LA VIE QUOTIDIENNE

GRAND-LUXE.   Luxe. « Au Normandy, j'ai pris la chambre grand-luxe. Le minimum. »

LUXE.   Standing. « Ma femme, pour les vacances, je lui loue un bungalow luxe sur la Côte. »

STANDING.   Frime. « Maintenant, il faut que je me trouve une maîtresse, c'est une question de standing. »

TUER.   Gronder. « Ma mère, elle va me tuer si elle apprend que je sais toujours pas remplir une feuille de sécu, à quarante ans ! »

FATMA.   Épouse. Uniquement employé par le mari. « Vois ! Vois la fatma les photos qu'elle m'a faites sur le bateau. »

CASBAH.   Maison. « Passe à Neuilly voir la casbah ! »

MAMAN.   Voir fatma.

SANS FIL.   Téléphone. « T'énerve pas, Simon. J't'appelle un taxi au sans-fil. » N.B. : Paradoxalement, dans le milieu de la confection, le label « sans-fil » est synonyme de qualité.

TOP.   Très belle fille. (Les seules avec lesquelles on peut ouvertement tromper sa régulière, frime oblige.)

GENTILLE.   Fille pas très belle, et qui le sait.

PAQUET.   Fille très moche, et qui se comporte comme si elle ne l'était pas.

EN SOLDE.   Caractérise une fille trop laide pour le standing. « Tu l'as achetée en solde, ta Zoubida ? »

EN GROS.   Caractérise une fille trop grosse. « Tu l'as achetée en gros ? Renvoie-la au fabricant. »

BABA.   Pote, mon pote. « Comment tu vas, baba ? »

US.   Américain. N.B. : prononcer « Uhesse » à la française. « Ils sont fabriqués à Porto ou à Lisbonne, tes sacs à dos Uhesse ? »

CLASSE.   Tout ce qui touche de près ou de loin le luxe, en tous cas ce qui coûte cher.

COMMUNION.   Caractérise les tenues endimanchées. « Aïe, Aïe, Aïe, t'y es sapé qu'on dirait la communion ! »

CAROTTE.   Victoire lors des courses en voiture improvisées sur l'autoroute. « Grâce au turbo d'la nouvelle Alpine, j'lui ai mis la carotte ! »

BM.   BMW. N.B. : auto, jamais moto.

V-MAX.   Moto. Sorte de choper Yamaha chromé à la tenue de route approximative.

4X4. Véhicule tout-terrain, jamais utilisé sur les routes non goudronnées (trop salissant). Généralement le plus gros possible, et équipé du téléphone : « Fils ! J't'avais pas reconnu sans la 4X4 ! »

RANGE. Range Rover. Voiture bizarrement masculine. On dit « LA Ferrari », « LA Porsche », mais « LE Range »

De cette manière, certains noms propres sont devenus des noms communs, tant on en voit dans le Sentier.

LES WESTON. Chaussures homme.

LES KÉLIAN. Chaussures femme.

LE VUITTON. Sac.

LA ROLEX. Montre. N.B. : jamais d'imitation en plaqué or : ça fait vulgaire...

LE CHEVIGNON. Blouson homme.

LE CHANEL. Tailleur femme.

LES ANNEAUX SCOOTER. Boucles d'oreilles fille (prononcer « scoutaire »).

INTERJECTIONS

PURÉE. Purée !

HUE. Hue !

MARBOUN. Le pauvre ! (Marbouna, pour une fille.)

CHALEUR.   Quelle galère !

ZOBI.   Non, franchement non ! (Littéralement : bite.)

J'TE BÉNIS.   Bravo ! N.B. : de nombreux termes bibliques rythment la vie quotidienne du Sentier, rarement à des fins religieuses.

J'TE MAUDIS.   Va te faire foutre !

L'ART DE LA FRANCHISE

Le Sentier a toujours été à sa façon le royaume de l'entour-loupe. Ce n'est pas une légende. Dès le Moyen Âge se tenait ici l'antichambre de la cour des miracles. Voilà pourquoi on y rabâche sans cesse son honnêteté.

LA VÉRITÉ.   C'est vrai, mais pas forcément. « Sarah, jamais j't'ai trompée, la vérité ! » Pour insister, on rajoute : « La vérité vraie, même ! »

MA PAROLE QU'C'EST VRAI.   C'est d'honneur, dont il est question, fils !

JURE.   J'te jure. « J'y serai à trois heures. Jure ! ». N.B. : Suivant la situation, on peut jurer au nom d'un large échantillon : « Sur la tombe de mon grand-père, sur les gosses, sur les yeux de ma mère, sur la Torah, etc. »

SUR LA VIE DE...   Manière de certifier sa sincérité, en invoquant un être cher, voire une marchandise. « Setboune, il est pas parti à Casa. Je l'ai vu hier au hammam. Hier ! Sur la vie de ma Rolex ! »

QUE... SUIVI D'UN MALHEUR.   Manière d'attester de sa bonne foi en s'infligeant d'avance mille plaies en cas de mensonge. « Que je meure à l'instant si je me suis trompé d'un seul centime ! » Plus subtil : « Qu'la Jaguar elle tombe en panne si je mens !... »

N.B. : en cas de méfiance suspecte de votre interlocuteur, enchaînez : « *Ma parole qu'c'est la vérité vraie ; et que je meure ici devant toi sur la vie de mes gosses si j'ai menti. Jure !* »

Enfin, pour que le sens des affaires n'entache jamais l'amitié, retenez ces précieuses formules :

« *Donne moi une cigarette, fils, ça m'évite d'en acheter.* »

« *J'voulais t'inviter mais j'ai plus de monnaie.* »

« *Ça serait dommage de casser un billet de 500...* »

LA VENTE

Une histoire réjouit le Sentier. C'est un grossiste juif qui possède un lot de pantalons invendables, orange et violet, affreusement mal taillés (une jambe est plus courte que l'autre). Soudain, il voit passer dans sa rue un marchand goy. Il en profite pour l'alpaguer : « Admirez mes pantalons. Ces couleurs "jeune", cette coupe déstructurée : ça fera fureur cet été, ma parole ! » Conquis, le détaillant lui achète son stock entier.

Dès le lendemain, ivre de colère, celui-ci rappelle le grossiste : « C'est un scandale ! Vos pantalons sont si mal coupés que personne ne peut les porter !

– Et alors ? La fringue, c'est pas fait pour être porté. C'est fait pour vendre. Et pour acheter... »

Au fait, comment font-ils, pour vendre n'importe quoi, à n'importe qui ? À commencer par nous-mêmes...

MADEMOISELLE, N'HÉSITEZ PAS SUR LE TROTTOIR, RENTREZ DANS LE MAGASIN ! À l'intérieur, avec mon baratin, vous n'hésiterez plus longtemps.

JOLIE COMME VOUS ÊTES. Compliment rituel. La cliente précédente était pire que vous : elle y a eu droit également.

AVEC ÇA, SUR VOUS ILS VONT TOMBER, LES GARÇONS. Si vous ne les excitez pas, essayez au moins de les faire rire...

TU, TOI, TON, TA. Le tutoiement, assorti d'une ostensible familiarité, permet de concrétiser les ventes les plus délicates. Quoi de plus précieux que les conseils d'un ami ?

MA CHÉRIE, T'Y ES SUPER. Chacun fait ce qu'il peut ; vous comme les autres.

ON DIRAIT QUE LE FUCHSIA, ÇA A ÉTÉ FAIT POUR TOI. Sûr qu'à se maquiller au stylo-feutre, on ressemble à un travelo.

Y A PAS DE SECRET, FAUT ESSAYER. La cliente qui essaye un modèle a près de trois fois plus de chances de l'acheter.

FAUT PAS VOUS INQUIÉTER, C'EST MAL TAILLÉ. Dans ce cas, pourquoi est-il en vitrine ?

LES TAILLES ÉTRANGÈRES, C'EST LA LOTERIE. Ça peut être trop comme pas assez... Et pourquoi pas « trop pas assez » ?

LES ITALIENS TAILLENT UN PEU JUSTE. Le comble pour un Bermuda fabriqué à Taïwan...

ON NE PEUT PAS S'Y FIER.   Fiez-vous plutôt à moi.

Un truc pour amadouer les clientes un peu rondes consiste à leur proposer une, voire deux tailles *en dessous*. Ça flatte l'ego. Surtout lorsque le vendeur joue le jeu jusqu'au bout : « Essayez quand même plus petit... » Une fois le vêtement enfilé – à grand-peine –, reste à ménager les susceptibilités :

AUCUN PROBLÈME ! ÇA SE PORTE PRÈS DU CORPS.   Vous faites une taille de trop. Mieux vaudrait perdre 5 kg et arrêter les mille-feuilles.

AUCUN PROBLÈME ! FAUT QUE ÇA MOULE.   Vous faites deux tailles de trop. Mieux vaudrait perdre 10 kg et arrêter le Nutella en pot familial.

C'EST SEXY OU RIEN.   À ce stade, vous ne serez pas plus grotesque avec ça qu'avec ce que vous portez d'habitude.

TROP LARGE, ÇA CACHE LES FESSES DE TOUTE FAÇON. Quand on affiche trois ou quatre tailles au-dessus des normales saisonnières, autant jouer son va-tout.

... ET PUIS LES VÔTRES, FAUT PAS LES CACHER. C'EST DU BONHEUR POUR LES YEUX. C'EST DU GÂCHIS, C'EST PÉCHÉ.   Je connais des hommes qui fantasment sur les grosses.

Parfois survient le cas inverse : trop large ! (D'accord c'est plus rare, mais ça arrive).

FAUT QUE CE SOIT AMPLE SUR LA POITRINE.   Cachez-moi ces œufs au plat.

ÇA SE PORTE BOUFFANT.　Vous êtes anorexique, ou quoi ?

SI VOUS PRENEZ LA TAILLE EN DESSOUS, VOUS ALLEZ VOUS SENTIR TOUT ÉTRIQUÉE.　J'ai plus de 36 en magasin.

C'EST PAS JOLI QUAND C'EST TROP SERRÉ.　C'est pas joli comme ça non plus, vous le savez bien.

APRÈS, ÇA BOUDINE.　De toute façon, c'est des fins de série. Je fais avec ce que j'ai.

　Catastrophe ! Large, étroit, court ou long : rien n'y fait. Dans la glace, vous ressemblez à une asperge sur un pot à tabac avec votre robe dernier cri imitation « Janpolgotié ».

C'EST JUSTE UN APERÇU.　Gare aux surprises quand vous vous verrez dans le miroir de votre salle de bains (certaines boutiques sont même équipées de miroirs légèrement déformants pour affiner la silhouette).

C'EST SÛR QU'ELLE DONNE RIEN COMME ÇA, SANS CHAPEAU.　Une chance que ma femme ait pas laissé son sombrero dans le magasin.

LES CHAUSSURES NE SONT PAS ADAPTÉES À LA TENUE. VOUS VERREZ AVEC DES TALONS.　Pour celles qui marchent avec leurs lunettes...

ÇA FAIT UN TABAC AUX USA.　Une référence en matière de bon goût et d'élégance.

　Vient ensuite le marchandage du prix, facultatif. Si la cliente demande un rabais supérieur à 5 %, plusieurs attitudes possibles :

L'explication économique : *À ce prix-là j'gagne rien. Après j'y perds.*

Sa variante sentimentale : *Sur mes yeux, j'peux pas descendre plus. Sinon j'mets la clef sous le paillasson, j'ferme le magasin.*

La surenchère commerciale : *Bon allez, tu prends les deux et le T-shirt et j'te fais un petit prix sympathique.*

La dramatisation : *Tu veux ma mort ou quoi ?*

La sanction extrême : NON ! Dans ce cas, et dans ce cas seulement, le prix pratiqué est réellement le plus bas possible. Cas d'école jamais rencontré.

Enfin, la vente se réalise. C'est le moment de conclure en beauté.

T'Y ES UNE FUTÉE, TOI. LES AFFAIRES, TU T'Y CONNAIS. Et hop ! un peu de pommade pour la malheureuse qui a payé le prix fort. Suivante !

▶ Exercices

THÈME Voici un texte en français courant. Traduisez-le en « langage Sentier » afin de le rendre accessible à un comptable en Harley, négligemment garé devant les Bains-Douches.

◊ « À quoi servent les petites cuillères ? Je chausse du 40. Attends, je parle à l'autre téléphone ! Mon avion a du retard. Tu me connais : quand je m'énerve, je m'énerve. La SPA protège les baleines. Quand l'oiseau chante, la branche ploie. Dire Straits, c'est comme Cabrel en américain. Après la pluie, le beau temps. C'est la première fois que je parle d'autre chose que de fesse ou de boulot.

Pour ceux qui veulent aller plus loin :
Traduisez, développez et commentez, en faisant part de vos remarques personnelles (deux pages maximum) : « Mon tailleur est riche ».

VERSION   Voici cette fois un texte en langage Sentier. Traduisez-le en français courant, de manière à le rendre assimilable par le maire d'un village savoyard (ou son adjoint si absent).

◊ « Tiens ! Qu'est-ce t'y en penses ? qu'elle a demandé, Mme Marty, à Mme Desforges.

Rien à dire : c'était elle la cliente, la reine du magasin.

– Il est pas mal, coupé classe... Mais cette année, ça se porte plus serré à la taille.

– Attendez ! qu'elle a fait, Aurélie. Faudrait que vous, vous la passiez sur vous, en cabine... Vous comprenez, ça donne rien sur la vendeuse, qu'on dirait que sa mère lui donne pas à manger... Mets-toi donc en valeur, Denise ! D'où que t'y as appris à te tenir droite ?

Toute la boutique a rigolé. Denise était plus blanche qu'un Naf-Naf sorti de l'usine. La honte qu'elle avait de se faire mater comme un paquet en solde. Mme Desforges a voulu faire du vice, jalouse que comparée à elle, elle fasse "top". Méchamment, elle a lâché comme ça :

– Ma parole, faut que ça moule. Plus large, ma fille, les garçons ils vont te fuir ! »

CORRECTION   « Hein ? qu'en pensez-vous ? demanda Mme Marty à Mme Desforges.

Cette dernière décidait, en arbitre suprême de la mode.

– Il n'est pas mal, et de coupe originale... Seulement, il me semble peu gracieux de la taille.

– Oh ! intervint Mme Aurélie, il faudrait le voir sur madame elle-même... Vous comprenez, il ne fait aucun effet sur mademoiselle, qui n'est guère étoffée... Redressez-vous donc, mademoiselle, donnez-lui toute son importance.

On sourit. Denise était devenue très pâle. La honte la prenait d'être ainsi changée en une machine qu'on examinait et dont on plaisantait librement. Mme Desforges, cédant à une antipathie de nature contraire, agacée par le visage doux de la jeune fille, ajouta méchamment :

— Sans doute, il irait mieux si la robe de mademoiselle était moins large. »

Émile Zola, *Au Bonheur des Dames*.

11

Comment parler comme
un politicien

Mieux vaut lire ça qu'être sourd :
« Claude Allègre, conseiller spécial de Lionel Jospin, ministre de l'Éducation nationale, estime dans *Le Monde* que "le niveau du débat sur l'immigration est aujourd'hui dérisoire et dépassé". "L'immigration (...) doit être traitée avec sérieux, sans panique, sans expédients, sans slogans", a-t-il ajouté. » [Texte intégral, paru dans *Libération* le 19 juillet 1991].

C'est beau. C'est *très* beau. Repassons-nous le ralenti : *Libé* cite *Le Monde*. *Le Monde* cite un conseiller. Le conseiller ne conseille rien. Mais ne le dit pas. Le lecteur lit quand même son conseil. C'est-à-dire rien. On ne saurait dire moins que rien. Ce rien est indépassable.

Inutile de forcer le trait. Nos hommes politiques parlent la bouche pleine. Pleine de contre-vérités, de vœux pieux, de couleuvres à avaler.

Personne ne les plaint lorsqu'ils feignent le martyre, soi-disant écrasés sous le poids des responsabilités. Sinon pourquoi gaspilleraient-ils tant d'énergie dans la course au pouvoir ?

De gauche à droite, par ordre d'entrée en scène, nos élus jouissent de privilèges inestimables : revenus largement supérieurs au smic, appartements de fonction,

fausses factures, vraies notes de frais, immunité parlementaire si besoin est. Sans compter les à-côtés...

Dès qu'elle a approché le pouvoir, la vie de la bête politique vire au cocon calfeutré. Elle oublie le monde sous les
moulures historiques des ministères, derrière les vitres
fumées des voitures officielles. Elle se conforte dans les
réunions de conseillers déférents, les discussions des clubs
de militants et les dîners privés avec quelques journalistes
bienveillants.

La confrérie s'est inventé un jargon double face, aux
sonorités familières à nos oreilles, mais aux contours plus
diffus qu'un brouillard par grand vent. À cet égard, pour
ma part, en tout état de cause, quoique...

Ça ne veut rien dire ? Justement ! C'est le but
recherché, une inconsciente question de survie. Jaloux de
leur volapük, les politiciens n'auraient rien à gagner à ce
que les électeurs le comprennent (on les comprend). Et
encore moins qu'ils sachent le parler (on pourrait leur
piquer leur place).

▶ **Vocabulaire**

LA STRATÉGIE POLITICIENNE

Dès le commencement, tout se complique.
On n'ose imaginer un ministre qui dévoilerait après un
sommet que son homologue et lui ont passé le plus clair de leur
temps à se raconter des souvenirs de régiment. On voit mal le
CNPF reconnaître la forte progression des profits patronaux. Ou
encore un dirigeant RPR révéler la cadence à laquelle Chirac
descend Gauloises sans filtre et Kronenbourg. Hélas !
Les nécessités du discours politique interdisent de décrire les
choses telles qu'elles se passent vraiment. Le cynisme électoral le
déconseille ; les alliances politiciennes n'y résisteraient pas.

SOCIALO-COMMUNISTE. De gauche, quand on est de droite.

CONSERVATEUR. De droite, quand on est de gauche.

PROGRESSISTE. De droite, quand on est de droite.

PROGRESSISTE. De gauche, quand on est de gauche. « La dynamique de la réflexion et de l'action doit reposer sur une confrontation normale et saine entre forces progressistes et conservatrices » [Henri Emmanuelli, PS].

DROITE MUSCLÉE. RPR (terme de gauche).

DROITE TRADITIONNELLE. UDF (terme de gauche).

DROITE PARLEMENTAIRE. UDF et RPR, à l'exclusion du Front national (terme de gauche).

MAJORITÉ. Pas forcément l'opposé de l'opposition. « En 1993, l'objectif doit être de donner la majorité à la majorité » [Jean-Pierre Soisson].

FAMILLE D'ESPRIT. Complices politiques.

AMI. Allié. « Je reste l'ami des socialistes » [François Mitterrand]. N.B. : il n'est pas question ici d'amitié ; l'usage veut que les prétendus « amis » se détestent en privé : Jospin-Fabius, Giscard-Barre, Chirac-Chaban, Mitterrand-Rocard, et tant d'autres.

S'ENTENDRE. Se diviser.

SE DIVISER. S'entendre. « Si les socialistes se divisent, c'est qu'ils ne comprennent rien à rien » [Laurent Fabius].

CLASSE POLITIQUE.   Ensemble des politiciens. Et non pas : élégance politique (tant la politique manque de classe).

HONNÊTES GENS.   Gens vraiment honnêtes. « Les membres de la Haute Autorité audiovisuelle n'ont pas été choisis parmi les hommes politiques, mais parmi les honnêtes gens » [Louis Mermaz].

SOCIÉTÉ CIVILE.   Honnêtes gens désireux de se mouiller dans la politique, sans pour autant faire partie du personnel politique. Comme à la SNCF, c'est possible !

TOUT LE MONDE.   Le petit monde de la politique (10 000 personnes à tout casser, y compris la société civile). « Tout le monde a relevé ma déclaration de mardi dernier » [Lionel Jospin].

LES HOMMES ET LES FEMMES DE CE PAYS.   Les électeurs.

MICROCOSME.   Les allées du pouvoir.

ALLÉES DU POUVOIR.   Le microcosme.

USURE DU POUVOIR.   Découragement de l'opposition.

AUTORISÉ.   Informé, mais pas sincère pour autant. « Un avis autorisé. Les milieux autorisés. »

PROMESSE.   Attrape-nigaud (on l'oublie à chaque fois, ce qui est le propre d'un attrape-nigaud). « Les promesses n'engagent que ceux qui y croient » [Charles Pasqua].

CONSENSUS. Accord de circonstance. « Le consensus, c'est du beurre de gauche sur une tartine de droite » [Henri Emmanuelli, PS].

GRANDS INDICATEURS POLITIQUES. Sondages favorables.

PETITS CHIFFRES DU WEEK-END. Sondages défavorables.

TEST NATIONAL. Unique élection du week-end. N.B. : toute élection partielle constitue de fait « un test national ».

DÉSERTION CIVIQUE. Abstention des électeurs (une menace pour la démocratie).

NON-VOTE. Abstention des députés (une subtilité de la démocratie). « Le budget a été acquis grâce au non-vote des députés socialistes » [Antenne 2, décembre 87].

VRAIS ENJEUX. Combinaisons électorales. N.B. : aucun élu, à notre connaissance, n'a jamais fait mention de « faux enjeux ».

OTAGE. Électeur perdu. « Le Pen a pris les Français en otage » [André Laignel, PS].

MESSAGE DES FRANÇAIS. Résultat électoral défavorable. « 6,76 % pour Lajoinie, le message des Français laisse de marbre la Place du Colonel-Fabien » [selon un avis autorisé].

L'ACTION SUR LE TERRAIN

On a eu chaud ! Début 1991, le bel édifice sémantique vacille. Le jargon « populiste » gagne les hautes sphères du pouvoir.

Michel Charasse, le premier, avait ouvert sa grande gueule. Avertissement officiel du ministre du Budget : « *Je ne suis pas de ceux qui se mettent un bâton dans le cul pour être plus raide.* » *À peine installée à Matignon, Édith Cresson renchérit :* « *La Bourse, j'en ai rien à cirer.* » *Même Giscard se fend d'un chuintement plébéien :* « *La France est dans la panade* » (*voir chapitre 17 : comment parler* « *faux-jeune* »).

Heureusement pour tous, la mode néo-beauf, comme toutes les modes, est passée de mode. Retour à la case départ. « *Sur le terrain* », *comme on dit sous les lambris.*

ADULTE. Crétin fini. « Je considère pour ma part les Français comme des adultes » [Alain Juppé].

USAGER. Blaireau, muni toutefois du droit de vote. « L'administration est d'abord faite pour les usagers » [Michel Rocard].

SE FÉLICITER. Être content alors qu'on n'y est pour rien. « M. Bérégovoy s'est félicité des excellents chiffres de la croissance américaine » [son attachée de presse].

SALUER. Féliciter. « François Mitterrand a salué Mme Édith Cresson pour son franc-parler » [un conseiller d'Édith Cresson].

PRIORITÉ. Volonté, pas forcément prioritaire. « L'hécatombe sur les routes au début de l'été 88 a conduit le gouvernement à réagir et à faire de la sécurité routière l'une de ses priorités » [Michel Rocard]. N.B. : un politicien aguerri peut prétendre s'attaquer de front à 110 priorités.

TENIR À. Faire, tout simplement. « François Mitterrand a tenu à tenir une conférence de presse » [France Inter].

DÈS DEMAIN.   Quand on aura le temps, si j'ai toujours envie. « Le dossier "feux de broussailles" est un important dossier dont je compte m'occuper dès demain » [Jean-Claude Gaudin].

MOI-MÊME.   Jamais. « J'irai moi-même verbaliser les villes qui ne traiteront pas correctement leurs déchets » [Brice Lalonde, ministre de l'Environnement].

DÉTERMINATION.   Ambition personnelle. « Je compte poursuivre le combat écologique en faisant preuve de détermination » [François Léotard].

DÉBAT D'IDÉES.   Idée de débat, sans plus.

RÉALISME.   Bon sens trivial. « Sans tomber dans un excès de réalisme, c'est tout de même la moindre des choses que de considérer que l'Allemagne est en Europe » [François Mitterrand].

S'INSCRIRE EN FAUX.   Ne pas être d'accord. N.B. : malheureusement, le caractère guerrier du lexique politicien ne permet pas de « s'inscrire en vrai », même si on est d'accord.

PROTESTER ÉNERGIQUEMENT.   Protester, en espérant faire trois lignes dans la presse.

SE TROMPER LOURDEMENT.   Se tromper (en politique, c'est toujours lourd).

TROUBLE.   Farouche lutte de pouvoir. « Où en est l'opposition ? Il est bien vrai qu'elle vit depuis un an une période de trouble » [Édouard Balladur, alors dans l'opposition].

À L'ÉCOUTE. À la pêche aux voix. « Le CDS est à l'écoute des Français » [Pierre Méhaignerie].

ÉCOUTER. N'avoir rien d'autre à faire. « Après avoir beaucoup parlé, je ressens notamment le besoin d'écouter. D'écouter ce que l'on n'entend pas » [Michel Rocard, après son départ de Matignon].

PHÉNOMÈNE DE MÉDIATISATION. Médiatisation.

RÔLE DES MÉDIAS. Tendre les micros.

INFLATION GALOPANTE. Inflation, du point de vue de l'opposition.

AJUSTEMENT DES PRIX AU MARCHÉ. Inflation, du point de vue de la majorité.

LOGIQUE D'EXCLUSION. Chômage, vu de l'opposition.

CONSÉQUENCE POUR L'EMPLOI. Chômage, vu de la majorité.

LA VRAIE VIE. Là où ils n'iront jamais vivre. « La vraie vie, c'est celle de la banlieue, de ses ZAC et de ses ZUP, souvent pauvre, certes, mais si chaude, si conviviale et bariolée » [Jack Lang].

SUR LE TERRAIN. Ailleurs que dans mon bureau. Contrée mythologique à laquelle les politiciens se réfèrent d'autant plus qu'ils ne s'y déplacent pas. « C'est par les idées maintenant qu'ils devront rénover, et on les testera sur le terrain » [Simone Veil, à propos des « rénovateurs »].

PROBLÈMES QUOTIDIENS. Problèmes favoris des discours, même s'ils ne surviennent pas tous les jours. Par exemple, l'augmentation du prix de la dinde de Noël, achetée une fois l'an, relève aux yeux des politiciens des « problèmes quotidiens des Français ». Pour de mystérieuses raisons, ce n'est pas le cas de la pénurie de taxis, pourtant constatée du 1er janvier au 31 décembre.

À DEUX VITESSES. Avec des riches et avec des pauvres. « Refuser la ville à deux vitesses constitue un enjeu immense » [Michel Rocard, discours du 7 février 1989]. N.B. : depuis cette déclaration, la vitesse en ville a été limitée à 50 km/h, pour les riches comme pour les pauvres.

ADJECTIFS INUTILES

VOTE UTILE. Vote. N.B. : adjectif inutile, car le vote est toujours utile. C'est le fondement même de la démocratie. Les politiciens l'ont oublié. C'est sans doute pourquoi ils saturent leurs tirades d'adjectifs purement ornementaux.

ÉTAT SPECTACLE. État.

POLITIQUE POLITICIENNE. Politique.

GAULLISTE HISTORIQUE. Gaulliste.

NOUVEAU PAUVRE. Pauvre.

PETITE PHRASE. Phrase.

VALEURS FONDAMENTALES. Valeurs.

NÉCESSITÉ CROISSANTE. Nécessité.

CHANGEMENT RADICAL. Changement.

DÉMENTI CATÉGORIQUE. Démenti.

CONSENSUS MOU. Consensus.

SOLENNELLE MISE EN GARDE. Mise en garde.

LARGES FRACTIONS. Fractions. N.B. : la fraction d'une fraction reste une fraction. Si elle s'élargit trop, elle devient la totalité...

JEUNES LOUPS. Faux jeunes (entre quarante et cinquante ans).

VIEUX RENARDS. Vrais vieux (plus de soixante-dix ans).

LES MOTS TECHNIQUES

« *On ne peut pas se contenter de prolonger sur des circonscriptions ouvertes, par homothétie, un rapport de forces 1986 rectifié 1988* », avait prévenu Gérard Longuet, PR. Son appel a été entendu.

Plus on pérore doctement, moins on risque d'être contredit. L'effet de compétence impose le silence. Artifice bien connu des papes, infaillibles par définition, et du faux dentiste en blouse blanche de la publicité Signal.

EFFERVESCENCE. Agitation.

IDENTITAIRE. Qui s'intéresse aux catégories, plutôt qu'à l'individu lui même. « Logique identitaire. »

CLIVAGE. Séparation.

BANALISATION. Habitude.

MESURE D'ENCOURAGEMENT. Subvention.

LA TOTALITÉ DES ACTEURS LOCAUX. Les gens du coin.

SQUELETTE ROUTIER DU DÉPARTEMENT. Chemins communaux.

ESPACE ARBORÉ. Forêt.

BIOTOPE. Environnement.

ENVIRONNEMENT. Nature.

SOUS-PRIVILÉGIÉ. Pauvre très pauvre, privé du RMI.

RECONDUITE À LA FRONTIÈRE. Expulsion.

ÉPIPHÉNOMÈNE. Détail (terme de gauche).

DÉTAIL. Chambre à gaz (terme de droite).

DIABOLISATION. Satanisation.

POUJADISTE. Démagogue populiste (insulte suprême, inconnue du grand public). [Référence à Pierre Poujade, homme politique né en 1920, fondateur de l'UDCA, union de défense des commerçants et artisans ; qui a fini

en 1980 président du syndicat des producteurs de topi-
nambours de l'Aveyron (authentique)].

ISME. Doctrine qu'il est de bon ton de condamner (néologisme). « Marxisme et freudisme, darwinisme et
organicisme : tous les "ismes" sont en dépôt de bilan »
[Michel Noir].

▶ **Syntaxe**

Voilà pour le vocabulaire. Ensuite, avec ces mots, il
suffit de faire des phrases. Les plus creuses possible, mais
fort épaisses, et suffisamment filandreuses pour occuper
le terrain. Pleines de vide, en quelque sorte.

J'exagère ? À peine. En août 1990, à l'occasion de la
session extraordinaire du Parlement consacrée à la crise
du Golfe, le RPR Philippe Séguin avait mis les choses au
point : « Notre groupe n'a rien à dire dans ce débat. C'est
pourquoi nous avons choisi comme orateur Balladur. Il le
dira avec un maximum de périphrases. »

C'est plus délicat qu'il n'y paraît.

TRUISMES

« *Nous autres hommes politiques, nous ne savons plus pourquoi nous faisons de la politique* », a avoué un beau matin
François Léotard. C'est qu'eux aussi ont besoin de certitudes. Personne ne les contredira.

« *Je crois à la victoire de ceux qui croient en ce qu'ils croient* »
[François Mitterrand].

« *Si Chirac a été battu, c'est parce que Mitterrand a eu davantage de voix* » [Gérard Longuet].

« *Nous ne pouvons pas être plus musulmans que les musulmans* » [Charles Pasqua].

« *Face à un problème, il n'y a pas 36 attitudes possibles : il faut lui trouver une solution* » [Édith Cresson].

« *Ce qui est essentiel, c'est de découvrir l'avenir* » [Pierre Bérégovoy].

« *L'avenir aujourd'hui, est différent du passé* » [Jacques Chirac, septembre 90].

« *Tout le monde doit être bilingue dans une langue, et en parler une autre* » [Valéry Giscard d'Estaing].

▶ **Style**

LOCUTIONS CREUSES

C'est comme les pin's : ça n'a aucun sens, alors on peut en accrocher autant qu'on veut sur sa veste. Et quand il n'y a plus de place, on la retourne...

à cet égard...
cela étant...
pour ma part...
quant à moi...
en tout état de cause...
toutes choses égales par ailleurs...
force est de constater que...
à tout le moins...
franchement...
etc.

ANTIPHRASES

Pour exprimer le contraire ; exactement le contraire.
soyons clairs...

je vais vous répondre...
je vais être sincère...
je me suis posé la question...
je tiens à affirmer que...
je souhaite le dire très fermement ici...
etc.

LA BANALITÉ DE LA FIN

Quitte à ne rien dire, autant conclure en beauté.

« *Il faut laisser du temps au temps* » [François Mitterrand].
« *Ouaille tène scie* » [Jacques Delors].
« *L'avenir tranchera* » [le boucher de Lyon].
« *Il faut poursuivre cette discussion dans le calme et la dignité, pour répondre aux attentes des Français.* » (C'est du Giscard, et ça marche à tous les coups.)

▶ **Exercices**

THÈME Voici un texte en français courant. Traduisez-le en « politicien » afin de vous faire mousser auprès du sous-directeur de l'IFAP, tout juste sorti de l'ENA, après être passé par Sciences-po et chez son bottier-conseil.
◊ « Nîmes bat Lyon 2-1. Temps maussade, éclairage correct, arbitrage heurté. 16 432 spectateurs pour 1 022 565 francs de recette. »

VERSION Voici cette fois un discours politique, digne d'un sous-directeur de l'IFOP, tout juste sorti de l'ENA, après être passé par Sciences-po et Eram, Weston était fermé. Traduisez-le en français courant, afin d'exposer les arcanes du vote bloqué au dernier planteur de saxifrage ombreuse, réfugié à Belmont (Doubs), ancien missionnaire à plat ventre, prisonnier repris, puis échangé, revenu de tout, et abstentionniste par vocation (dans le Doubs, abstiens-toi).

◊ « Dans cette affaire, le clivage s'effectuait bien au-delà des vrais enjeux et des querelles partisanes. Les deux familles d'esprit avaient délaissé la politique politicienne pour un débat d'idées sans concessions, l'aile droite des valoisiens s'opposait à ses amis gaullistes historiques, les socialistes progressistes semaient le trouble au sein de larges fractions de la droite musclée comme de la droite traditionnelle. Les Français, désormais adultes, n'auraient pas compris qu'on use à l'occasion de l'article 49. 3. Avec réalisme, la classe politique porta le débat sur le terrain, pour un combat sans concessions, véritable test national de nos valeurs fondamentales ; malgré quelques retournements de veste, les déclarations, martelées solennellement, succédaient aux mises en garde. Les observateurs relevaient à cet égard des signes physiques objectifs, qui auraient pu conduire à une logique d'exclusion.

En tout état de cause, la discussion méritait calme et dignité, afin de répondre aux attentes des usagers. »

CORRECTION « Impossible de rien distinguer. Les deux armées s'étaient enfoncées l'une dans l'autre, le coin des Velrans dans le groupe de Lebrac, les ailes de Camus et de Grangibus dans les flancs de la troupe ennemie. Les triques ne servaient à rien. On s'étreignait, on s'étranglait, on se déchirait, on se griffait, on s'assommait, on se mordait, on arrachait des cheveux ; des manches de blouses et de chemises volaient au bout des doigts crispés, et les coffres des poitrines, heurtées de coups de poings, sonnaient comme des tambours, les nez saignaient, les yeux pleuraient.

La victoire serait aux plus forts et aux plus brutaux. »

Louis Pergaud, *La Guerre des boutons*.

12

Comment parler comme
un rappeur

« Salut, les brothers. To the beat, Yo. Rock on, Yo. J'ai un peace message, Yo ! »

Nous sommes en 1980. À Paris ! Sur une radio d'État ! Sydney, au micro de Radio 7, propulse la culture rap balbutiante. Aussitôt, le smurf intrigue les spécialistes des jeunes. Cela consiste (schématiquement) à danser sur la tête en survêtement à rayures, avec des gants blancs. (Hé hé ! J'étais sûr que vous aviez oublié les gants blancs...)

Déjà, la publicité se dépêche d'exploiter le filon : « *Buvez un coup de Yop et soyez smurf* ». D'autant qu'on lui prédit une dégringolade immédiate, comme chaque mode après l'autre.

Dix ans plus tard, le Hip-Hop a enterré le rock. Pas une fête branchée sans rap au menu. La grande presse se jette sur les zoulous, « phénomène de société ». Le lecteur prend peur. En contrepartie, toutes ces chaînes en or, ça donne de belles couleurs sur les photos.

Le rap ravage aussi les journalistes. Au service culture, les chroniqueurs sont condamnés à encenser des films et des disques qui leur cassent les pieds et les oreilles. Au service société, les envoyés spéciaux apeurés endurent à Montfermeil ou à Vaux-en-Velin des nuits plus blanches qu'à Bagdad bombardée.

Sur le terrain, le phénomène s'étend. La faim fait sortir le loup du bois. Toujours plus nombreux, les zoulous n'hésitent plus à s'aventurer au-delà de leurs périmètres traditionnels. Récemment, un journaliste du *Figaro-Magazine* en aurait croisé deux dans un wagon SNCF de première classe.

Certaines élites qui se prétendaient à l'écart du raz de marée (hauts fonctionnaires, secrétaires d'État, maîtres d'hôtel, putes de luxe) ont dû déchanter. Depuis que le Premier ministre en personne, Édith Cresson, a invité à la traditionnelle garden-party de Matignon des bandes de rappeurs d'Orly.

Nos chers VIP ne s'attendaient pas à cela : aucun portefeuille n'a été volé. L'année prochaine, promis, ils écouteront les paroles.

▶ **Vocabulaire**

On prétend qu'il n'y a pas de langage rap. Rien que le langage des cités. Certes. Mais un habitué des cités sait qu'on y écoute davantage les NTM ou Public Enemy que les menuets de Rameau. D'ailleurs, il n'y a pas de paroles dans Rameau. Alors musique !

ZOULOU. Membre de la « zulu nation », mouvement pacifiste multiracial lancé au début des années 80 à New York par Afrika Baambaata. La doctrine zoulou, « Paix, amour et unité », s'affiche comme non violente.

B. BOY. Étymologiquement « boogie boy » ou « breaker boy », c'est-à-dire un type qui aime s'amuser.

FLY GIRL. Féminin de B. Boy (vieilli).

ZOULETTE. Fly girl moderne. « La zoulette, c'est la meuf du zoulou. »

HOMEBOY. Mec du quartier. Par extension : banlieusard.

GALÉRIEN. Mec qui galère. Généralement chômeur.

SAUVAGE. Galérien. « Frankie, il est tranquille pour un sauvage. »

MOUVEMENT. Mouvance informe de tout ce qui touche de près ou de loin au rap. « J'suis à fond dans le mouvement. »

FAMILLE. Mouvement.

MOVE (prononcer mouve). Mouvement. « Dans le move, y a que des machos ! » [une rappeuse des Ladies Night].

POSSE. (prononcer po-ssi). Bande ou gang, selon les activités.

HAINE. Concept essentiel du « mouvement ». Le mot « haine » représente à la fois la colère et la fierté, le talent et l'envie de réussir. « Assassin, franchement, ils ont la haine. »

SŒUR. Fille de la bande.

ZUP. Zone à urbaniser en priorité. Délire de techno-crates, puisque la priorité consisterait plutôt à « désurbaniser » les ZUP. De toute façon, ces gens-là n'y habitent pas.

ZUPIEN. Habitant de la ZUP.

ZS. Zoulou solitaire. Soit qu'il ne parvienne pas à se faire admettre dans une bande, soit qu'il habite une campagne perdue.

MC. Master of ceremony, maître de cérémonie. Titre dont s'autoproclame tout rappeur le micro à la main.

3B. Bière, Baise et Baston, alias BBB. Doctrine hédoniste en vigueur dans certaines bandes (que les journaux qualifient de rivales).

DJ. Disc-jockey.

DEE JAY. Voir « DJ ».

BPM. Beats per minute, ou coups à la minute. Aucun rapport avec une quelconque bagarre. Le nombre de coups de grosse caisse marque le tempo d'un morceau.

SCRATCHER. Faire avancer le disque en avant et en arrière sur la platine. Composant essentielle de l'art du DJ.

FREE-STYLE. Improvisation musicale. « En free-style, je prends n'importe qui de la Zup ! »

INFRABASSE. Basse très puissante, qu'on ressent autant dans le ventre que dans les oreilles. « Mortel le son, ça me résonne dans les tripes, c'est carrément infrabasse ! » [DJ Loïc].

CARTONNER. Être connu au-delà de sa cité. « Y a plein de groupes de meufs qui cartonnent » [Ladies Night (rap féminin)].

TAG. Graffiti en forme de signature apposée çà et là, au moyen d'une bombe aérosol, d'un marqueur (plus mesquin), ou en autocollant (plus difficile à arracher). N.B. : l'autocollant est la seule forme de tag autorisée par les purs et durs de la nation zoulou.

GRAPHE. Graffiti sous forme de dessin.

KIFER. Apprécier, prendre son pied (de « kif », hachisch en arabe). « L'intro de basse, elle me fait trop kifer ! »

BOMBERS. Blouson en toile fétiche des skins, réapprivoisé par les zoulous (mais avec la capuche).

TRAINERS. Énormes baskets montantes, toujours neuves et chères. N.B. : « trainers » est en fait un modèle de chaussures de chez Adidas, comme la « Golf » est une Volkswagen. On recherchera également les Pump (de Reebok), la Platinium (de Troop), la Jordan (de Nike).

CYCLISTE. Maillot style cycliste en lycra (haut ou bas).

LIVING LARGE. La belle vie ; fantasme de l'Amérique mythique nourri par ceux qui n'y ont jamais mis les pieds.

BARRE. Immeuble HLM tout en longueur.

ABUSER. Exagérer. « Putain, avec ses décolletés, comment elle abuse ! »

GRATTER. Profiter tant bien que mal, voire voler. « Subir ta banlieue, c'est rester dans ta cage d'escalier ou bien aller faire le pigeon chez des gens plus riches pour essayer de gratter » [Tonton David].

QUEUDE. Que dalle, c'est-à-dire rien. « J'suis passé voir les imports à la FNAC, y a queude. »

MASSACRER. Suivant le contexte, frapper (une personne), couvrir de tags (un endroit).

RUINER. Voir « massacrer ».

MARTYRISER. Tuer.

TUER. Mettre à l'amende.

METTRE À L'AMENDE. S'avérer plus fort que. « Le gros David des Lilas, sans me vanter, j'l'ai mis à l'amende. »

GRAVE. Pas net. « À l'école, on m'appelait "Huggy les Mauvais Plans". J'arnaquais tout le monde, j'étais grave » [Tonton David].

UN MORTEL. Un killer.

UN KILLER. Un tueur.

UN TUEUR. Un puissant.

UN PUISSANT. Un type plutôt costaud.

UN MONSTRE. Une bête (verlan : streumon). « Si j'arrivais à raconter exactement la réalité avec le rap, je serais un streumon » [Joey Starr, NTM].

UN SUCKER. Un suceur.

UN SUCEUR. Un naze.

UN NAZE.   Un bouffon.

UN BOUFFON.   Un type plutôt faible.

UN DINGUE.   Un warrior.

UN WARRIOR.   Un type très méchant.

RESPECT.   Notion floue mais déterminante, englobant tour à tour ou au choix l'admiration, la soumission, et le respect – justement. « Je demande beaucoup de respect pour "le son" dont je fais partie » [Puppa Leslie].

DONNER DU RESPECT.   Reconnaître la supériorité de quelqu'un, physique ou artistique.

MANQUER DE RESPECT.   S'attendre à recevoir des coups. « Aïe, aïe, aïe pour lui ! Il a manqué de respect à une sœur ! »

IMPOSER LE RESPECT.   S'attendre à ne pas recevoir de coups.

L'EMBROUILLE

La mauvaise réputation des rappeurs, comme toutes les mauvaises réputations, provient d'un malentendu. En 1980, histoire de ne pas se laisser distancer par la première vague « smurf », TF1 lance une modeste émission qui connaîtra un succès phénoménal et inespéré : Hip-Hop. Pas de chance, au lieu de prononcer tout bonnement « Ipe-Ope » à la française, les gamins des cités scandent les initiales : H.I.P., H.O.P. Sur quoi les braves bourgeois qui les observent tournoyer sur les parkings à

côté de leurs bagnoles comprennent, eux : « à chiper, à choper ».
Le malaise était né.

    N'empêche. *Le rap traîne avec lui ses légendes pas claires. Qui*
ne sont pas seulement des légendes. Comme toutes les légendes.
Un rappeur, interviewé par Actuel, *livre cette analyse fouillée :*
« Aujourd'hui, tout le monde se dit zoulou parce que ça fait bien
et la racaille vient pourrir le mouvement. »

RACAILLE.   Tout le contraire des gentils garçons.

EMBROUILLE.   Incident plus ou moins compliqué. « Je me
suis embrouillé avec ma mère parce que j'avais eu une
embrouille avec les flics. »

PAGAILLEUR.   Fouteur de merde.

BASTON.   Bagarre.

BAD BOY.   B. boy qui a mal tourné (auto-appellation).

DÉPOUILLE.   Officiellement vol à la tire. Il s'agit en fait de
braquer sur un pigeon trouvé dans la rue ce qui a de la
valeur dans la planète rap : walkman, blouson, lunettes,
basket montantes, jean 501, pour utilisation personnelle
ou revente.

DÉPOUILLEUR.   Expert en dépouille.

DÉPOUILLEUSE.   Experte en dépouille. N.B. : un invisible
code d'honneur interdit aux garçons de dépouiller les
filles et les marmots.

CALCULER QUELQU'UN.   Avoir le pressentiment qu'il
prépare un mauvais coup à vos dépens. « Même sans être
parano, Roy-Ret, je le calcule bien. »

MARAVER.   Démolir. « J'lui ai maravé les dents de devant. »

ZONZON.   Prison.

LE VERLAN

Le verlan est la tarte à la crème faisandée de tous ceux qui voudraient se faire passer pour des connaisseurs. (Voir chapitre 17 : comment parler faux-jeune.)

C'est qu'on ne soupçonne guère les subtilités du verlan, tel qu'il se pratique dans les cités. Le sigle des NTM par exemple, se renverse également : « Aime tes Haines ».

Il ne suffit pas de placer trois mots queue par-dessus tête pour savoir parler verlan. Reste encore à les choisir. Car tous ne se prêtent pas au verlan. Ce traitement est uniquement appliqué aux mots usités dans les situations courantes. Les meufs, les keufs pour ne citer que les classiques. En revanche, on prononcera rarement un « grégéha », tant il est rare qu'un B. Boy pousse ses études jusqu'à l'agrégation.

Le verlan a ses modes. Dernière nouveauté : des mots d'une syllabe, où l'on inverse à l'intérieur voyelles et consonnes. Exemple : « al » pour « là ». C'est avec eux que nous ouvrons le tir.

OIME.   Moi.

OUATE.   Toi. « On va chez oime ou on va chez ouate ? »

AL.   Là. « Attends-moi al. »

IQUE.   Qui. « Ce mec, c'est ique ? »

OIQUE.   Quoi. « Y veut oique ? »

UILE.   Lui. « C'est pas oime, c'est uile ! »

OUF.   Fou. Un « ouf » est un type plutôt violent.

AUCHE.   Chaud. Un « auche » est plus violent qu'un « ouf ».

REUCHE.   Cher.

REUPE.   1. père. 2. peur. « Sur la dalle d'Argenteuil, ma parole, t'aurais la reupe. »

REUME.   Mère.

À DONFE !   À fond !

ZIVA !   Vas-y ! (version courte : « zi-ave ! »).

NIMPORTENAWAQUE.   N'importe quoi.

PORTENAWAQUE.   Voir « nimportenawaque ».

KEUM.   Mec.

REMPA.   Parents. « Mes rempas sont tipar. V'nez à la zonmé. »

SACOMME.   Comme ça. « Mate le moutainbike, Farid. Faut que je m'en trouve un sacomme. »

SEULTOUT.   Tout seul, c'est-à-dire seul.

SONNEPÈRE. Personne. « J'suis allé au Forum des Halles samedi dernier, y avait sonnepère. J'étais seultout. La zone. »

REUBIAI. Bière.

TUIGRA. Gratuit (obsession de zoulou).

RÉSSOI. Soirée. « Avec uile, tu rentres tuigra dans toutes les réssois. »

REULOU. Lourd, au sens figuré (et péjoratif). « Même pas la peine de s'embrouiller avec eux : c'est trop des relous. »

REUDU. Dur.

GUEUTA. Tag.

GUÉTA. Taguer.

KEUTRU. Truc. « T'as pas un p'tit keutru à méfu ? »

PEURA. Rap.

REUSTA. Star.

CHEULOU. Louche.

CHARCLO. Clochard, c'est-à-dire pauvre type. « Dans le métro, y a un charclo qui traîne... » [MC. Solaar, *Bouge de là*].

CHANMÉ. Méchant.

CAILLERA. Racaille.

FONBOU. Bouffon.

DIBAN. Bandit.

GUEDIN. Dingue. Généralement, un « guedin » est moins « chanmé » qu'un « diban ».

GÉPLON. Plonger, c'est-à-dire se faire « serrer » par les flics. « Karim, il a géplon. J'irai le voir en zonzon. »

QUÉCRO. Croquer, c'est-à-dire prêter sa meuf à ses pincos. « Djiddo, y fait quécro ? – Non, Djiddo, c'est pas le genre à faire quécro. – Dommage... »

CHÉCA. Cacher.

CHÉCHÈRE. Chercher. « Chéca-oite : les keufs viennent te chéchère ! »

ZONRÉ. Raison. « Ouais, ziva, t'as zonré ! »

ZEURU. Ruse.

PEUGROU. Groupe.

ZEN. Nez. « Quand t'as trop bu, tu piques du zen. »

ÇA UPE. Ça pue. « Si ça upe, c'est que t'as la bouche trop près du zen. »

AWALPÉ. À poil. « Et Halima, tu l'as vue awalpé ? »

YOCS. Couilles (notez la prononciation).

YÈCHE. Chier. « Momo, viens pas me faire yèche les yocs ! »

REUNOI. Noir.

KEUBLA. Voir « Reunoi ».

REUBEU. Verlan de « beur », lui même verlan de « arabe ». Depuis que même le RPR parle des « beurs », le terme a été en partie abandonné aux faux jeunes de la politique.

SAIFRAN. Français blanc. N.B. : un Antillais n'est pas un Saifran. C'est un Reunoi de nationalité française. Nuance. « Pourquoi y a pas de keufs reubeu ? Y a que des Saifrans, des purs Saifrans... » [Joey Starr, NTM].

NOICHE. Noi-chi, c'est-à-dire Chinois.

FEUJ. Juif.

RIPA. Paris.

DRELON. Londres.

CHEUPOR. Porsche, seule marque de voiture qui connaisse les honneurs du verlan. « Mon rêve : aller à Drelon en Cheupor, et revenir avec une tonne de skeuds. »

JEURA. Rage. « J'suis rentré sur le terrain, j'avais déjà la jeura. »

VÉNÈRE. Énervé. « Lâche-moi. J'suis vénère. »

STOMBA. Baston (diminutif : stomb !). « Depuis qu'il fait de la boxe taï, Jean-Mi, il assure stomba. »

MEULA. Lame. Par extension, couteau.

DEUBAN. Bande.

PÉTA. Taper.

PÉFRA. Frapper.

SKEUD. Disque.

REUCUI. Cuir, donc blouson en cuir.

NEUTU. Thune.

KEUSSE. Sac, c'est-à-dire dizaine de francs. 10 keusses valent 100 francs.

▶ Syntaxe

Ensuite, c'est simple. Avec les mots, il suffit de faire des phrases.

Le plus sommaire possible. Dans l'imaginaire rap, le rustique tient lieu d'authentique. Question de survie.

Le teigneux LLCoolJ s'est coupé de la base en rapant sur un slow sirupeux. Les trois mastodontes de RunDMC se sont disqualifiés pour avoir cosigné un titre avec Aerosmith, groupe de hard-rock chevelu. Voilà ce qui arrive quand une « reusta » veut « fébou » à tous les râteliers.

En France, même topo du Nord au Sud (je parle des banlieues). Tout B. Boy qui s'essaie à parler comme, hem, Gonzague Saint-Bris s'exclut aussitôt du « mouvement ».

En guise de style, nous nous en tiendrons à deux règles frustes, mais spartiates. Comme l'a dit Kool Shen, des

NTM, à l'envoyé spécial de *Globe* interloqué : « C'est vrai qu'y a des keums, ils sont lèregua mortel ! »

DES PHRASES COURTES

Faire bref. Nerveux. Saccadé. Avec des redites. On s'en tape. Pas de subjonctif. Pas de formules de politesse. Ponctuer énergiquement.

« Ziva ! Prête-moi d'la neutu ! Zi-av ! 100 keusse j'les rends ! Tu les reverras ! Quand tu veux ! Y a pas d'embrouille ! Il est ouf, lui ! J'suis un homeboy comme toi ! J'suis pas d'la caillera ! Tu viens chez oime ! Tu me néco ! »

Soit douze phrases en quatre lignes. Mieux que Marguerite Duras.

▶ **Exercices**

THÈME   Voici un texte en français courant. Tirez-en un peura mortel, qui fera kifer la classe de 3ᵉ B du lycée Joseph-Staline, cité des Flocons à Brétigny-sur-Avoine.

◊ « Les gagnants du loto ont beaucoup de chance. Mais plus tard, ils deviennent très malheureux, à cause de tout cet argent. C'est mon papa qui me l'a dit. Il joue depuis dix ans, et n'a jamais gagné. Quand je serai grand, je travaillerai au loto. Comme ça, même sans gagner, j'en profiterai. »

VERSION   Voici cette fois un texte en langue rap. Traduisez-le en français courant, de manière à le rendre assimilable par un ingénieur EDF reconverti en éleveur de chèvres reconverti en pédicure rural.

◊ « Écoute, Manu. Si tu vois un brother qu'est à la fenêtre de sa barre chez ses renpas, laisse-le vivre. Chacun sa deume. Sauf si y a grosse embrouille. Si c'est lui qui reconnaît ta gueule, donne-lui du respect. Fais-lui voir que t'es un homeboy comme lui.

Si t'es pas dans ta cité, fais pas n'importenawaque. Ouvre pas ta grande gueule. Même si c'est un pinco en bas d'chez oite. Avec la casquette et le bombers, tu sais jamais si le keum qui passe, il est dans ta deuban.

Quand t'es dans ta Zup ou au centre commercial, fais jamais un doigt à un keum. Sauf si c'est d'la caillera qui veut te dépouiller. Ouais zyva ! Faut le péta pour le massacrer ! »

CORRECTION   « Reconnaissez-vous quelqu'un à une fenêtre, ne l'appelez pas, à moins d'urgence ; si vous êtes reconnu, faites un salut ou un sourire.

De même, si vous vous trouvez à une fenêtre, fût-ce à la campagne, ne criez pas de nom, ne hélez jamais un passant que vous connaissez ou croyez connaître.

Ne montrez personne du doigt, dans la rue ou dans un lieu public, hormis le gangster qui vient de vous dévaliser. »

Gisèle d'Assailly et Jean Baudry, *Le Savoir-Vivre*. Mame.

13

Comment parler comme...
les théâtreux

J'écoutais les infos à la radio. En pleine guerre du Golfe, le témoignage d'un pilote de chasse me glaça le sang : « Ces rafales, cette violence, ces souffrances qu'on devine en face ; chaque soir on a peur d'y retourner, et chaque soir, un bonheur absolu nous saisit. »

L'homme exposait en détail sa jouissance morbide lorsque je réalisai ma méprise : le sadique au micro n'était pas un militaire, mais un comédien, rongé par le trac.

Il y a de quoi.

Chaque année, plus de quatre millions de spectateurs se fusillent les méninges sur les gradins des théâtres parisiens (et le coccyx avec). On objectera que ce sont toujours les mêmes qui reviennent ; nous y reviendrons.

Paris abrite un bon millier de comédiens. Une minorité gagne sa vie au théâtre. Les autres se croisent à l'ANPE-spectacle. Ceux qui ont arrêté leur carrière en classe de seconde garnissent le public. Car pour apprécier le théâtre, il faut en avoir fait. C'est ce qui distingue l'art dramatique du PMU. Pas besoin d'être un cheval pour jouer aux courses.

Les turfistes – et les jaloux – leur ont donné un nom : théâtreux. À quoi reconnaît-on un théâtreux ? Il n'y a qu'à le leur demander. Aucun comédien ne s'avoue théâtreux. Mais tous les théâtreux se prétendent comédiens. Facile.

Rien à voir avec les acteurs, « les mauvais ». Ceux qui avaient un métier avant de bafouiller sous les sunlights.

Sandrine Bonnaire : apprentie coiffeuse. Wadeck Stanczack : barman. Béatrice Dalle : femme au foyer.

Reste « les bons », les comédiens. Eux n'ont jamais travaillé. Sinon les grands textes. La vocation ! En classe de 5e B, ils ont monté Shakespeare déguisés en travelos pour la kermesse du CES. Au dernier rang, les parents s'angoissaient : « Hamlet, c'est pas un métier. »

Non, mais c'est du boulot.

▶ **Ponctuation**

La ponctuation, c'est la respiration de la phrase.

Et les théâtreux savent respirer. Plutôt deux fois qu'une. Haaaaan ! Pfiouuuuhh ! Ils ont pris des cours pour cela. Ils ne ponctuent plus leurs phrases comme nous. La critique dit alors d'eux qu'ils sont inspirés.

C'est la fameuse « diction du comédien ». Ils décortiquent les syllabes, martèlent un mot choisi d'eux seuls, stoppent net au milieu d'une phrase, pour mieux l'achever d'un trait. Résultat : à force de se triturer la glotte, un théâtreux accompli peut rendre incompréhensibles – donc lourdes de sens – les répliques les plus creuses.

Ainsi, lorsqu'il vocifère :

« *Chez Kas-Toyah,*

tousse-qui ?

Faux !

Outillés,

matez Rio ! »

Traduisez :

« *Chez Casto*
y a tout ce qu'il faut,
Outils et matériaux » (air connu).

Moralité : un grand comédien ne fait pas de publicité.

▶ Vocabulaire

« Fabuleux, splendide, prodigieux ! » Les théâtreux pratiquent l'emphase comme une seconde langue. C'est ça qui est merveilleux...

COMÉDIEN.   Acteur (prononcer khômédien, en insistant sur la première syllabe). « Je suis khômédien, moi, môssieur ! »

ACTEUR.   Star du porno, ou de certains films de Francis Girod. « Je hais les acteurs. »

MONSIEUR.   Un comédien. « Je vous présente ! Monsieur ! Michel ! Galabru ! »

MADAME.   Une comédienne. « Je vous demande ! d'applaudir ! Madame ! Suzanne ! Flon ! »

GRAND MONSIEUR.   Bon comédien.

GRANDE DAME.   Bonne comédienne.

MERVEILLEUX.   Adjectif théâtreux par excellence. Le monde merveilleux des saltimbanques, un rôle merveilleux. « On a passé trois heures merveilleuses, assis sur du gravier en plein soleil ! »

FABULEUX.   Bien, mais popu. « Nous sommes descendus en Avignon avec la 4L, sut les départementales, c'était fabuleux ! »

FA-BU-LEUX.   Bien, mais intello. « On a vu un spectacle de marionnettes iraniennes, cinq heures et demie rien qu'en persan, c'était fa-bu-leux ! »

TRÈS BEAU. Beau. Méfiance : les théâtreux rajoutent toujours un « très » de trop.

TRÈS TRÈS BEAU. Très beau.

EXTRAORDINAIRE. Qui ne sort pas forcément de l'ordinaire. « Sophie Marceau et Lambert Wilson au Théâtre de l'Œuvre : une rencontre extraordinaire » (tant pis s'ils se connaissent depuis *La Boum*).

TRIOMPHE. Succès.

SUCCÈS. Demi-succès.

CHOSE MAGNIFIQUE. Pièce de théâtre. « Sur FR3, juste avant la série érotique, j'ai vu des choses magnifiques. »

BOULEVARD. Mauvais théâtre. « Il ne faut pas confondre le boulevard des Filles-du-Calvaire, avec le calvaire des filles du boulevard » [Aragon].

OUBLIER. Verbe irréalisable. « Un grand texte ne s'oublie jamais », « Je ne voudrais oublier personne », etc.

GRAND TEXTE. Très bonne pièce. « Pour entrer au Conservatoire, il faut d'abord travailler les grand textes. »

PETIT TEXTE. 50 pages maximum.

CADEAU. Bonne occasion. « C'est un cadeau de travailler avec lui » [une jeune comédienne à propos d'Armand Gatti].

DIMENSION. Talent. « Dans cette adaptation de *Tristan et Yseult*, on est frappé par la dimension du personnage du nain... »

BEAU. Contraire de vieux. « Les comédiens exercent le plus beau métier du monde » [Raymond Devos].

NU. Vierge. « Des espaces libres, des espaces nus, où tout peut s'inscrire » [Claude Régy].

VIERGE. Nu. « Sur scène, la comédienne reste vierge de toute étoffe » [France Culture].

VIDE. Sorte de poussière propre. « Une pièce part du vide et retourne au vide » [Catherine Diverres, chorégraphe].

MAGIE. Concept passe-partout dont le théâtreux a toujours besoin. « J'ai besoin qu'il y ait une dimension, une magie » [Virginie Billetdoux].

MAGIQUE. Relatif au théâtre. Tout est magique, même respirer. « Toutes les fois où je suis venue jouer ici, je me suis mise à vibrer et à respirer : c'était magique » [Mado Maurin, comédienne].

LIEU. Sorte d'espace, en plus flou. « Le lieu d'un trop-plein d'émotion individuelle et collective résolument opposé au nivellement glacé des idéologies de consensus » [Stéphane Braunschweig].

LIEU MAGIQUE. Lieu ; car tous les lieux sont magiques chez les théâtreux. « C'est un lieu magique, de l'autre côté du Rhône » [José Arthur].

ENDROIT. Lieu pas magique. « La station Esso est le seul endroit où on peut trouver des Tampax en pleine nuit. »

ESPACE. Sorte de lieu, en moins net. Le Théâtre du Radeau travaille « dans l'espace, toujours mouvant, de l'atelier ». Le Belge Jacques Delcuvellerie réclame, lui, « un espace d'expérience, complètement hors champ de la production ».

ESPACE VIDE (nom propre). Livre écrit à l'encre avec des pages pleines de mots, signé Peter Brook. Une référence.

COMME ÇA.   Ornement signalant à votre interlocuteur votre appartenance au clan théâtreux. « Tu vois, y a une espèce de côté comme ça, un peu extraordinaire » [Pascale Pouzadoux]. N.B. : « C'est un homme, comme ça, qui décide de tout plaquer », ne signifie ni qu'un personnage « comme ça », c'est-à-dire d'un type particulier, décide de tout plaquer. Ni qu'il décide de tout plaquer « comme ça », c'est-à-dire d'une manière particulière.

DÉRANGEANT.   Critère qui ne dérange personne, puisque c'est ce que les théâtreux souhaitent à chaque spectacle. « C'est fort dérangeant. Jouée rapidement, dans l'urgence, la pièce devient comme un précipité sulfureux et déchirant. » [*Le Quotidien de Paris*, à propos de *Mademoiselle Julie* à l'Athénée].

URGENCE.   Concept mollasson couronnant les mises en scène torturées (dialogues qui se chevauchent, éclairages stroboscopiques, bande-son baba-punk, etc.). N.B. : il n'est pas rare qu'une pièce jouée « dans l'urgence » démarre avec vingt minutes de retard.

N'ÉPARGNER PERSONNE.   Essayer de faire rire sur le dos des autres. Tous les comiques « n'épargnent personne » par définition. « Les trois Jeanne n'épargnent personne. Et surtout pas elles-mêmes. » Hélas !

DÉCENTRALISATION.   Province-banlieue. « À la limite, je préfère presque la décentralisation... »

HORS DU QUOTIDIEN.   Mardi, mercredi, jeudi, vendredi, samedi, matinée le dimanche, relâche le lundi. « *Dialogues froissés* au Théâtre de la Pluie qui Suinte : un spectacle hors du quotidien. »

LA TECHNIQUE

La valise de la chanteuse portugaise est en carton. Mais le comédien emporte partout avec lui son « bagage technique ». Il lui est indispensable pour faire face aux « tempêtes d'émotions que suscite chaque nouveau rôle ». Alors il puise dans ses limites, et repousses ses réserves. Ou l'inverse.

Le théâtre exige des techniques de survie que les manuels les plus extrêmes n'enseignent pas. Avez-vous déjà tenté d'approcher un verbe ? Personnellement, je ne m'y risquerais pas. Rien ne se laisse moins volontiers apprivoiser.

INTÉRIORISER. Dissimuler ce qu'on ressent. « Bernard intériorise un max » [Brétécher (assise un rang devant)].

NON-DIT. Sous-entendu, voire ratage. « Faire jouer Tchekhov par des sourds-muets accentue encore le non-dit. »

À L'INTÉRIEUR. Moi.

DEHORS. Les autres. « Cette peur de mettre dehors ce que tu as éprouvé à l'intérieur » [Philippe Morier-Genoud, comédien].

SENTIR. Ressentir, transpirer. « Je sens ma vie très fort » [Josiane Stoléru, comédienne].

FRAGILITÉ. Force. « Le plus important, c'est d'être fragile. C'est ça qui m'a rendue plus forte » [comédienne, sur France Culture].

APPROCHE DU VERBE. Éloignement du texte.

TRAVAIL SUR LA LANGUE. Pain sur la planche (et non pas favoritisme à l'embauche).

POSER. Contraire de casser. « En ce moment, j'apprends à poser ma voix, tu vois. »

VERFREMDUNG. Distanciation (mot allemand, facile à articuler pour un comédien).

DISTANCIATION. Demi-mesure ; technique de jeu où l'acteur ne s'identifie jamais totalement au personnage qu'il interprète.

DISTANCIÉ. Mou du genou. Un jeu distancié. « La violence du désir est représentable, mais un désir sans nom, distancié » [Catherine Diverres].

DISTANCE AU RÔLE. Fossé infranchissable.

PRISE DE CONSCIENCE. Effet supposé de la distanciation dans l'esprit des spectateurs (du moins ceux qui sont restés jusqu'à la fin).

MONTRER. Jouer pas naturel, quitte à agacer ceux qui ont payé leur place. « Montrez que vous montrez » [Bertolt Brecht].

BRECHTIEN. Avec complication. « Planchon s'est souvent « brechtiennement » contredit » [revue *Acteurs/Auteurs*].

CATHARSIS. En théorie, purgation des émotions. En pratique, aucune traduction satisfaisante à ce jour.

ENGAGEMENT. Désintérêt voilé du public. « Le public ne doit s'engager qu'à demi dans le spectacle » [Brecht].

DÉNONCER. Cafter, sans que ce soit mal. « Ce très beau texte de Thomas Bernhardt dénonce la pratique de la délation. »

ACCOUCHER. Faire ressentir, même pour un homme. « L'auteur doit accoucher cette conscience en dénonçant son rôle, non en l'incarnant » [Roland Barthes].

LA PROBLÉMATIQUE DU SUCCÈS

À l'heure où le plus désintéressé des écrivains vise des tirages à la Sulitzer, les théâtreux restent les derniers créateurs à mépriser ouvertement le succès (tout en regrettant la baisse du taux de fréquentation).

L'échec « leur pose problème ». Mais la réussite « leur pose problème » également. Peut-être davantage...

SPECTACLE. Expression ponctuelle d'une morale continue. « Un spectacle n'est pas une performance mais l'expression ponctuelle d'une morale continue » [Christian Schiaretti interrogé par *Alternatives théâtrales*].

SALLE PLEINE. Alibi à dénoncer. « Le public devient une cible, un alibi (salle pleine) » [*Libération*].

NON-RENTABILITÉ. Objectif visé. « Je crois au principe d'exagération, à l'utopie, à la non-rentabilité » [Claude Régy, professeur au Conservatoire].

RADICALITÉ. Volonté de tourner le dos au succès. « Le succès, quand il survient, les conforte dans leur radicalité » [*Libération*].

PROGRAMMATION. Choix des pièces sans tenir compte du choix du public. « Ma force, c'est que je me fais ma propre programmation. Si personne n'aime, ce n'est pas grave si moi j'aime » [Monique Dupont, productrice].

TOUT EST DIFFÉRENT

« *C'est différent : c'est pas pareil.* » *Rien mieux que la publi-cité Balisto ne saurait qualifier l'univers des théâtreux. La preuve : il ne se ressemble même pas lui-même.*

DIFFÉRENT. Identique, au mot près. « Tous les soirs, c'est une pièce différente que nous jouons devant les specta-teurs » [Pierre Arditi].

IMPROVISER. Respecter scrupuleusement le texte. « J'improvise beaucoup à l'intérieur du rôle en respectant scrupuleusement le texte » [Christian Clavier].

ATYPIQUE. Différent, comme tout le monde.

EN MARGE. Atypique.

AUTRE CHOSE. Ce que tout le monde veut faire, mais « différemment ».

VASE CLOS. Milieu très fermé à l'intérieur du milieu théâtral, déjà fermé.

AUTARCIE. Vase clos. N. B. : chaque créateur se prétend invariablement « à l'écart » du système. La presse, que l'audace ravit, en déduit de subtiles âneries. À propos de jeunes compagnies, *Libération* se félicite qu'elles tra-vaillent « en *autarcie* par rapport à ce vaste système institutionnel qui, au demeurant, fonctionne *en vase clos* » (c'est moi qui souligne).

COMMENT CRITIQUER

L'art est difficile ; surtout le théâtre. La critique est facile ; sauf au théâtre. Où tout se complique.

CHARMANTE. Insipide. N.B. : l'emphase régissant le milieu théâtreux, l'emploi d'un adjectif « ordinaire » dénote une volonté de nuire. « Sabine Paturel est charmante dans *Le Barbier de Séville*. »

JEUNE. Bourré de défauts. « Bernard est encore jeune. »

TRÈS JEUNE. Immature, pas fait pour ce métier. « Je suis en scène avec Arpagon très jeune. » N.B. : un comédien très jeune peut frôler la quarantaine et se dégarnir sur le dessus du crâne.

JEUNE METTEUR EN SCÈNE HYPERDOUÉ. Débutant prétentieux.

TECHNIQUE. Sans reproche, mais froid. « À la limite, Jouvet était trop technique. »

EN DESSOUS. Moins bon que d'habitude. « Mardi soir, Brialy a été en dessous. » Corollaire : « au-dessus » signifie meilleur qu'à l'accoutumée.

ACTEUR-PUTE, ACTRICE-PUTE. Chez qui tout réside dans l'apparence, et qui en fait des tonnes. « Elle a un jeu très pute. »

INTELLECTUEL DÉCALÉ. Bon acteur discret.

COMÉDIENNE INSTINCTIVE. Pas de qualités spéciales, et une technique balbutiante.

QUI NE DEMANDE QU'À...   Qui ferait bien de... Comme Sophie Marceau, jugée par Francis Huster : « C'est une fille franche, fidèle, droite qui ne demande qu'à progresser... »

FÉLIN.   Chétif, mais puissant. « Le félin Fabrice Lucchini » [Europe 1].

ÉLÉPHANT.   Gros, mais nul. « L'éléphant Michel Galabru » [*Idem*].

MARSEILLAIS.   Ringard. « C'est l'histoire de Dracula, mais par une compagnie marseillaise » [Compte rendu d'Avignon par France Inter].

PLAQUER.   Jouer faux.

FABRIQUER.   Surjouer, et mal. « Cet Arpagon, qu'est-ce qu'il fabrique ? – Il fabrique, justement. »

INDIVIDUEL.   Collectif, et non pas personnel. « Le théâtre est une affaire personnelle, pas individuelle » [Marc François, metteur en scène].

LE JARGON THÉÂTREUX

La place nous manque pour dresser un glossaire exhaustif du jargon interne, tel que le pratiquent les théâtreux lâchés entre eux. D'autant que chaque troupe, chaque école, chaque obédience génère son propre patois.

Néanmoins, voici des locutions universellement pratiquées (par plus de dix personnes), qui feront illusion dans les dîners spécialisés.

CENTRÉ. Concentré. « Desarthe est très centré, ce soir », « Centre-toi un peu ! »

LARGE. Acteur généreux, qui donne beaucoup.

PROCHE DE LUI. Sincère, pour un acteur.

À CÔTÉ. Pas sincère.

INSTRUMENT. Moi-même, en tant que « comédien ». « Mon instrument va bien » : je me sens bien ce soir.

ACTEUR. Instrument. « Mon acteur est en grande forme. »

SUPER-OBJECTIF (ou SO). But du personnage, à chaque instant de la pièce, selon l'enseignement du grand maître Stanislavski. « Quand Scapin sort du placard, quel est son super-objectif ? »

PASSÉ IMMÉDIAT. Scène précédente.

FUTUR PROCHE. Scène suivante, voire réplique suivante.

SOUTENIR. Articuler. « Soutiens tes finales ! »

ÉLARGIR. Jouer plus généreusement.

MONTER. S'avancer au-devant de la scène. « Monte, cocotte, sinon on ne te voit pas ! »

DESCENDRE. Redescendre dans le fond de la scène.

PROJETER. Parler fort.

ŒIL EXTÉRIEUR. Personne de l'entourage qui aide le comédien à travailler. « T'as un œil extérieur ? »

RÊVER.　Réfléchir. « Relis Nerval pour la prochaine répétition. Tu vas rêver là-dessus. »

LE CONSSE.　Le Conservatoire national d'art dramatique. « D'après Huster, y a que des cons au consse ! »

LE FRANÇAIS.　La Comédie-Française.

METTEUR.　Metteur en scène. « Franchement, Martine, je n'ai aucune intention de coucher avec le metteur. »

METTEUSE.　Metteur en scène, quand c'est une femme. N.B. : on emploiera également « assistant metteur » et « assistante metteuse ».

SE MASTURBER.　Sur scène, transformer sa réplique en monologue, déclamé face au public. « La metteuse nous interdit de nous masturber. »

ABRÉGÉ DES GRANDS TEXTES

Un théâtreux pur race n'a pas de temps à perdre avec les titres de pièces que tous ses congénères connaissent. Abrégeons donc.

EN AULIDE.　*Iphigénie en Aulide* [Racine].

LE MALADE.　*Le Malade imaginaire* [Molière].

LE MÉDECIN.　*Le Médecin malgré lui* [Molière].

LE SONGE.　*Le Songe d'une nuit d'été* [Shakespeare].

BADINE.　*On ne badine pas avec l'amour* [Musset].

CAMILLE PERDICAN.　« Badine », dont elle est un personnage clé. « Je n'ai aucune envie de me faire Camille Perdican à l'Odéon. »

ARMANDE-HENRIETTE. Deux personnages des *Femmes savantes* [Molière]. Par extension, la pièce elle-même.

NINA-TREPLEV. Deux personnages de *La Mouette* [Tchekhov]. *La Mouette*, donc.

▶ **Syntaxe**

Quand la langue s'emmêle, l'esprit s'endort [proverbe hindou].

La syntaxe des théâtreux ressemble au français, en plus compliqué. On observe chez eux plusieurs niveaux de langage, comme une hiérarchie de la sophistication qui s'élèverait depuis le comédien jusqu'au journaliste, en passant par le metteur en scène.

Plèbe de l'élite, le théâtreux-comédien se contentera de mettre quelques phrases cul par-dessus tête, chaque fois que cela ne s'impose pas.

« Lorsqu'y souffle le vent, monte en moi comme une gratitude d'amour. À la messe, je vais quotidiennement » [Mado Maurin].

Neptune du syntagme, pourfendeur de la facilité, le théâtreux-journaliste embrouillera l'affaire jusqu'à plus soif. D'innombrables artifices se bousculent sous sa plume : surconsommation de « guillemets » – et de tirets –, phrases à tiroirs. Parfois sans verbe. Substantivation, inflation de prépositions, de propositions subordonnées, non-respect de la concordance des temps, etc.

« Problème : habité de parole et dépositaire de l'oracle, Mesguish, ex-enfant terrible et toujours surdoué du théâtre, met dans son éloge une conviction qui ne souffre jamais la distance. Ce n'est pas son propos qui gêne –

l'éloge du « pli », du porte-à-faux, du théâtre comme art du jamais fini – mais le carcan de systématisation – et d'autosatisfaction – dont il se blinde. Comme si l'impertinence ne pouvait décidément survivre à l'amour de soi. »

Jean-Pierre Thibaudat, *Libération*.

▶ STYLE

Au théâtre plus qu'ailleurs, les affres de la création torturent leurs auteurs (page blanche, alcoolisme mondain, suicides manqués, etc.). Dès lors qu'on possède le vocabulaire et la syntaxe, il ne suffit pas de savoir *comment* écrire, pour savoir *quoi* écrire.

Vous ne pouvez pas vous tromper : un « grand texte » traite invariablement de l'échec, du malheur, de la souffrance ou de la mort ; bref, de tout ce que l'existence compte d'inhumain.

Beaucoup l'ignorent : les bons sujets de pièce abondent dans le dictionnaire. À condition de l'ouvrir au bon endroit. Car les « thèmes nobles », c'est-à-dire les plus sinistres, débutent par « in- », préfixe négatif par excellence. Dans le Petit Robert, choisissez-les entre les pages 868 et 933.

Le regard torve, les tempes parcheminées, confessez à vos amis que vous préparez une pièce sur...

l'inacceptable	l'inanimé
l'inaccessible	l'inaperçu
l'inaccoutumé	l'inaptitude
l'inachevé	l'inarticulé
l'inaction	l'inassouvi
l'inadaptation	l'inattention
l'inadmissible	l'inaudible
l'inamical	l'inavouable
l'inanalysable	l'incapacité

l'incertain
l'inclassable
l'incohérence
l'incommunicabilité
l'incompatibilité
l'incompétence
l'incompréhension
l'inconcevable
l'inconciliable
l'inconfort
l'inconnu
l'inconscient
l'inconséquence
l'incontrôlable
l'inconvenance
l'incorrection
l'incrédulité
l'incurable
l'indécence
l'indécision
l'indéfendable
l'indéfinissable
l'indéchiffrable
(éviter l'indéfrisable)
l'indésirable
l'indéterminé
l'indifférence
l'indigeste
l'indignité
l'indiscipline
l'indiscrétion
l'indisponible
l'indisposition
l'ineffaçable
l'inégalité

l'inéquitable
l'inexactitude
l'inexcusable
l'inexistant
l'inexpérience
l'inexpiable
l'inexplicable
l'infamie
l'infécondité
l'infidélité
l'infortune
l'infranchissable
l'ingratitude
l'inhabité
l'inhibition
l'inhumain
l'inimitié
l'inintelligence
l'injustice
l'innommable
l'inorganisé
l'inquiétude
l'insaisissable
l'insalubre
l'insanité
l'insatisfaction
l'insensé
l'insensibilité
l'insignifiant
l'insolence
l'insouciance
l'insoumission
l'insoutenable
l'insubordination
l'insuffisance

l'insupportable
l'insurmontable
l'intemporel
l'intenable
l'intolérance

l'intransigeance
l'introuvable
l'inutilité
l'invisible
l'invivable

Si vous ne trouvez pas votre malheur ci-dessus, il vous reste de nombreux supplices à endurer. En effet, par une bizarrerie orthographique dont notre langue a le secret, on place un « m » devant les consonnes « b », « m » et « p ».

Toujours par ordre alphabétique, entre les pages 868 et 880, voici de sinistres et passionnants thèmes de secours :

l'imbuvable
l'immangeable
l'immanquable
l'immatériel
l'immaturité
l'immérité
l'immobilité
l'immodestie
l'immonde
l'immoral
l'immuable
l'impardonnable
l'impatience
l'impénétrabilité
l'imperceptible
l'impersonnel

l'impertinence
l'impie
l'impolitesse
l'impopularité
l'impossibilité
l'imprécision
l'imprévisible
l'imprévu
l'improbable
l'impropre
l'improuvable
l'imprudence
l'impudeur
l'impuissance
l'impureté
l'imputrescible

Les pages 867 et 868 réservent aux grincheux huit lots de consolation, en « ill- ». Avertissez vos proches que votre œuvre traitera finalement de...

l'illégalité
l'illégitime

l'illettrisme
l'illicite

l'illimité   l'illogique
l'illisible   l'illusoire

Si vous avez le dépit de croire que depuis Sophocle,
tous les sujets ont déjà été (mal) traités, panachez !
Consacrez-vous à l'impénétrabilité de l'indicible. Ou
l'inverse.

Attention toutefois à ne pas tout mélanger. Le drama-
turge doit maîtriser son texte sur l'incapacité. Et non le
contraire : foirer une ode à la réussite.

De la même façon, le spectateur exige de comprendre
la pièce sur l'incompréhension. Et on le comprend...

▶ **EXERCICES**

THÈME Voici un texte en français courant. Traduisez-le
en « théâtreux » afin qu'il résonne quelque part dans la
tête de la petite amie de l'assistant-décorateur du *Théâtre
du Point Aveugle* (Marseille), sorte d'intellectuelle décalée
qui ne demande qu'à progresser (elle suit des cours à
L'Atelier de l'Eau qui Pionce). Pour l'instant, elle bosse chez
Pomme de Pain, mais elle ne compte pas vendre des sand-
wiches toute sa vie, c'est pour ça qu'elle sort avec ce mec,
d'ailleurs, mais je m'égare...

◊ « Il sont nuls, mes parents. Nuls ! Mon père, il comprend
pas ma mère. Ma mère, elle comprend rien. Même "Au
théâtre ce soir", elle comprend pas. Elle dit qu'il y a trop
de personnages. Toi, au moins, tu me comprends. Mais
pourquoi t'éteins la lumière ? »

VERSION Voici cette fois un texte en « théâtreux ».
Traduisez-le en français courant, de manière à le rendre
assimilable par un grossiste en mercerie à la recherche de
contacts dans le Haut-Jura.

◊ « Rien que votre instrument – votre acteur seul –, pour occuper l'espace nu, où tout peut s'inscrire.

Intériorisez votre malaise. "Dehors" chassez ce qui "dedans" serre.
Centrez-vous sur votre super-objectif. Travaillez dans l'urgence votre approche du verbe. Ne craignez pas de vous masturber, à bonne distance.
Pensez "Verfremdung", mais jouez large. Posez, accouchez, soutenez.
Du rire comme catharsis. C'est l'instant magique : l'engagement du public. Un triomphe. »

CORRECTION « Soyez seul, dans la mesure du possible, dans la pièce où vous téléphonez. Tout s'entend au téléphone.
Décontractez-vous.
Concentrez-vous sur votre travail.
Parlez lentement et distinctement dans l'écouteur. À 3 centimètres environ, pas à côté.
Parlez ni trop fort, ni trop bas, d'une voix ferme et assurée.
Souriez, l'interlocuteur écoute votre sourire. »

Sophie de Menthon, *Mieux utiliser le téléphone*.
Les Éditions d'organisation.

14

Comment parler comme des époux adultères

« Le guide de l'adultère », « Je l'aime, mais je le trompe », « J'ai trois amants », « Sa maîtresse est une copine », « Avez-vous les moyens de le tromper ? », « Mon amant est son meilleur ami ».

Ces titres de magazines féminins ne trompent pas. Rien de crucial comme l'adultère. Après la rencontre des tourtereaux puis la naissance des enfants, c'est le point d'orgue de la vie de couple, l'épreuve rituelle. Seuls les cocus l'ignorent !

L'adultère se pratique par amour ou par ennui, par vengeance parfois, mais toujours avec envie. Souvent avec assiduité. Les enquêtes les plus sérieuses estiment à 70 % les Français – et les Françaises – qui ont au moins une fois dans leur vie succombé au charme semi-horizontal de la « sieste garnie » ; certains pas plus tard qu'hier.

Impunément ou avec fracas. À une époque où le divorce gangrène deux mariages sur trois, près de 40 % des ruptures sont consécutives à un adultère (les statistiques ne dénoncent pas le fautif). Les optimistes en déduiront que dans 60 % des cas, le cocuage est sans conséquence.

Notre propos ne prétend ni le justifier, ni le combattre. L'adultère existe ; il faudra bien vous y faire. Plutôt deux fois qu'une.

D'abord si vous nourrissez des doutes sur la fidélité de celui ou celle qui partage votre lit.

Ensuite si vous pratiquez vous-même les parenthèses crapuleuses, ou si vous le projetez. Il importe de sauter l'obstacle (si j'ose dire) avec discrétion et doigté. Sans trop y laisser de plumes, ni traumatiser le (ou la) légitime.

Car on y revient. Selon une experte du mensuel *Cosmopolitan* (pléonasme), on compte huit à dix tromperies pour une séparation. Alors prenez votre souffle.

▶ Vocabulaire et syntaxe

Au début, cela déroute les novices : la langue de l'adultère ressemble à s'y méprendre à la langue française. Même vocabulaire, même syntaxe, mais pas le même sens.

C'est même pire : il n'y a parfois aucun rapport entre les mots et la réalité qu'ils recouvrent. Les plus aguerris se rappellent la Résistance. Quand un insipide message de Radio-Londres, « les brebis jaunes aiment les orties », annonçait une attaque sanglante contre la Kommandantur. On ne se méfie jamais assez.

480 francs Blanchisserie : 480 francs Hôtel Ibis Dijon. N.B. : ne jamais rien écrire de compromettant sur les talons de chéquier.

J'ai mal à la gorge, je garde mon foulard pour dormir : j'ai un suçon dans le cou mais je ne veux pas que tu le voies. N.B. : ne pas oublier de se badigeonner de Vicks pour faire vrai.

Depuis le temps, tu pourrais changer de parfum : ton (ta) rival (e) en porte un autre. L'idéal serait que vous ayez le même.

J'ai le sommeil très lourd : je rentre à l'aube quand tu ne dors pas là. (D'où tes coups de téléphone dans le vide).

Il faut qu'on prenne du temps pour soi : barre-toi seul en vacances. Moi je reste à Paris.

Je me sens en crise : je te défends de me poser des questions.

Vous avez compris ; ces séduisantes tournures n'ont qu'un but : masquer la vérité. Toujours le même but, mais pas toujours la même vérité. C'est ce que nous allons détailler. Variations sur un lit de faux-semblants.

▶ Les signes avant-coureurs

À l'instar du vaudeville et de la pause café, le parfait adultère respecte la chronologie. Il y a *avant*, *pendant*, et *après*. Son fourbe jargon en fait de même. En toute logique, cela commence par les signes avant-coureurs ; ces messages faussement anodins que l'inconscient délivre, avant d'aller courir, justement. Tous ont la même et unique traduction : « J'ai quelqu'un en vue. »

POUR ELLE

Madame, mademoiselle, attendez-vous à voir les cornes vous pousser s'il vous annonce :

— *Tu sais pas la dernière ? Je viens de retrouver Jean-Luc, mon vieux pote de régiment, je l'avais perdu de vue depuis dix ans !* (C'est fou ce qu'il se découvre comme copains, ces derniers temps...)

— *Arrête de te maquiller comme ça, ça te file des boutons.*

— *Ne t'inquiète pas. Tu ne te trouves peut-être pas belle, mais tu me plais comme tu es.*

— *Ah bon ? tu ne trouves pas qu'Anne-Sophie est incroyablement bien roulée ? Elle au moins, elle fait du sport...*

— *À mon âge, c'est le moment de faire des abdominaux.*

— *Mon pote Jean-Bernard est hilarant ! Je te le présenterais volontiers, mais il ne parle que de politique et de football.*

— Avec l'Europe de 92, les nouvelles réunions de stratégie vont finir de plus en plus tard.

— Tu vas rire : j'ai perdu mon alliance dans le métro.

— Je vais me mettre aux caleçons. Il paraît que les jeunes n'aiment pas les slips.

— J'ai décidé de me faire teindre les cheveux avant de tourner poivre et sel.

— Chez Pascale et Daniel, c'est Beyrouth. Remarque, aucun couple n'est à l'abri d'une passe difficile...

— Qu'est-ce qu'il a ton bœuf gros sel ? Il était meilleur avant.

— C'était quel jour, au fait, ton anniversaire ?

POUR LUI

Monsieur, tracez une croix sur votre orgueil de mâle, si elle vous annonce :

— Tu sais pas la dernière ? Je viens de retrouver Cécile, ma meilleure amie de collège, je l'avais perdue de vue depuis dix ans ! (C'est fou ce qu'elle se découvre comme copines, ces derniers temps...)

— Au fond, tu es un type très calme.

— Tu as mauvaise mine. Tu devrais changer d'air ! (Alors que vous ne vous êtes jamais senti en si bonne forme.)

— Mon amie Cécile est géniale ! Mais je n'ose pas te la présenter, tu serais capable de la draguer.

— Ah bon ? tu n'aimes pas mon copain Christian ? Lui au moins, il a des choses à raconter...

— Au magasin c'est la mine de sel : il faut quasiment refaire l'inventaire chaque soir après la fermeture à cause des vols !

— J'ai découvert une crème de nuit extraordinaire. D'accord, c'est un peu gluant pour la nuit : mais quel résultat la journée ! (Avec cette purée sur la figure, pas de risque qu'il vous embrasse.)

— Pourquoi n'aurait-on pas chacun sa ligne de téléphone ?

— *Comment ça ? je monopolise la salle de bains ? Je me prépare, c'est tout.*

— *Tu devrais faire du sport. Le mec de Cécile en fait. Et il est charmant.*

— *Je viens de me rendre compte que c'est important, pour une femme, de porter de la belle lingerie.*

— *Tu vas hurler : j'ai laissé tomber mon alliance dans les toilettes en faisant le ménage.*

— *Ça me gratte dans le haut des cuisses : je fais une allergie aux collants. Dorénavant, je ne mettrai plus que des porte-jarretelles.*

— *Je ne peux tout de même pas aller chez le dentiste habillée comme une concierge !*

— *Tu ne trouves pas étrange que nous ne parlions jamais de sexe ?*

▶ ## La découverte

Cette fois, c'est fait. Votre régulier(e) vous trompe. Bien sûr, il (elle) ne va pas vous le claironner de but en blanc. Mais rien n'est plus comme avant.

Dans adultère, il y a adulte. C'est pourquoi, homme ou femme, nous vous considérons en droit d'apprendre la tragique vérité.

Donc, vous êtes cocu(e), si l'autre vous annonce :

— *Ce n'est pas par plaisir que je travaille tant, tu t'en doutes.*

— *Après deux jours de colloque sur l'anesthésie, je n'ai qu'une envie : dormir.*

— *Cent francs l'heure sup' : on se console comme on peut.*

— *Je ne sais pas ce que j'ai soudain, je pète le feu.*

— *Incroyable, ça fait deux fois que le chat me griffe derrière la nuque ! Va falloir le piquer.*

— *Ce bleu-là ? C'est rien : je me suis cogné (e) à l'étagère.*

— *C'est insensé, quand je sors du bureau, j'ai envie de rire, de danser, de... hem.*

— *Pourquoi n'essaierait-on pas l'un sous l'autre dans l'escalier de la cave ?* (ou toute autre cochonnerie jamais encore testée).

    – Au fond, tu es un bon père (ou une bonne mère)...

    – C'est bien ce qui nous arrive l'un pour l'autre.

    – Entre nous, il y a plus que de l'amour.

    – Toute notre vie, j'aimerais que nous restions bons amis.

    – Au quotidien, j'ai besoin de souffler un peu.

    – Faut qu'on réfléchisse à notre couple. (Argument exclusivement féminin, l'enquête démontre que les mâles se passent très bien de réfléchir.)

    – Faudrait qu'on s'habitue à prendre nos distances. On ne sait jamais, l'un de nous peut mourir avant l'autre.

▶ Quand on n'a plus envie...

    Jour après jour, des déserts d'incompréhension s'ouvrent sous vos pantoufles conjugales. Surtout la nuit, d'ailleurs. Le plus aride : cet incommensurable déficit libidinal avec le (ou la) régulier(e).

    Quelle que soit votre situation maritale (mariage, divorce manqué, concubinage, partouzes grecques), apprenez par cœur la liste qui suit. Les excuses les plus plates – donc les plus efficaces – en cas de panne sèche.

    – Encore ! ? !

    – Ça y est, ça te reprend !

    – C'est pas ça qui va me réveiller !

    – Bon sang, c'est de famille !

    – Y' a pas urgence !

    – Si tu crois que c'est drôle tous les jours !

    – Pense un peu à moi !

    – Si tu voyais ta tête !

    – Y' a d'abord la vaisselle à faire !

    – Pas le matin, tu le sais bien !

    – Si ta mère te voyait...

    – D'accord, mais deux minutes !

    – Doucement, j'ai des caries !

– *Déjà le mois dernier, c'était nul !*
– *Franchement, tu bois trop de café !*
– *Qu'est-ce qui t'arrive ? c'est le printemps ?*
– *T'as vu un porno hier soir ?*
– *Je te préviens, c'est pas la grande forme !*
– *Pourquoi pas un squash tant qu'on y est ?*
– *T'as pensé aux impôts ?*
– *T'as pensé aux voisins ?*
– *C'est tes hormones qui se détraquent ?*
– *Monte le son de la télé, alors !*
– *N'insiste pas. Il y a des signes qui ne trompent pas...*

▶ L'art du mensonge

Cinq heures du matin. Désespérément seul dans son lit à deux places, le mari inquiet attend le retour de son épouse pour s'endormir. Un rai de lumière sous la porte : il se précipite dans la cage d'escalier. Madame gravit lentement les marches, escarpins à la main, le regard encore tiède. Explication : « J'étais avec Sandra. On a fumé du shit toute la nuit. – Ah, ma chérie, tu me rassures... »

La langue de l'adultère ne s'embarrasse pas de fioritures. Pas d'euphémismes, de litotes, et autres périphrases baveuses. Les habitués recommandent l'emphase : plus c'est gros, plus ça marche. Telle la doctrine séculaire de l'Église catholique : *Credo quia absurdum*, j'y crois parce que c'est absurde.

Bien sûr, il y a l'argument du surcroît de travail. Certaines professions jouissent là de privilèges inestimables. Un reporter ou un camionneur justifieront plus facilement leurs absences qu'un chef comptable : on ne subit pas un contrôle fiscal tous les trois jours. Et le Code du travail limite le travail de nuit et les heures supplémentaires.

Reste qu'un alibi, ça se prépare. Mieux vaut prévenir

que guérir. L'adultère profère alors des chapelets de banalités incongrues. À l'entendre, on dirait que c'est faux, et néanmoins, on dirait que c'est vrai. Voici comment les parjures pornocrates anticipent sur leurs futures absences.

MENSONGES POUR ELLE

Pour s'absenter une heure :
Je vais essayer de trouver un magasin qui vend du yaourt bio sans sucre enrichi à la vitamine B12 (ou tout autre modèle qui n'existe pas).

Pour l'après-midi :
Un thé avec les anciennes de Sainte-Barbe.
Un entretien de pré-embauche à l'agence VTF-BLC.
Rendez-vous chez : la gynéco,
                     le dentiste,
                     l'homéopathe,
                     le pédicure,
                     l'ophtalmo,
                     l'institutrice des enfants,
                     l'acupuncteur,
                     le psychologue,
                     le kiné,
                     la conseillère conjugale *(si !),*
Tout sauf le coiffeur, à moins de revenir frisée...

Pour la journée :
Des soldes monstres aux Galeries Lafayette.
Une séance totale d'épilation, des sourcils aux orteils (aucun homme ne soupçonne la durée réelle de la torture).

Pour une soirée :
Le cinéma. Mais pas le théâtre. Annoncer un film déjà

vu, pour être capable de le raconter.

Oncle Hubert est de passage à Paris (ou Lyon, ou Vesoul, ou Montredon-Labessonnié).

Alexandra est en larmes. Elle vient encore de se faire plaquer par Boris.

Pour une nuit :

Alex va plus mal que prévu. Pas le moment de la laisser seule pour la nuit.

Pour un week-end :

Un week-end à Venise pour une personne, offert par les pâtes Panzani. Préciser : « Tu penses bien que si je voulais te tromper, je trouverais un alibi moins tarte. »

Un stage intensif d'instinctothérapie. « Bouffer de la viande crue, viens avec moi si cela te tente... »

Pour la semaine :

Six jours à l'essai chez VTF-BLC (l'entretien a marché !). « Ne m'appelle pas là-bas. Pas question de me faire remarquer par des coups de fil personnels. »

J'ai besoin de : faire le point,
            prendre du recul,
            réfléchir à notre vie,
            couper un temps le fusible, etc.

Au quotidien :

À mon boulot, il y a quelqu'un qui te déteste. (Une bonne raison pour qu'il n'y remette plus les pieds.)

J'ai décidé de ne plus faire de repas de midi. (Ça laisse du temps de libre à la place de la cantine.)

À intervalles réguliers :

Je vais prendre des cours de : peinture sur sable,
            apnée extrême,

> *yi-king sur tarots*
> *versification classique,*
> *chant grégorien,*
> *respiration ventrale,*
> *danse berbère,*
> *dressage de puces,*
> *tressage de chaises, etc.*

N'importe quoi, à condition que cela ne l'intéresse pas, et qu'il ne puisse constater les prétendus progrès. À bannir : cuisine et kamasoutra ; à tous les coups il voudra vérifier.

MENSONGES POUR LUI

Pour s'absenter une heure :
Je descends à la poste expédier le courrier en recommandé. (Au tarif normal, c'est aussi sûr.)
Je vais mettre de l'argent dans le parcmètre.

Pour l'après-midi :
Une dégustation de bordeaux avec les anciens de Saint-Joseph. (Surtout s'il promet de ne pas abuser.)
Un entretien de pré-embauche à l'agence VTF-BLC.
Rendez-vous chez : *l'urologue,*
> *le dentiste,*
> *l'ostéopathe,*
> *le pédicure,*
> *le prof de tennis des enfants,*
> *le conseiller fiscal,*
> *le concessionnaire BMW,*
> *le kiné,*
> *l'agent immobilier,*
> *l'installateur Gaz de France, etc.*

Tout, excepté le coiffeur, sauf à revenir rasé comme un para.

Pour la journée :
Les soldes monstres chez Bricolage 2000. Tu veux venir ?
Le Grand Prix de l'Age d'Or à Monthléry (pour l'odeur de cambouis).

Pour une soirée :
Au bureau, le pot d'un collègue qui s'en va.
Au bureau, le pot du collègue qui le remplace. (C'est fou ce qu'il y a comme rotations depuis quelques mois.)
J'ai accumulé tant de retard dans mes bilans, que je suis contraint de dîner avec le comptable.
Nicolas s'est abonné au câble. Ce soir, on regarde Liverpool-Manchester sur Eurosport.
Boris est effondré. Il vient de se faire définitivement plaquer par Alexandra.

Pour une nuit :
Boris va plus mal que prévu. Pas question de le laisser seul dans sa villa, surtout la nuit. Je le connais bien : il est capable de faire une connerie...

Pour un week-end :
L'oncle Jean n'a personne pour lui ouvrir la maison de campagne. À son âge, il est capable de déclencher l'alarme.
Je vais chez Bernard et Cornélia pour enfin apprendre à faire marcher un Macintosh.
Un tournoi de football australien. « Du foot en plus violent, tous les coups sont permis. »
J'ai besoin de me mettre au vert pour éplucher un dossier capital pour ma carrière.

Pour la semaine :
Six jours à l'essai chez VTF-BLC (l'entretien a marché !). « Je

serai injoignable là-bas. Ils veulent d'abord me tester sur le terrain, chez les clients. »
    J'ai besoin de : faire le point,
                    prendre du recul,
                    réfléchir à ma vie,
                    couper un temps le fusible, etc.

   Au quotidien :
   Je me loue une chambre de bonne pour travailler au calme.
   J'ai décidé de faire deux heures de gymnastique douce par soir. Je prendrai ma douche au club.

   À intervalles réguliers :
   Je vais prendre des cours de :
                    réparation d'horloges,
                    mountain-bike en ville,
                    détection de métaux rares,
                    boxe bulgare,
                    dressage de pitt-bulls,
                    respiration dorsale,
                    conduite sur glace,
                    sauvetage en zone humide,
                    informatique zen,
                    escalade à l'élastique, etc.
   Bref, n'importe quoi qui l'ennuie.

▶ **Dialogues d'infidèles**

   Parfois, les galimatias sournois de l'adultère s'installent aussi chez le couple illégitime. Quand le danger menace : l'amant, ou la maîtresse, lassés de jouer les doublures, exigent le poste de titulaire.
   « Oui, mais non. » On parle pour gagner du temps, comme le commissaire baratine le forcené barricadé avec sa famille, qui menace de tout faire sauter. En attendant les secours...

POUR FAIRE PATIENTER SA MAÎTRESSE

– *Ma femme et moi, on n'a plus rien à se dire.*
– *Ma femme est comme ma meilleure amie avec qui je partage mon appartement.*
– *Ma femme est une excellente mère. Elle fait si bien la cuisine.*
– *Entre elle est moi, il ne se passe plus rien au lit.*
– *Nous n'avons fait qu'un mariage de raison.*
– *C'est elle qui a l'argent.*
– *L'appartement est à nous deux. Elle l'obtiendrait sûrement en cas de divorce.*
– *Ma femme est très malade. Elle boit. Je ne peux pas la laisser tomber tout de suite.*

POUR FAIRE PATIENTER SON AMANT

– *Mon mari ne me parle plus depuis des années.*
– *Mon mari est un ami avec qui je partage un appartement. Rien de plus.*
– *Mon mari est un excellent père. Chaque fois qu'il peut, il emmène les enfants au ski.*
– *Il a toujours été si bon avec moi, je ne peux pas le quitter comme ça.*
– *Entre lui et moi, il ne se passe plus rien au lit.*
– *On ne se touche plus. Sauf quand on se cogne dans l'ascenseur. Même là, ça me dégoûte.*
– *Nous n'avons fait qu'un mariage de raison.*
– *Vu ma situation professionnelle, je ne peux pas me permettre le scandale d'un divorce.*

Toutes ces gentillesses se traduisent pareillement en français : ton sourire et tes fesses m'enchantent, mais je ne referai pas ma vie avec toi.

POUR ROMPRE AVEC SON AMANT
OU SA MAÎTRESSE

– *J'ai trouvé un emploi à plein temps en grande banlieue.*
– *Tu as tout gâché avec l'anniversaire de ta femme (ton mari).*
– *Je te donne vingt-quatre heures pour divorcer.*
– *J'ai épuisé tous les alibis, mon ex ne me croit plus.*
– *Il (elle) a découvert un tas de trente PV pour stationnement illicite devant le 16, rue Beccaria.*
– *Nous avons l'intention de mettre le second en route.*
– *Je te demande trois mois pour faire le point.*
– *C'est moi ou la télé (ou ton chat, ta Triumph Spitfire, ta mère, la politique, les cours de russe, etc.)*
– *Ma vie est enfin utile ! Tous les soirs, j'irai donner des cours d'alphabétisation à des Albanais. Sympa, non ?*
– *Mon médecin veut te voir à jeun.*

▶ **L'éternel retour**

Les meilleures choses ont une fin. L'amourette a échoué en rase campagne, et l'infidèle songe désormais à réinvestir sa place dans le lit conjugal (du côté droit, près de la fenêtre). Oui, mais comment ?

Si l'autre ne s'est douté de rien, la vie reprend son cours bon gré mal gré (d'où l'expression « avoir les cornes » : celui qui les porte est le seul à ne pas les voir).

Tout se complique si elle (ou il) est au courant de la félonie. Deux attitudes s'offrent au coupable : se justifier, ou culpabiliser.

JUSTIFICATION

– *Sois sans crainte. Entre nous, c'était purement physique* (authentique).

– *Même si cela a duré deux ans, c'était sans importance.*
– *Je ne l'ai jamais vraiment aimé(e).*
– *J'ai perdu les pédales, je ne savais plus où j'en étais.*
– *Accorde-moi une dernière chance.*
– *J'ai l'intime conviction que cette aventure m'a rapproché(e) de toi.*
– *C'est la fameuse crise des « sept ans ». Tous les couples connaissent « la crise des sept ans ». Il faut qu'on la traverse.* Argument efficace à douze mois près. Sinon, prétextez au choix la crise « des trois ans », « des cinq ans », voire « des dix ans ». Si votre couple débute, le recours à « la crise des quinze mois » est d'un bon secours.

CULPABILISATION

– *Je me sentais délaissé(e).*
– *Tu ne t'occupais plus du tout de moi.*
– *J'avais besoin de réconfort, alors que tu avais d'autres préoccupations.*
– *Je t'avais dit que ça se passait mal au bureau.*
– *Je me sentais comme un(e) étranger(e) dans ta vie.*
– *Au lit, j'avais l'impression que tu étais ailleurs.*
– *D'ailleurs on ne faisait plus l'amour.*

▶ **Exercices**

Inutiles. Vous êtes suffisamment entraînés comme cela

15

Comment parler comme un critique littéraire

Les Français achètent 365 millions de livres par an. C'est une quantité considérable. Et mnémotechnique.

De toutes les formes artistiques, la lecture est celle qui le demande le plus fort investissement à son public. En argent d'abord : le prix d'une nouveauté culmine généralement au-delà des 100 francs, voire 150. En temps ensuite : il faut compter plusieurs jours pour venir à bout d'un roman d'épaisseur sérieuse. Parfois les choses se précipitent : le bouquin nous tombe des mains dès le premier chapitre. Ce qui met la page lue à 10 francs ! On enrage. Rien n'est donc plus indispensable que les critiques littéraires. Eux-mêmes en doutent. Ce qui prouve leur nécessité.

L'art est difficile, la critique est facile, prétend le proverbe ouzbek (c'est la mode, depuis peu, les Ouzbeks). Or la critique est un art. Donc, à ce titre, difficile. Cela complique étrangement la chose. Et l'équilibre mental des insomniaques salariés à trier pour nous les navets des chefs-d'œuvre.

Voilà pourquoi nous peinons à décoder leurs chroniques ; traditionnellement plus confuses que l'ouvrage auquel elles se rapportent. Bon bouquin ? mauvais bouquin ? Allez savoir...

▶ Vocabulaire

Vous avez remarqué : certains mots sonnent « littéraires ». D'autres moins. Comment les départager ? Un jeu d'enfant.

Ouvrez un dictionnaire à n'importe quelle page, et choisissez n'importe quel mot. Au hasard : *futilité*. Suit une liste de synonymes : *insignifiance, nullité, vide, inanité*. Vous ne pouvez pas vous tromper : le « littéraire », c'est le plus savant. Le critique consciencieux préférera donc *inanité* à *futilité*. Tout comme *étique* à *maigre*, *dilacérer* à *déchirer*, *hyperthermie* à *fièvre*, *logorrhée* à *bavardage*, etc. Même (et surtout) si cela ne s'impose pas...

CHLOROTIQUE.   Fatigué. « La langue de Vautrin irrigue notre prose chlorotique » [Anne Pons, *L'Express*].

BAROQUE.   Bordélique. « Il s'agit d'un hymne baroque à la femme où vénération et férocité forment un éblouissant duo » [*Lire*, à propos d'*Avant-hier* de Carlo Dossi].

MINUTIE.   Art de se perdre dans les détails. « Michèle Schiller suit avec poésie et minutie l'itinéraire de Geneviève » [*Magazine littéraire*].

DÉRANGEANT.   Édité. « Un livre qui n'est pas dérangeant n'est pas digne d'être acheté », explique avec malice Jean Dutourd dans *Ça bouge dans le prêt-à-porter*, pamphlet fort dérangeant paru chez Flammarion.

PROVOCANT.   Dérangeant. « Il y a là quelque chose d'insolite, de provocant comme un énorme frigo rouillé posé sur les pelouses trop sages de la littérature » [Michel Grisolia, *L'Express*, sur *Eva Luna*, de Isabel Allende].

PUDIQUE.   Qui fait l'impasse sur l'essentiel. « La confession pudique d'une fille de joie séquestrée huit ans dans un bordel du Sri Lanka. » Autrement dit : pas de scènes de cul...

PICARESQUE.   Qui met en scène des gendarmes et des voleurs. Policier, quoi.

URGENT.   Saccadé. « Un style urgent. »

NU.   Avec très peu d'adjectifs. « Une prose nue. »

BASSEMENT RACOLEUR.   À succès.

LES ANTIPHRASES

SURDOUÉ.   Doué. « À quarante-deux ans, c'est un surdoué » [Philippe Vallet, *Le Figaro Magazine* à propos de T. C. Boyle].

INÉNARRABLE.   Qui ne peut pas se raconter. « L'auteur excelle à s'emparer des petits riens de la vie quotidienne pour les transformer en autant d'événements inénarrables » [Christian Gudicelli, *Lire*, à propos de *Comme une gazelle apprivoisée*, de Barbara Pym]. Autant d'arbres abattus pour rien, selon l'association Espace-Écologie-Folliculaire-Horizon 2000.

INEXACT.   Exact, voire judicieux. « Il est tout aussi inexact de dire "Patrick Modiano écrit toujours le même livre" que d'affirmer "Muddy Waters composait toujours le même blues" » [Philippe Lacoche, *Magazine littéraire*].

QUI SE LIT COMME UN ROMAN. Chiant comme la pluie, en fait. (Caractérise alternativement un document historique, ou un ouvrage scientifique.) « On ne doit pas lire *Histoire de la mer* à la façon dont on déchiffre une parabole savante, mais avec le naturel et bientôt l'évidence béate du baigneur qui fait la planche » [Bertrand Poirot-Delpech, à propos d'*Histoire de la mer*, de Jean Cayrol]. N.B. : un encart d'abonnement au journal *Le Monde* assure cependant que « le quotidien le plus prestigieux se lit comme un roman ».

ABONDANCE DU RARE

Qui ignore le « paradoxe de l'extraordinaire » ? Son implacable logique a conduit les astrophysiciens à suspecter l'existence des trous noirs et autres objets célestes invisibles. Jugez plutôt : « Il est extraordinaire qu'une chose soit extraordinaire. »

Les critiques littéraires ne s'en laissent pas compter. Avec eux, rien n'est jamais ordinaire, même la rareté. Tout est rare. Chaque livre, à leurs yeux ébahis « recèle un charme insolite ». Tautologie. Le charme est toujours insolite, c'est ce qui fait son charme.

« Ce roman d'un ton très particulier mérite le compliment le plus rare : il ne ressemble à rien de ce qui se fait » [François Nourissier, sur *Abraham de Brooklyn*, de Didier Decoin].

« Un livre de la trempe de ceux qu'on rencontre quelquefois dans une vie, un de ces grands livres qui ne se situent dans aucune école, aucun courant, aucune mode » [Edgar Reichmann, sur *Incognito*, de Petru Dumitriu].

« À l'écart du nombrilisme des apprentis romanciers, voici un pari original : celui du grand récit de guerre, de l'exercice de style ambitieux » [Olivier Mauraisin, *L'Express*, sur *Le Crépuscule de hommes*, de Vincent Gabarra].

« *Écrit d'une plume envoûtée dans une langue unique... C'est beaucoup plus rare.* » [Serge Kaganski, *Les Inrockuptibles*, à propos de *Mojo hand*, de J.-J. Phillips].

« *Au Maroc, un roman d'amour pas comme les autres. Flora et Gatien, qui se connaissaient auparavant, ont l'un perdu sa femme, l'autre été lâchée par son mari* » [*Journal du Dimanche*, médusé par *Gazelle*, d'André Stil].

« *Comme* Pierre ou les ambiguïtés, *il ne ressemble à aucun autre* » [Mathieu Lindon, *Libération*, à propos du roman *Moby Dick*, de Herman Melville].

« *Entre deux romans : Dan Franck fait livre à part* » [Dominique Durand, *Le Canard enchaîné*, à propos de *La Séparation*].

« *Jean-Philippe Toussaint, c'est tout autre chose* » [Isabelle Rüf, *L'Hebdo*].

DES CAMAIEUS EN DEMI-TEINTE

Encore heureux que les pages tiennent, et que l'encre ne s'efface pas...

« *Une somme de murmures, une anthologie du soupir* » [Jean-Paul Enthoven, *Le Nouvel Obs*, sur *Le Tombeau de Palinure*, de Cyril Connolly].

« *Un roman à l'atmosphère subtile, aux couleurs un peu passées, où flotte un parfum de pot-pourri et comme l'ombre d'un sourire* » [*Quinzaine littéraire*].

« *Il n'a cessé de sculpter le silence en phrases de plus en plus brèves, en mots de plus en plus simples* » [Anne-Marie Paquotte, *Télérama*, à propos de *Jeux du ciel et de l'eau*, de Yannis Ritsos].

« *Le lecteur va d'allusion à esquive, et d'énigme en sous-entendu* » [Alain Bosquet, *Le Quotidien de Paris*, à propos du *Malheur*, d'Alain Bonfand].

TOUJOURS ACTUEL

« Sept ans après, son essai n'a pas pris un pli » [Ariel Kyrou, *Actuel*, à propos de *L'Ombre de Dionysos*, de Michel Maffesoli].

« Publié en 1975, ce livre aurait pu être composé hier matin » [*Le Canard enchaîné*, sur *La Blessure de Georges Aslo*, de Jean-Marie Rouart].

« Le propos n'a pas pris une ride » [*Lire*, à propos des Œuvres choisies, d'Erasme].

« Jamais aucun commentaire à chaud ni aucun ordinateur n'apportera autant de clarté sur les événements actuels qu'un retour au grec » [Bertrand Poirot-Delpech, *Le Monde*, à propos de Thucydide (mort quatre siècles avant J.-C.)].

LE MYTHE DE L'ARTISAN

Comme les bouseux rêvent de dentelles, nos délicats rats de bibliothèque, lettrés et diplômés, ne jurent que par les mains poisseuses et puantes du tâcheron, qui pétrit la tourbe de ses gros doigts calleux, plus enflés qu'un Monte-Cristo n° 2.

« Je craignais un homme de lettres, je trouve un menuisier » [Claude Roy, *Libération*, sur *La Rencontre des hommes*, de Benigno Caceres].

« Tel un artisan obstiné qui reprend sans cesse son ouvrage, il sculpte dans la langue française » [Michèle Gazier, *Télérama*, sur *L'Enfant pain*, de Agustin Gomez-Arcos].

« Il tient sa plume comme une guitare » [Jacques Cabau, sur *L'Avortement*, de Richard Brautigan].

« Manz'ie joue du langage comme un saxo ténor » [Jean-Didier Wagneur, *Libération*, sur *En bas de la mer*, de Manz'ie].

TOUT EST VÉRITABLE

Existe-t-il de faux écrivains ? de faux talents ? des mots faux ? voire de faux pavés ? Oui, ça court les rues on dirait. Au point que les critiques déploient toute leur acuité pour nous signaler l'authentique.

« *Un pavé vrai de vrai* » [André Clavel, *Les Nouvelles littéraires*, sur *La Vie exagérée de Martin Romana,* d'Alfredo Bryce-Echenique].

« *Son livre est d'une tristesse profonde comme les mots vrais* » [Christine Ferniot, *Madame Figaro*, à propos des *Mémoires d'un Ange*, de Pierre Charras].

« *Le sourire du chat se lit comme les romans, les vrais, ceux qui tiennent en haleine, larme à l'œil et cœur fendu* » [Mathieu Galey, *L'Express*, sur *Le Sourire du chat*, de François Maspero].

« *La Vie sauvage est [un] roman vrai, jamais frelaté [...]. June Vendalle-Clark est un véritable écrivain* » [*Journal du Dimanche*].

« *Caroline Gutman révèle [...] un vrai talent de romancier* » [Bruno de Cessole, *Madame Figaro*, à propos du *Secret de Robert le diable*].

L'AUTEUR, CE SADIQUE

Pan dans la gueule ! La critique aime les bourreaux et les tortionnaires. En cherchant bien (et Dieu sait si elle cherche), elle finit toujours par trouver son bonheur dans le malheur.

« *Rares sont les livres qui sont de véritables attentats à la lecture, qui violent le sens et rompent le pacte tacite de non-agression entre l'auteur et le lecteur* », Jean-Didier Wagneur, *Libération*, à propos de *Lisbonne, dernière marge* d'Antoine

Volodine. La critique aime les bourreaux et les tortionnaires. En cherchant bien (et Dieu sait si elle cherche), elle finit toujours par trouver son bonheur dans le malheur.

« *L'auteur nous envoie en pleine figure une énorme barrique antédiluvienne et niagaresque où notre frêle esquif de lecteur abasourdi n'a pas fini de dessaler* » [André Clavel toujours, encore sur *La Vie exagérée de Martin Romana*, de Bryce-Echenique].

« *Ida Fink joue de notre sensibilité, de nos nerfs, à la manière d'un violoniste tzigane* » [Pierre Demeron, Marie-Claire, sur *Un jardin à la dérive*].

« *Mme Prou pousse la comparaison (ou le sadisme) jusqu'à fournir à son héros deux prochaines* » [Gabrielle Rolin, *L'Express*, à propos de *Car le jour baisse*].

« *Son humour froid frappe juste* » [J. Savigneau, *Le Monde*, sur *Archipel*, de Michel Rio].

« *Un livre bref, aux phrases aiguës comme des coups d'épée* » [Le Figaro Magazine].

« *Des phrases plus meurtrières que de longs discours à l'assemblée* » [*Le Figaro Magazine*].

« *Françoise Hamel nous assène quelques vérités percutantes qu'on aimerait mieux, parfois, ne pas entendre* » [Claire Méheust, *Marie-Claire*, à propos de *La Semaine des petites douleurs*].

« *Un lieu clos, séparé, d'où le lecteur, entré sans y avoir été invité, ne peut plus s'enfuir* » [H. Juin, *Le Monde*, sur *La Revanche*, de Henry James].

LE LECTEUR, CE MASO

Les psychanalystes et les habitués du 36-15 code Domina connaissent parfaitement l'indéfectible complicité du bourreau et de sa victime. L'un s'ennuie sans l'autre, et vice versa. Il en va ainsi de la cruauté de l'écrivain. Elle s'affadirait sans le maso-chisme du lecteur.

« *Plaisir de lire :* Les Juifs et le génocide » [titre de rubrique de *Nord-Éclair*].

« *J'ai lu bien des livres sur la déportation. Rarement aussi beaux que celui de Béatrix de Toulouse-Lautrec* » [Henri Amouroux, *Madame Figaro*, à propos de *J'ai vingt ans à Ravensbrück*].

« *On sort de son livre essoufflé, sonné* » [Pascal Dupont, *Les Nouvelles littéraires*, sur *Le Boulevard des trahisons*, de Thomas Sanchez].

« *On accepte de l'auteur des désagréments que l'on n'accepte-rait de personne : palpitations, nuits blanches, cernes sous les yeux. Mieux, on en redemande* » [Michel Grisolia, *L'Express*, sur *Le Tueur et son ombre*, de Herbert Lieberman].

« *Tant qu'on n'a pas lu Nabe, on n'est pas grand chose ; une fois qu'on l'a lu, on ne se sent plus rien du tout* » [Frédéric Taddéi, *Actuel*, à propos de Marc-Edouard Nabe].

« *L'automne sera masochiste* » [*Lire*, rubrique Tendances, sept. 91].

ET QUAND C'EST MAUVAIS...

Comment les critiques critiquent sans critiquer tout en criti-quant...

Si c'est popu : « *Henri Troyat a conquis un très vaste public* » [*Le Monde des livres*].

Si c'est simpliste : « *C'est un sujet pour film américain des années 40* » [*Le Point*].

Si c'est naïf : « *D'accord, c'est pas Zola. Mais c'est aussi ins-tructif et beaucoup plus amusant* » [*L'Express*, à propos de *S'il vous plaît, mademoiselle*, de Claude Sarraute].

Si c'est poignant, mais trop long : « *Un cri un peu allongé par Lydie Salvayre* » [*Le Canard enchaîné*].

Si c'est moins mauvais qu'avant : « *Un superbe roman, le plus abouti de Judith Krantz* » [citation de l'éditeur pour la sortie de *Flash*].

Si c'est décevant : « *Les livres de Françoise Mallet-Joris sont d'ordinaire plus ambitieux que le guide des Weight Watchers* » [*Lire*].

Si c'est tout simplement raté : « *L'auteur est presque passé à côté d'un chef-d'œuvre* » [Gérard de Cortanze, *Le Figaro Magazine*, à propos d'*Ombres chinoises*, de Vicente Munoz Puelles].

CLICHÉS

Ils sont légion. Il y en a même de plus courants que d'autres. On voit par là que ce sont d'authentiques clichés !

« *La fiction tente parfois de rattraper la réalité* » [*Le Figaro Magazine*].

« *Voici, à travers cet album de famille, que resurgit un passé commun* » [*Journal du dimanche*].

« *C'est toute une époque qui resurgit* » [Anne Walter, *L'Express*, à propos de *L'Autre Éducation sentimentale*, de Pierre-Jean Remy].

« *Le décor est des plus pittoresques pour le lecteur du* XXe *siècle* » [*Journal du dimanche*].

« *On a le sentiment d'avoir basculé de l'autre côté de l'écran* » [*L'Express*].

« *Chacun en prend pour son grade* » [*L'Express*], [*Le Point*], [*Le Nouvel Observateur*].

« *Un de ces récits d'amour dont il a le secret* » [*Lire*].

« *Un jeu dont l'auteur est le maître* » [*Magazine littéraire*].

« *La réalité est scrutée avec la minutie d'un anthropologue attendri* » [J.-D. Beauvallet, *Les Inrockuptibles*, à propos de *Life is sweet*, de Mike Leigh].

« *Une musique qui ne vous lâche plus* » [*Madame Figaro*].

« *Marco Lodoli nous laisse deviner derrière le vernis et la patine des mots, l'écume des jours* » [Michèle Gazier, *Télérama*, à propos du *Clocher brun*]. Quatre lieux communs en une seule phrase : qui dit mieux ?

▶ Syntaxe

Voilà pour le vocabulaire. Ensuite, ça se complique. Avec ces mots, il faut faire des phrases.

OXYMORES

Un oxymore est une tournure stylistique qui consiste à associer deux idées antinomiques, comme « folie douce », ou « saine douleur ».

« *Un clair-obscur gothique* » [Catherine Rihoit, *Marie-Claire*].

« *Quelle superbe désespérance* » [Philippe Franchini, *L'Express*, sur *Le Palais des nuages*, de Patrick Carré].

« *Sept récits doux-amers [...] constituent la plus savoureuse des introductions à cet univers à la fois réaliste, très humain et fantastique* » [*Lire*, à propos de *La Femme de mes rêves*, de Boulat Okoudjava].

« *Délicate dans l'impudeur, douce dans la cruauté, Marguerite Duras se permet toutes les extravagances* » [Jean-François Josselin, *Le Nouvel Observateur*].

UNE CHOSE ET SON CONTRAIRE

Les critiques littéraires détestent les opinions tranchées, et abhorrent par-dessus tout le manichéisme. Être manichéen – j'explique pour les plus jeunes – consiste à tout classer suivant deux catégories (et deux seulement) : bien ou mal, noir ou blanc, vérité ou mensonge, etc. Les critiques connaissent trop la complexité du monde pour se vautrer dans de telles facilités. Il existe donc deux sortes de gens : les manichéens, et les autres...

« *Un extraordinaire roman du malaise ordinaire* » [Michel Grisolia, *L'Express*, sur *Un Week-end dans le Michigan*, de Richard Ford].

« *Les caricatures sont là, mais peintes avec minutie. La romancière force le trait pour les détails infimes, tandis qu'elle effleure le plus grave* » [Valérie Hanotel, *Madame Figaro*, sur *Secret très secret*, de Barbara Pym].

« *Le roman pudique et cruel de Suzanne Prou, romancière discrète et prolixe* » [Gabrielle Rolin, *L'Express*, à propos de *Car le jour baisse*].

« *Biographie imaginaire [...], hallucinante de vérité et d'invention, fantastiquement réaliste, réellement fantastique* » [*Le Monde des livres*, sur *Le Monde hallucinant*, de Reynaldo Arenas].

« *Adolpho Bioy Casares, maître du fantastique ordinaire* » [Michèle Gazier, *Télérama*, à propos d'*Une poupée russe*].

« *Un style rigoureux, synthèse de fantastique et de froideur* » [*Lire*].

« *Un style rigoureux, synthèse de fantastique et de quotidien* » [*Lire*, à propos de *La Caverne*, de Evgueni Zamiatine].

« *Une fiction morale qui relate une histoire des plus immorales autant qu'une histoire immorale construisant l'ébauche d'une morale* » [Autopromotion pour *Le Jour et la nuit*, d'Alain Soral].

« *Tout dans ce livre grave et léger est d'une drôlerie émouvante* » [*L'Express*, sur *Le Polonais laveur de vitres*, d'Albinati].

« *Ces ouvrages croustillants mais très comme il faut sont à déguster avec une bonne tasse de thé* » [Catherine Rihoit, *Marie-Claire*, à propos de cinq romans britanniques].

« *Un de ces livres amusants qui ont quelque chose de sérieux à dire* » [*Le Nouvel Observateur*].

« *Leçon de sagesse et portrait de libertin, d'une écriture à la fois limpide et hiératique, réalisme souvent minutieusement documenté et invention pure* » [*Marie-Claire*].

LES HERMÉTIQUES

Il existe pour le lecteur un moyen de se consoler quand il ne comprend rien à une chronique littéraire. Se dire que, de toute façon, il n'aurait rien compris au livre...

« *Les personnages d'Anita Brookner nous murmurent inlassablement des monologues intérieurs qui nous emprisonnent dans le clair-obscur d'une hypersensibilité* » [J. P. Amette, *Le Point*, sur *Une amie d'Angleterre*]. (Notons en sus le pléonasme enchaîné d'un oxymore. Un modèle...)

« *Une voix brisée, qui quoi qu'elle dise, même de plus insignifiant, semble nous livrer des mots de passe, nous initier à des mystères* » [Claude Mauriac, *Le Figaro*, sur *Les Plumes du pigeon*, de John Updike].

« *La méticulosité hyperréaliste crée une épouvante plus grande que l'abstraction des diverses fins de partie beckettiennes* » [Michel Polac, *L'Événement du jeudi*, sur *La Caverne*, de Evguéni Zamiatine].

CITATIONS EN CASCADE

Proust par-ci, Joyce par-là, mais aussi Flaubert, Pound, Sade, Kafka, Borges, Céline, Bataille, etc. Les critiques littéraires décorent sans relâche leurs billets de références patronymiques. Tout nouvel auteur est jaugé à l'aune de ces prestigieux totems – toujours les mêmes d'ailleurs.

N'y voyez pas un souci d'informer le public. Plutôt de se mesurer à lui, tout à son avantage. Le saupoudrage culturel permet de flirter en permanence avec les grands noms. On se positionne en bonne compagnie, voire au-dessus, en comptant les points depuis la chaise d'arbitre. Vieille recette de pique-assiette : je prends le train avec les vieilles gloires, on me croit donc leur familier.

« *Un Nabokov habité de Dostoïevski* » [Pierre Enckell, *Les Nouvelles littéraires*, sur *L'Envie*, de Iouri Olecha].

« *Fernando Del Paso : un Mexicain à situer entre Rabelais et Joyce. Pas moins* » [André Clavel, *L'Événement du jeudi*, sur *Palinure de Mexico*].

« *Voici un des romans les plus étonnants de ces dernières années. Le Lewis Carroll de toujours et de jamais, le premier Nabokov, l'avant-dernier Sartre* » [Claude Mauriac, *Le Figaro*, sur *La Vie trop brève d'Edwin Mulhouse*, de Steven Millhauser].

« *Une langue si expérimentale, excentrique, créatrice, qu'elle fait de l'ombre à Nabokov et même à Joyce* » [Anthony Burgess, sur *Pétersbourg*, de Andrei Biély].

« *Kafka et Gogol au pays des lendemains qui ont failli chanter* » [Alain Bosquet, *Combat*, sur *Le Visiteur*, de György Konrad].

« *Proust n'est pas loin et Maeterlinck erre dans les parages* » [Alain Bosquet, *Le Magazine littéraire*, sur *La Revanche*, d'Henry James].

« *Un chef-d'œuvre, aussi fort, aussi irrécusable que* La Montagne magique *de Thomas Mann, que* L'Enfant brûlé *de Stig Dagerman, qu'*Au-dessous du Volcan *de Malcolm Lowry* » [*Le Monde*, à propos de *Stiller*, de Max Frisch].

« *Entre Tacite et Pascal* » [Jean-Michel Gardair, *L'Express*, à propos d'*Après nous* et *La Waldstein*, de Jacques-Pierre Amette].

« *À mi-chemin entre Marivaux et Handke* » [*L'Express*, toujours à propos de Jacques-Pierre Amette].

« *Violaine Massenet entre dans la famille des grands chamans de notre littérature, les Giono, Bosco, Ramuz, Colette et Delteil de naguère* » [*Télérama*].

COMPTONS LES PAGES

Quand il n'y a plus rien d'autre à faire...

« *Peu d'écrivains sont comme lui capables de nous broyer le cœur, lentement, sur près de 500 pages* » [Michel Grisolia encore, toujours sur *Un week-end dans le Michigan*].

« *Walter, héros positif veut comprendre [...]. Il n'obtiendra une réponse que 485 pages plus tard.* » [Philippe Vallet, *Le Figaro Magazine*, à propos d'*Au bout du monde*, de T. C. Boyle].

« *185 pages chez Denoël, pleines d'anecdotes et qui se lisent comme un roman* » [*Télé 7 Jours*, à propos des *Silences de Lady Di*, de Guy Croussy].

« *Il lui faut presque 600 pages [...] pour retrouver le cheminement d'un homme qui se retrouve toujours seul* » [Dominique Louise Pélegrin, *Télérama*, à propos des *Fous du Roi*, de Robert Penn Warren]. »

« Dans la pénombre *porte bien son titre, car le lecteur y séjourne pendant 253 pages, entre l'éclair et l'obscur* » [*Libération*, à propos du livre de Juan Berret].

▶ Exercices

THÈME Voici une phrase, une seule, en français courant. Traduisez-la (15 lignes maximum) dans la langue vernaculaire du quartier Saint-Sulpice, réserve naturelle des gens de lettres, afin de la rendre accessible au fils caché de Daniel Rondeau, Pascal Quignard et Françoise Verny (Je sais, à trois, c'est dégoûtant...).

◊ « Attache ta charrue à une étoile si tu veux que ton sillon soit droit » [Antoine Waechter].

VERSION   Voici cette fois la critique toute littéraire d'un texte fondamental pour qui veut se tenir à l'écoute de son époque. Traduisez cette prise de position tranchée en français courant, de manière à la rendre pertinente à l'esprit d'un honnête homme, notaire, croque-mort ou pharmacien, abonné au gaz de ville et au téléphone.

◊ « L'auteur, pétrissant les mots comme un laboureur au sang mêlé de géographe érudit, s'est avant tout attaché à camper chacun de ses personnages dans son environnement professionnel, avant même de l'ancrer dans son terroir.

Entre Proust et Balzac, ce roman pas comme les autres fouille avec une minutie inédite toute la palette narrative du haut de ses 998 pages.

C'est l'Histoire qui s'égrène sous nos yeux. Le temps y fait son œuvre. La descendance des pères fondateurs se confond au destin des plus riches dynasties, dans un entrelacs de souvenirs déjà oubliés. Romancier véritable, l'auteur laisse vivre ses personnages à flanc de pages, comme une fresque inachevée évoluant de l'intérieur.

Des luttes fratricides émaillent le quotidien, compétition sanglante qui dilacère les visages en clair-obscur ; jamais tout à fait les mêmes, jamais tout à fait autres. Comme chez Camus, les premiers seront les derniers.

Le lecteur reçoit de plein fouet la tragédie de l'éparpillement des familles, décrite dans toute son horreur avec une terrifiante minutie. Ça fait mal, mais quel plaisir !

Entre les énumérations à la Perec et le pari de Pascal, tournant le dos à l'inanité ambiante, l'auteur crache à la face de notre monde des données brutes, des chiffres vrais, urgents, qu'il faudrait lire comme un roman. »

P.-S. : « Au détour d'une page, parfois, les fantômes du passé resurgissent. Plus baroques qu'un cortège de privilèges enfouis, dont l'amnésie forcée n'a pas pris une ride. »

CORRECTION   « En liste alphabétique, les inscriptions sont classées sous leur localité. En liste professionnelle, sous la rubrique, puis sous la localité.

L'ordre de parution est le résultat de la prise en compte de tous les éléments de classement alphabétique suivants, dans l'ordre :

1. nom* (noms simples, avant noms composés), ou premier mot de la dénomination choisie par l'abonné ;

2. prénom. En cas d'homonymie (prénoms simples avant prénoms composés) ;

3. adresse, en cas d'homonymie complète ;

4. numéro d'appel.

* en cas de patronyme avec particule, l'abonné choisit de la faire figurer en tête ou à la fin de sa dénomination.

> Règles de classement des noms,
> Annuaire téléphonique des PTT
> (département de la Savoie).

16

Comment parler comme ses grands-parents

Les grand-mères remontent à la plus haute antiquité. On ne saurait contredire Vialatte. Il n'y a pas plus ancien que nos grands-parents. Même nos parents sont plus jeunes qu'eux, ce qui est remarquable.

La vieillesse est cet âge cruel où vos meilleurs amis commencent à mourir. De vieillesse en général. C'est pourquoi tant de centenaires parlent tout seuls. Pour s'assurer de ne rien oublier. Ils répètent tout cent fois, ressassent même les histoires qu'ils connaissent déjà. Plus leur vie fut longue, plus elle regorge d'épisodes mémorables, dont ils peinent à se souvenir.

Leurs enfants – c'est-à-dire nos parents – ont du mal à suivre. Le vocabulaire se perd, les zones scolaires sont mal étudiées. Résultat : ils ne se voient plus pendant les vacances, donc se parlent moins.

Bientôt, trop vite malheureusement, même nos parents auront l'air de grands-parents. Pour certains, il est déjà trop tard. Par chance, ils parlent encore. Mais de quelle manière ! Coup de bol : le langage des parents ressemble beaucoup au français, dont il s'est détaché il y a une trentaine d'années. La syntaxe n'a guère varié. Seul le vocabulaire s'est perdu. C'est là que porteront nos plus gros efforts.

▶ Vocabulaire

Pour simplifier, nous avons retenu six sections, résumant les préoccupations de nos aïeux lorsqu'ils ne l'étaient pas encore. Mode, vie quotidienne, études, sciences et techniques, loisirs et pour finir un épatant bréviaire de superlatifs.

LA MODE

Nos amis les vieux ont passé leur jeunesse à se faire beaux. Les élégantes ne tombaient pas en dix minutes dans les bras du premier venu. Ni du second d'ailleurs. Il fallait se montrer à la hauteur, et soutenir la conversation.

POPELINE. Chemise ou veste, au tissu à la fois soyeux et rêche. « Cours chercher ma popeline chez Pressing'2000 ! »

PETITE LAINE. Gilet. « Avec ce froid, on supporte largement une petite laine. »

LIQUETTE. Chemise. « Ma liquette est tachée. »

CHASUBLE. Vêtement sans manches qui tombe droit. Tablier-chasuble. « J'ai mis ma robe chasuble pour le dancing : épatant ! »

GAINE ABDOMINALE. Ancêtres économiques des régimes miracles. Variante radicale : sangle abdominale.

CARDIGAN. Gilet avec de nombreux petits boutons descendant du col à la taille.

MOTIF FANTAISIE. Motif bariolé et désormais importable, sauf à tourner dans un vidéo-clip expérimental.

PALETOT. Gilet.

TRICOT DE PEAU.   T-shirt.

DÉFROISSABILITÉ.   Se dit d'un vêtement qui peut se passer de repassage, donc faire gagner du temps aux femmes. « L'imperméable Comtal a une défroissabilité totale » [publicité de 1959].

PYJAVESTE.   Curiosité nocturne pour hommes, hybride d'une longue chemise et d'un pyjama.

CHANDAIL.   Pull-over.

TALONNETTES.   Amies des petits. Accessoire à placer dans la chaussure pour grandir instantanément de 5 à 8 centimètres.

GROS CEINTURON.   Pléonasme. La grosseur est le propre du ceinturon.

JAUNE.   Marron. « Pour la noce, je mettrai mes souliers jaunes ! »

MODÈLE JEUNE.   Vêtement vendu en 1992, à la mode indémodable de 1964. « Je me suis acheté un chemisier chez Pantashop, modèle jeune. Le genre de petites choses qu'on fait maintenant. »

AVANTAGE.   Être seyant. « Ces bottines, ça vous avantage le pied. »

PRÉSENTER.   Avoir l'air. « Il présente bien, votre gendre. »

DOUILLES.   Cheveux. « Extra, Maurice, ta coupe de douilles ! »

GENTIL.   Joli. « C'est gentil, cette gaine bleu turquoise. »

TROGNON. Joli encore.

CHOU. Mignon.

CROQUIGNOLET. Trognon.

BICHER. Être fier. « Avec sa liquette fantaisie, Mazette ! il bichait comme un pou. »

LA VIE QUOTIDIENNE

Nos pères et nos grands-pères savaient devancer les progrès de la vie moderne. Grâce au Spoutnik, ils ont été définitivement rassurés : la terre n'est pas plate. Dommage que ces satanés Russes aient détraqué la météo avec leur engin. Y a plus de saisons !

TARIF BINÔME. Prix de gros sur le gaz, grâce à de complexes calculs horaires.

TRICOTEUSE. Machine à tricoter, aussi imposante qu'inutile.

NOUVELLES. Les infos à la radio.

RÉCLAME. Publicité. « Ne s'use que si l'on s'en sert : mon œil ! Tout ça c'est de la réclame ! »

ÉCONOCROQUES. Argent. « Pendant les attractions, je t'offre un chocolat glacé s'il me reste des éconocroques. »

FAMILISTÈRE. Supermarché parisien d'avant-guerre.

HIRONDELLES. Flics à vélo, avant l'invention des rondes en voiture banalisée.

COPIEUX. Normalement servi. « Un repas copieux. »

Après les privations de la guerre, nos grands-parents sont ébahis de pouvoir manger à leur faim.

CAUSER.   Discuter. « Viens, on va causer. »

CAUSERIES.   Longs commérages, généralement avec le voisinage.

FAMILIAL.   Économique.

POP.   Jeune et à la mode.

INVERTI.   Homosexuel, gay. « Le fils Chaffour sort toujours habillé en orange. Dis-moi, Léon, il serait pas un peu inverti, ce jeune homme ? »

CONTESTATAIRE.   Gauchiste chevelu.

GUS.   Homme.

NÉNETTE.   Femme.

TYPESSE.   Fille moche peu féminine (ceci expliquant souvent cela).

MARGOULIN.   Magouilleur.

DOULOUREUSE.   Addition, au restaurant. On dit aussi « soustraction ».

MARCEL.   Sorte de T-shirt-débardeur dénudé sur les bras et les épaules. Voir aussi « tricot de peau ».

ROBERT.   Sein. « Robert, vise un peu ces roberts ! »

GAZETTE.   Journal ou magazine, bien avant la mode du journaliste-baroudeur qui peut rester actif après une bonne bière.

BALLOT.   Idiot. « Que tu es ballot, mon pauvre Roger... »

RENDRE.   Vomir.

PAPILLOTES.   Boucles dans les cheveux.

FRICHTI.   Tambouille.

TAMBOUILLE.   Nourriture.

CIBICHES.   Cigarettes. N.B. : on les dénommait aussi « tiges » ou « sèches ».

CIGARETTE DE DROGUE.   Joint de marijuana, pétard. « Mon fils René tourne mal. Il aime pas le rouge et il fume en cachette des cigarettes de drogue. »

CABAS.   Sac à provisions.

ROUQUIN.   Vin rouge.

CONSOMMÉ.   Potage.

FRICOT.   Repas.

JUS.   Café.

NOUILLES.   Pâtes alimentaires. « Des nouilles et du rouquin, le voilà, Simone, not'bonheur... »

BAVEUSE.   Omelette.

PICRATE.   Mauvais vin. « Ah, ce picrate, encore plus corsé que la bibine de chez Lacoux. »

TANTÔT.   Cet après-midi.

PRÉSENT.   Cadeau.

FILLE DE JOIE.   Prostituée. « De mon temps, jeune homme, les filles de joie n'en manquaient pas ! »

LOUFIAT.   Garçon de café.

CAMBUSE.   Chambre.

SAM'SUFFIT.   Résidence secondaire à quatre heures de route avec la Simca.

LES ÉTUDES

MATHÉMATIQUES MODERNES.   Maths ordinaires, c'est-à-dire sans problèmes de robinets.

MATHÉMATIQUES ÉLÉMENTAIRES.   Classe de maths de niveau supérieur, comme son nom ne l'indique pas.

BACHOT.   Ancêtre du baccalauréat, en deux parties. « Et toi Edmond, t'as ton bachot ? » N.B. : question stupide : il est impossible d'avoir le bachot d'un autre. Chacun a le sien.

SURGÉ.   Surveillant général dans un lycée.

GIBECIÈRE.   Cartable.

SARRAU.   Blouse de travail ou d'écolier.

PLUMIER.   Trousse.

SCIENCES ET TECHNIQUES

Ne croyez pas que nos aïeux peinent à assimiler les prouesses technologiques des années 90, comme l'essuie-glace arrière, ou le produit pour four autonettoyant. Et pour cause : ce sont eux qui ont inventé ces merveilles...

ULTRAMODERNE.   Au look fifties hors de prix dans les

années 90. « Ce grille-pain ultramoderne peut dorer six tartines à la minute. »

ÉLECTRO-CULINAIRE.   Remplacera le charbon.

FICHES MÉCANOGRAPHIQUES.   Programme informatique rudimentaire. On dit aussi « fiches perforées ».

OPÉRATRICE.   Esclave téléphonique, salariée à la place du clavier digital.

PNEUMATIQUE.   Télégramme en plus lent. Couramment utilisé au cinéma. N'existe pas à la campagne.

PICK-UP.   Électrophone. « Martine, branche le pick-up, et joue le dernier Adamo. »

MANGE-DISQUES.   Pick-up amélioré, pourtant toujours en panne.

THERMOPLANE.   Sorte de mur de verre en vitrage isolant.

AUTOGIRE.   Hélicoptère rudimentaire.

AÉROPLANE.   Avion.

DIAPHRAGME.   Contraceptif local.

RONÉO & STENCILS.   Photocopieuse des contestataires (voir ce mot).

DISQUE-MAGAZINE.   Rareté archéologique, préfiguration du vidéo-magazine.

MICROSILLON.   Disque 33 tours, bientôt stéréo.

45 TOURS LONGUE DURÉE.   45 tours comportant deux

chansons par face (cauchemar d'animateur de Top 50).

PÉTROLETTE.   Moto.

CLOU.   Vélo.

VIRON.   Virage.

CORNER.   Klaxonner. « En montagne, Michel, cornez ! »

APPAREIL À JETONS.   Juke-box.

BIGOPHONE.   Téléphone.

1re CHAÎNE.   En télévision, ancêtre noir et blanc de TF1. « J'étais à l'écoute de la première chaîne. »

2e CHAÎNE.   En télévision, ancêtre d'Antenne 2.

JOURNAL PARLÉ.   Journal télévisé.

CLAIR.   À la télévision, tout maillot blanc, jaune, orange, vert pâle ou bleu ciel, avant l'invention de la couleur. « Les Anglais jouent en clair... »

FONCÉ.   À la télévision, tout maillot rouge, bleu, vert ou violet, à l'heure du noir et blanc. « ... Et nos petits Français jouent en sombre. »

SILENCIEUX.   Muet. « Hier au soir, on est resté à l'écoute de la télé. Ils ont montré un vieux film silencieux des frères Lumière. »

TSF.   Télégraphie sans fil. Fossile radiophonique. « Je me souviens que mon arrière grand-père écoutait la TSF avec son poste à galène. »

AU POSTE.   À la radio. « Bobet a gagné le tour. Je l'ai entendu au poste. »

FERMETURE DES PROGRAMMES.   22 h 30.

LES LOISIRS

Nos parents s'amusaient beaucoup, mais pas comme nous. Ils s'extasiaient là où nous bâillons. Et vice versa. Un verre de champagne les grisait, mais le Sida ne les effrayait pas.

BIDULE.   Truc.

TRUC.   Machin-chouette.

MACHIN-CHOUETTE.   Bidule.

JEUNES GENS.   Jeunes sympas.

BLOUSONS NOIRS.   Jeunes pas sympas.

BOHÈME, VIVRE LA BOHÈME.   Zoner.

BANDES DE JEUNES.   Groupes de jeunes pas sympas, à quelques exceptions près.

SCOPITONE.   Clip musical.

JAVA.   1. valse rudimentaire à trois temps ; 2. nouba.

NOUBA.   Fête très arrosée entre amis. « Avec Raoul, Josy et Dédé, on a fait une nouba du tonnerre ! »

ZAZOU.   Ancêtre du punk.

ROTEUSE.   Bouteille de champagne.

CHAHUT.   Boucan, bordel.

SURPAT'.   Abréviation de « surprise-partie », c'est-à-dire fête.

SURBOUM.   Voir surpat'.

DANCING.   Ancêtre de la boîte de nuit.

GAMBILLER.   Danser.

GUINCHER.   Gambiller.

FROTTER.   Danser.

BÉCOTER.   S'embrasser frénétiquement sur la bouche.

ENTRAÎNANT.   Dansant.

BOUMER.   Manifester de l'ambiance. « Ça boume, ce soir, au night-club ! »

CHAUFFER.   Boumer.

CROQUE.   Amoureux.

S'ENTICHER.   Tomber amoureux.

EN PINCER.   Vouloir coucher avec.

AVOIR DES RAPPORTS.   Faire l'amour. « Maman ? Est-ce qu'on peut tomber enceinte sans avoir eu de rapports ? »

S'ALLONGER.   Tirer un coup.

S'ASSOMMER.   S'ennuyer. « Vous ne trouvez pas que l'on s'assomme, ici ? »

FRÉQUENTER.   Flirter, rouler des pelles, mais sans coucher.

FAIRE LA VIE.   S'allonger, fréquenter et faire la nouba plus souvent qu'à son tour.

LE CAFÉ DES PAUVRES.   Le sexe.

GAZER.   S'entendre au lit. « Avec Monique, paradoxalement, ça gazait pas. »

COLLE, À LA COLLE.   En ménage avec quelqu'un.

JULES.   Amoureux, petit ami. « Mon Jules, il me dit tout. »

JULOT.   Proxénète. « Mon Julot, il me prend tout. »

POMPIER.   Pipe, ou fellation. Gare au double sens. Jean François-Poncet (ancien ministre, né en 1928) a déclaré à propos des soldats du feu : « Sans épouses consentantes, il n'y aurait plus de pompiers ».

SUPERLATIFS ET INTERJECTIONS

Bien avant qu'on les appelle « les vieux », nos parents, et leurs parents aussi, furent d'abord des jeunes. On ne le répétera jamais assez. C'est alors qu'ils se sont forgé un vocabulaire à base d'exclamations, pour exprimer leurs pulsions, à l'époque où ils en avaient.

Dans un souci de clarté, nous les avons traduites dans le français le plus moderne, celui qu'on parle entre les CES de banlieue et les cafés de la Bastille.

CHIC.   Sympa. « T'as ramené du corned-beef ? C'est chic. »

ÉPATANT.   Réussi. « Le roquefort avec les endives : épatant ! »

CHOUETTE.   Pas trop mal. « Pour les étrennes, j'ai eu des chouettes chaussettes. »

BATH.   Pas dégueu. « Une dauphine rouge pivoine, c'est bath. »

FORMIDABLE.   Excellent, au-delà des espérances. « Tu savais pas ? Mireille est reçue au conservatoire. – Oh formidable ! »

VACHEMENT.   À mort. « Mon falzar moule vachement. »

RUDEMENT.   Excessivement. « Depuis deux mois, Thérèse le fait rudement bander. »

SÛR ! POUR SÛR !   Tu m'étonnes. « Pour sûr que je vais lui offrir un verre au bowling. »

CHICHE...   Pas cap' ! « Chiche de faire voir tes porte-jarretelles debout sur la table ? »

MINCE.   Grave.

MAZETTE.   Canon.

LA VACHE.   Géant.

PUNAISE.   Génial.

EXTRA.   Sublimissime.

SENSASS.   Ça aaa-suure ! (et non pas sensationnel)

TERRIBLE.   Total-délire.

DU TONNERRE.   Mortel.

▶ **Exercices**

THÈME   Voici un texte en français presque courant.

Traduisez-le en « langage de grands-parents » afin de le rendre accessible à votre tante Henriette, ou un doyen de l'Académie Française.

◊ « 20 h 33. Y a qu'des pubs sur La Cinq. Trop naze la télé, j'fous Nova (101.5 FM). Ça me fait penser qu'faut qu'j'branche la FM sur mon Mountain-Bike... Alors, ce micro-ondes, il la crache, sa barquette ? Et toi, Dany : laisse pas crever ton joint dans le cendrier, ça porte malheur. Non, pépé, t'en auras pas, c'est pas des Gitanes maïs ! »

VERSION Voici cette fois un texte en langage parents. Traduisez-le en français courant, facilement assimilable par un créatif de pub ou le chauffeur d'Harlem Désir.

◊ « Grégoire causait à propos des familles bien-comme-il-faut qui voulaient s'installer dans le quartier bohème. Et lui, alors ? Mazette, vise un peu ! Une barbe rousse, hirsute, comme le hippie qu'ils ont montré aux actualités, ça présente mal... une popeline sombre très épaulée, un modèle jeune, quoi... un tricot noir avec l'insigne d'un groupe de blousons noirs, sur le plastron... un futal noir étroit du bas... Cette allure sombre tellement... zazou, le genre de choses qu'on fait maintenant... »

CORRECTION « Greg était lancé dans une dissertation sur tous les éléments bourgeois qui étaient maintenant attirés vers le quartier des artistes. Pourquoi ne commençait-il pas par lui-même ? Regarde-le. Une grosse barbe rousse bouclée, aussi épaisse que celle du roi de Cœur, qui cache son menton fuyant... une veste de tweed vert foncé avec des énormes épaules et des revers avec des crans tout le long de ses côtes... un T-shirt noir avec le logo des Plus-Casserole, le groupe, en travers de la poitrine... des pantalons noirs à pinces... Ce look noir graisseux qui était si... post-punk, si... *actuel*. »

Tom Wolfe, *Le Bûcher des vanités*. (New York, 1987.)

17
Comment parler
faux-jeune

« *Café Maxwell : pas la peine d'en mettre un max !* » Non, cette phrase ne parodie pas un slogan publicitaire. C'est une nouvelle mouture du célèbre « *Ce n'est pas la peine d'en rajouter* ». Version faux-jeune.

Une faute de syntaxe ici, un néologisme là, le style faux-jeune a envahi le paysage. En politique, l'été 87 marque le début de l'épidémie.

Quelques jours avant le concert de Madonna à Paris, le Premier ministre Jacques Chirac accorde une interview exclusive au magazine *Podium*. Oui, *Podium*, l'hebdo-Kleenex des midinettes ! Sans rire, ouvrons les guillemets.

Podium : *Allez-vous prendre des vacances : si oui, que faites-vous ?*

Chirac : *Je vais naturellement prendre des vacances. J'ai l'intention de lire, de me balader, d'écouter de la musique et de voir des copains.*

Tronche des copains...

Nous sommes à quelques mois des élections présidentielles. Chirac pousse le ridicule jusqu'à se faire photographier en jean's, baskets, et sweat-shirt multicolore marqué : « NEW WEST Rodeo Drive ». Accroupi dans l'herbe, un walkman sur les oreilles, il caresse benoîtement un labrador.

Le style faux-jeune, c'est parler comme un jeune. Mais

seulement quand on ne l'est plus. Parce qu'on ne l'est plus, justement.

« *Café Grand-Mère : Noir c'est Noir.* »

Le faux-jeune, c'est la nouvelle langue de bois. Entre la parodie et le folklore, l'abêtissement volontaire. Objectif : faire jeune à n'importe quel prix, au moment où la France vieillit.

Car les teenagers pèsent d'un poids démesuré sur notre société. En France, un achat sur deux est motivé par les moins de quinze ans, qui représentent à peine le quart de la population. En achetant sa voiture, papa fait gaffe de ne pas passer pour un ringard aux yeux de sa progéniture. Maman enfile des Dim'up pour imiter sa fille. Il y a vingt ans, c'était l'inverse.

▶ Vocabulaire

Le faux-jeune se pratique partout. D'abord dans la pub et les médias. Enfin à table, le dimanche pendant les déjeuners de famille. Quand papa veut frimer devant les copines de sa fille. Ou de sa femme. « Le dernier concert de Prince au Zénith, paraît que c'était super-génial ! »

– Raté, p'pa. Prince, c'était au Parc des Princes. D'ailleurs, c'était nul, alors hein... »

Que l'ancêtre se rassure. L'avantage du dialecte faux-jeune, c'est qu'on peut s'y mettre à n'importe quel âge. Bien plus simple que le chinois et ses 3 000 caractères ; une cinquantaine d'idéogrammes suffisent à créer l'illusion.

ANGLICISMES

Quand on est jeune, on aime le fun ! *Au-delà du slogan, cette accroche pour un déodorant révèle cinq enseignements.*

I. Tous les jeunes s'amusent, puisqu'ils sont jeunes.

II. corrollaire : si vous n'aimez pas vous amuser, c'est que vous n'êtes plus jeune.

III. Chez les jeunes, l'amusement s'appelle le Fun.

IV. Jeunes et vieux ont déjà un point commun. Comme nous les vieux, les jeunes transpirent.

V. Pour rester jeune, il suffit donc d'apprendre à parler comme eux. En utilisant des mots d'anglais faciles à traduire. Il y en a.

a) Mots d'une syllabe :

LOOK

COOL

FLIP

FLASH

BLACK

GOOD

etc.

b) Mots de deux syllabes :

LOOSER.   Perdant (prononcer louzeur).

WINNER.   Gagnant (prononcer ouinneur).

c) Mots de trois syllabes et plus :

néant.

PRÉFIXES

Un préfixe est un petit paquet de lettres qui se colle avant le nom, pour en activer le sens. Le style faux-jeune grille une quantité hyper-grande de préfixes. Généralement en vain. Il n'est pas rare en effet de croiser « une meuf ultra-normale ».

SUPER. Le plus galvaudé. « Hervé Bourges, le Super-PDG d'A2-FR3 » [*La Croix*]. Pour restituer à ce superlatif sa vigueur d'antan, on lui accolera un « plus » : « Esso Super-Plus ».

HYPRA. « Martine, je la connais hypra-bien. » En français courant : je la connais. Bilan : hypra + bien = zéro.

ULTRA. « Elle met des strings ultra-transparents ». N.B. : on appréciera l'inutilité toute décorative du préfixe « ultra ». En effet, si la transparence laisse tout voir, l'ultra-transparence en fait de même.

HYPER. « Dommage qu'elle baise hyper-peu. » Peu, donc. Mais c'est hyper-frustrant.

EXTRA. Qui ne sort de rien du tout, contrairement au sens étymologique du terme. « Pas extra, ces petits pois extra. »

MÉGA. Le préfixe à la mode. *Pour toutes les méga-envies pressantes : CARTE MEGA 1000.* [Publicité du Virgin Megastore] Notez le sous-entendu scatologique, composante essentielle du faux-jeune, nous y reviendrons.

La sémantique faux-jeune suit l'évolution du commerce de détail. Il y eut le marché, le supermarché, puis l'hyper-marché. Aujourd'hui, on fait carrément ses courses à « l'hyper ». Certains préfixes évoluent ainsi de manière autonome.

GIGA. Titre d'une émission « jeune » sur Antenne 2. Giga-quoi ? On se le demande. Surtout en la regardant.

SUFFIXES

Un suffixe est un petit paquet de lettres qui s'accroche après le nom, pour en doper le sens. Le faux-jeune brûle des doses grandissimes de suffixes. Pas forcément nécessaires. On peut en effet s'ennuyer ferme à la vue d'un spectacle « sublimissime »

en « OS »

Le suffixe « os » redonne une nouvelle jeunesse à des mots trop usés. Pour les petits vernis qui viennent de découvrir les bars à tapas de la rue de Lappe...

CRAIGNOS

TRANQUILLOS

RINGARDOS

GRATOS

LARGADOS

BRANCHOS

BRANCHADOS

etc.

en « ISSIME »

Le suffixe en « issime » fait preuve de davantage de délicatesse. Ça fait moins « portos », quoi.

MODERNISSIME

EXCELLENTISSIME

GÉNIALISSIME

CHIANTISSIME

EMMERDANTISSIME

SUBLIMISSIME

SUBLISSIME.   Dérivation douteuse de sublimissime. « La sublissime et introuvable Street Slam Hi de SPX » (article de *Globe* sur les chaussures de jeunes).

etc.

en « OCHE »

Le suffixe en « oche » marque le mépris : ces choses-là ne nous intéressent pas. (Mais on peut en parler des heures, surtout la téloche.)

MARIE-CLOCHE   (le mensuel Marie-Claire)

TÉLOCHE

BALOCHE

BASTOCHE

etc.

LITOTES

En rhétorique, une litote est une figure qui consiste à dire moins pour faire entendre plus. Ainsi la belle Chimène trahit son amour pour Rodrigue : « Va, je ne te hais point. »

En faux-jeune, la litote exprime à la fois tout et le contraire de ce que l'on pense. Surtout lorsqu'on ne pense rien.

UN PEU.   Beaucoup, voire passionnément. « Ne faites pas attention. Henry est un peu pédé. »

BEAUCOUP.   Un peu, voire pas du tout. « Kiki Picasso ? J'aime beaucoup. »

PLUTÔT. Totalement. « Mon fils est plutôt un génie méconnu. »

TROP. Comme d'ordinaire. « Il est trop ce chien : quand il est content, il remue la queue. »

ASSEZ. Pas assez. « Sincèrement, à l'agence, je m'estime assez bien payé. »

PAS ASSEZ. Assez. « T'inquiète pas. J'ai pas assez bu pour dégueuler sur ta moquette ! »

TRÈS. [ ] (ensemble vide). « Ma voiture est très en bout de parking. »

VISIONS APOCALYPTIQUES

Le faux-jeune plonge toujours plus bas dans l'horreur. Si cela n'impressionne pas les autres, cette surenchère verbale lui permet cependant de s'esbrouffer tout seul.

S'ÉCLATER. S'amuser. « Jacqueline, passe nous voir un jour à la sous-direction départementale, je te jure qu'on s'éclate. »

SE DÉCHIRER. S'enivrer, ou se faire mal. « Vingt kilomètres en vélo avec les copains de mon fils, je me suis déchiré. »

S'ARRACHER. Partir. « Je suis en double file. Je m'arrache avant qu'on me raye ma BX. »

HALLUCINER. Ne pas croire. « 18 balles le kilo de tomates ? J'hallucine ! »

DESTROYER. Abîmer. Le seul verbe qui ne se conjugue

jamais. « En aspirant la moquette, je me suis complètement destroy l'ongle du pouce. »

IMPLOSER. Exploser.

EXPLOSER. Imploser.

MORTEL. Qui donne envie de ne pas mourir tout de suite.
« André Lamy a sorti un 45 tours mortel. »

DÉLIRE. Insipide. « J'ai vu à Londres un match de cricket,
c'est le délire. Onze heures assis sans bouger. »

MONSTRUEUX. Très ordinaire. « Les Stones ont conservé
un son monstrueux. À cinquante ans ! »

INFECT. Correct. « On a dîné chez Bofinger. C'était
infect. Malgré le prix. »

UNE PÊCHE D'ENFER. Émission de FR3 relativement
tranquille.

TECHNICS. LE MÉCHANT MATÉRIEL. Personne n'a encore
été mordu à ce jour...

GROSSIÈRETÉS

*Les gros mots, salaces ou argotiques, permettent au faux jeune
de faire « moins que son âge ». À cause de leur caractère spon-
tané et décontracté (en faux-jeune, on prononce décontract'). Le
faux jeune descend alors d'un cran son niveau de langage habi-
tuel.*

*Le prof faux-jeune jactera soudain comme ses étudiants. Le
politicien faux-jeune comme un publicitaire. Le publicitaire
faux-jeune comme son dealer de coke. L'aristocrate faux-jeune
comme un nouveau riche. Le rédac-chef faux-jeune comme le*

coursier du journal. L'écrivain faux-jeune écrira comme s'il venait de se coincer un doigt dans une porte.

Pour faire peuple :

La publicité faux-jeune recycle les expressions argotiques avec deux objectifs.

1. Raccourcir la distance entre elle et le public.

2. Rajeunir une clientèle vieillissante plus proche de la retraite que du BEPC (pour ceux qui ont le BEPC).

QUAND ON AIME LES FRINGUES, ON DEVIENT VITE FOLLE DE VIZIRETTE.

EUROPE 1. C'EST LA PÊCHE.

SANS MON KRUPS, JE CRAQUE.

CAFÉ STENTOR, LE CAFÉ BIEN BALANCÉ.

JE VEUX UN BON FILM MAIS PAS UN MAUVAIS PLAN.   [Kodak].

MINOLTA NE VOUS CAROTTE PAS SUR LA QUALITÉ.   Sur quoi, alors ?

SOYEZ PAS NULS, FILEZ VOS GLOBULES.   [Campagne pour le don du sang].

Pour faire TRÈS peuple :

PINARD.   Vin hors de prix. « Fais voir le pinard : château-yquem 79 ? Bof... »

FRUSQUES.   Vêtements. « J'ai plus une frusque. Je passe chez Lanvin. »

RÂPE.   Guitare. « Je joue sur une vieille râpe, une Gibson demi-caisse achetée à Nashville en 64. »

Pour faire nouvelle-télé :

BONJOUR LES 70.   Le bouquet pour cette émission-frigo de TF1. Les années 70, aujourd'hui glorifiées par le malheureux Clo-Clo junior, étaient justement celles où l'on ne se permettait pas de parler argot à la télé. Ni même faux-jeune. À l'époque, les rictus convenus de Dave ou Frederic François les faisaient déjà passer pour des « vrais vieux ».

Pour faire chier son monde :

PUTAIN DE FILM.   [*Tenue de soirée*, de B. Tavernier].

LA DROGUE C'EST DE LA MERDE.   [Publicité].

N.B. : les connotations purement sexuelles – bite, couille, nichons – sont à bannir. Le faux jeune, volontairement immature, reste coincé au stade anal : « *Tu te sens plus pisser ! Merde, Édouard, tu fais chier !* » [un professeur de lettres classiques à son collègue].

Pour faire fanzine amateur :

À l'occasion d'un très bel article sur l'architecture, la rédaction en chef d'*Actuel* s'est surpassée (juin 91).

Titre : **LES JEUNES ARCHITECTES FONT ZAPPER LA VILLE.**

Intertitre 1 : **ET CLAC, UN RIFF POUR LA BANLIEUE.**

Intertitre 2 : **AU POINT OÙ ON EN EST, AUTANT S'ÉCLATER.**

Intertitre 3 : **NI FRIME, NI TOC, MAIS PLEIN DE VRAI VIDE.**

LE FAUX-JEUNE EN POLITIQUE

Chez les politiciens, l'utilisation du faux-jeune veut faire croire à la disparition de la langue de bois. On l'a vu avec Chirac.

Champion poids lourd : Michel Charasse, ministre du Budget, connu pour son franc-parler : « *Les banquiers, ils nous piquent notre blé.* »

Serait-ce du populisme bien maîtrisé ? À propos de Christian Estrosi, député RPR en délicatesse avec le fisc, Charasse a déclaré : « *Ce gus nous doit 400 millions de centimes.* » Patatras ! Le faux jeune est démasqué. Car le faux jeune parle toujours en anciens francs, c'est de son âge.

« *Un ministre, ça ferme sa gueule ou ça démissionne* » (Jean-Pierre Chevènement, ministre démissionné). Notez l'habile faute de syntaxe : l'utilisation du pronom « ça », au lieu de « il ».

À droite, même Giscard s'est mis au faux-jeune. Invité au 25ᵉ anniversaire des Jeunes giscardiens le 7 juillet 1991, il a osé ce commentaire courageux : « *Tout se déglingue. La France est dans la panade.* » Retraduit en giscardien orthodoxe, cela donne : « *Nous traversons une conjoncture internationale délicate. Et notre pays a quelque peine à tenir le rang qui est le sien dans le concert des nations.* »

LE FAUX VERLAN

Le faux jeune se risque parfois dans le verlan à doses homéopatiques. Mais un verlan d'opérette, qui n'a rien à voir avec celui qui se pratique aujourd'hui dans les cités. Une dizaine de mots suffisent à créer l'illusion. Avec eux, pas de risque de se tromper. Même Harlem Désir – un expert – les emploie depuis qu'il les a repérés dans le clip des Inconnus.

MEUF.   Meu-fa, donc femme. Nana par extension.

KEUF.   Keu-fli, donc flic. Ou policier.

RER.   Verlan de RER. Difficile à caser quand on roule en Renault 25 de fonction.

SOS.   Verlan de SOS, abréviation de SOS-Racisme.

LES RIPOUX.   Film à succès, que les enfants ont vu.

LA CHETRON SAUVAGE.   Campagne publicitaire qui vous a décidé à acheter une BX, pour faire jeune.

TONTON, LAISSE PAS BÉTON.   Mot d'ordre politique, n'ayant servi qu'une fois.

Moins frais qu'un merlan frit, le verlan frit. Pour ne pas dire rance, rabougri dans son fond de cuisson frelaté.

CHÉBRAN.   Verlan de « branché ». Utilisé uniquement par ceux qui rêvent de le devenir.

BLÉCA.   Verlan improbable de « câblé », terme lancé en pure perte par François Mitterrand (à 70 ans) pour remplacer « branché ». « Bléca-kids, le magazine des jeunes branchés » [FR3 Normandie].

C'EST BLEU-SI-POT.   C'est possible. Pathétique slogan d'une publicité SNCF, dans laquelle de gentils fils à papa achètent poliment des billets de train à un guichetier étrangement souriant.

ON A TOUS UN PENCHANT POUR KENY.   [Électro-ménager, sponsor-météo de La Cinq]. Irruption inconsciente du verlan « niquer ».

ABRÉVIATIONS

SYMPA. Sympathique. « La plus cool des émissions auto-mobiles, sur la plus jeune et la plus sympa des télés : c'est "Turbo" » [Dominique Chapatte (présentateur M6), né en 1948].

UN MAX. Un maximum. « Maxwell qualité filtre : pas la peine d'en mettre un max. »

TROIS-FOIS-VINGT-ANS. Soixante ans, le nouvel âge de la retraite. N.B. : Radio-Nostalgie, seule FM à ne pas cibler le public jeune, propose poliment à ses auditeurs « d'écouter les tubes de leurs vingt ans ». Comme si en 2027, je devais me remettre aux Sex Pistols !

VOCABULAIRE ROCK

ASSURER. Réussir, concept typiquement faux-jeune, emprunté au vocabulaire du rock. Elles assurent en Rodier. Il assure en informatique [Atari]. Côté futur on assure [campagne du Conseil régional Poitou-Charentes].

FILM-CULTE. Film à succès. (Le faux jeune vénère le succès avec cette doctrine : si les jeunes y vont, j'y vais.)

ACTEUR-CULTE. Acteur sans talent, mais qui a joué une fois dans un film à succès.

ACTRICE-CULTE. Actrice bourrée de talent, mais dont aucun film n'a connu le succès commercial. N.B. : étrangement, il n'existe pas de culte-culte.

GÉNÉRATION

*Un mot cristallise à lui seul le style faux-jeune : génération.
Il n'est pas venu pour rien.*

*Il y a une éternité, c'est-à-dire vingt ans, pour cerner les
grands élans collectifs, on disait « les années ». Il y eut successivement ou parallèlement les années Pompidou, les années Libé,
les années disco, les années Mitterrand, les années sandwich, les
années turbo, les années poivre vert, etc.*

*Mais ça vous vieillit trop vite, les années. Une nouvelle tous
les douze mois. À peine le temps d'être dans le bon wagon, vous
voilà déjà largué.*

*Heureusement, l'éternel faux jeune Séguéla inventa « géné-
ration ». Il en éclot une tous les dix ans, ça laisse de la marge.
Mieux : lorsqu'on appartient à telle ou telle génération, on ne la
quitte plus. Ça valorise. On peut appartenir à la génération du
twist tout en restant paralysé par l'arthrose. On voit des générations partout.*

GÉNÉRATION MITTERRAND.   Tous ceux qui sont nés entre
1916 (naissance de notre président) et 1987 (naissance du
bébé de l'affiche électorale). On aurait aussi bien pu
l'appeler « génération Madeleine Robinson », ou « génération Eddie Constantine » (nés en 1917).

GÉNÉRATION 37, 2.   [émission de télévision]. La température moyenne du corps des adolescents aurait-elle gagné
deux dixièmes de degrés ?

GÉNÉRATION SIDA.   [article de presse].

GÉNÉRATION MORALE.   [vocable inventé par Serge July en
87 à propos des manifestants lycéens anti-Devaquet].

GÉNÉRATION AVIGNON. [affichette punaisée sur un arbre].

GÉNÉRATION REGGAE. [compilation reggae en compact-disc].

GÉNÉRATION ÉCOLOGIE. [mouvement politico-vert spontanément lancé par Brice Lalonde tout seul].

« MOI JE BOIS CACOLAC. C'EST LA BOISSON DE MA GÉNÉRATION. » [publicité].

▶ Syntaxe

Ensuite, c'est simple. Avec les mots, il suffit de faire des phrases. Mais pas n'importe quelles phrases.

Les plus sommaires possible. Car les faux jeunes, ébahis par la vérité immanente qu'ils prêtent à tout ce qui sort de la bouche des prépubères, admirent tout autant la jeunesse pour sa naïveté et ses lacunes sémantiques. Ils ont oublié que Rimbaud a écrit le meilleur de son œuvre avant vingt ans.

Toute la difficulté réside d'ailleurs ici. Faire le plus simple possible, pour caricaturer à l'extrême le langage jeune, mais sans jamais atteindre le « petit-nègre ». Cela vous classerait aussitôt chez les « faux faux jeunes », ces vieux qui imitent les vieux qui imitent les jeunes.

NÉGATIONS

Touche pas à mon pote.
Si tu payes le prix, t'as rien compris. Carte Jeunes.
Pas de quoi s'affoler.
« Les mecs de l'opposition, c'est pas croyable. » Brillante

analyse de Claude Sarraute, l'idole des faux jeunes plus
âgés qu'elle, néanmoins éditorialiste du journal *Le Monde*
(10 juillet 91).

INVERSIONS D'ADJECTIFS

Tahiti douche. Sympa, les petits cubes !
Pas commode, la vieille.
Futé, le Bison.
Amorti, le binoclard ? [Libération].

EXPRESSIONS PASSE-PARTOUT

*Le faux jeune émaille sans relâche son discours d'une foule
d'expressions passe-partout qui font gagner du temps. Cela
permet de chercher une nouvelle platitude à asséner, ou de la
monnaie pour le parcmètre.*

*Ce qui n'était qu'un tic chez les meurtris de la psychanalyse ou
les théâtreux devient ici un must. Voici donc ces expressions
inutiles, minuscules mais voyantes, comme des nains en porcelaine sur du gazon anglais.*

TU VOIS.   Non, votre interlocuteur ne voit rien.

J'VEUX DIRE.   Je ne veux rien dire.

TU VOIS LE GENRE.   N'insistons pas. De quel genre s'agit-
il ?

TU M'ÉTONNES.   Je ne suis pas étonné.

IMAGINE.   Votre interlocuteur n'imagine rien non plus, il
attend la suite.

QUELQUE PART.   Nulle part.

QUOIQUE.   Phrase à part entière, qui s'enchaîne avec n'importe quelle phrase. Quoique...

SI TU VEUX.   L'autre ne veut rien.

A PRIORI.   Encore une formule inutile. Le faux jeune n'exprime que des a priori.

À LA LIMITE.   Voir « quelque part ».

▶ **Exercices**

THÈME   Voici un texte en français courant. Traduisez-le en « faux-jeune » propre à épater l'ex-psychothérapeute de l'amant du cousin du chef de cabinet de Jack Lang :

◊ « On n'essuie pas ses doigts à la nappe, ni avec un morceau de pain. Les haricots doivent être cuits dans beaucoup d'eau. Sinon il deviennent farineux. Ce soir, nous recevons de jeunes musiciens à dîner. J'espère qu'ils apprécient la salade de céleri, et le gigot. Sinon, ils se rattraperont sur le dessert. »

VERSION   Voici cette fois un texte en faux-jeune. Carabiné, le faux-jeune. Remettez-le en français courant, de manière à le rendre assimilable par une aide-soignante de maison de retraite.

◊ « T'as des fois où les keufs tiraient la méga-tronche. Mais comme les fouteurs de merde voulaient pas se faire chier et que les mateurs glandaient, ils ont tous fini par s'arracher. Tu vois le tableau. Deux-trois zonards avaient repéré mon pote, et commençaient à lâcher méchamment des vannes pas claires. Dans la foulée, une meuf, plantée devant sa teupor, a cafté qu'il lui avait chouravé son poilâne. Les boules pour la vieille ! Nous, on était verts. »

CORRECTION   « Les sergents de ville, de temps à autre, se retournaient d'un air féroce ; et les tapageurs n'ayant plus rien à faire, les curieux rien à voir, tous s'en allaient peu à peu. Des passants, que l'on croisait, considéraient Dussardier et se livraient tout haut à des commentaires outrageants. Une vieille femme, sur sa porte, s'écria même qu'il avait volé un pain ; cette injustice augmenta l'irritation des deux amis. »

Gustave Flaubert, *L'Éducation sentimentale*.

18

Comment parler communiste

Contrairement aux a priori imposés par les forces réactionnaires de la bourgeoisie et des médias, le langage communiste n'est pas focalisé sur la dictature du prolétariat. (Quoique en dictature du prolétariat, il soit balaise.)

Jugez-en. Sous le titre « Calgary : le vent interdit la descente aux filles », *L'Humanité* du 19 février 1988 dresse ce compte rendu révolté :

« Le vent a refait hier soir aux filles le même coup qu'il avait déjà réservé aux garçons. Sa violence subite a contraint les organisateurs des Jeux olympiques à reporter la descente féminine de Calgary. Mais il a joué cette fois la surprise. La météo, longtemps parfaite, s'est déréglée au dernier moment.

« La première concurrente, la Suissesse Brigitte Oertlis, s'est même élancée. Très vite, elle a dû renoncer, déséquilibrée par les rafales et aveuglée par la neige qui, soulevée par le vent, cachait tous les pièges de la piste. »

Décortiquons attentivement l'orientation dialectique.

Selon *L'Huma*, le vent n'a rien d'un phénomène naturel. Il commet « des coups ». C'est un ennemi, qui « interdit » aux valeureuses championnes de déployer leur activité. Adversaire sournois, il n'hésite pas à jouer la surprise. Continuons dans la dénonciation : « La météo, longtemps parfaite, s'est déréglée au dernier moment. »

Ainsi donc, la météo n'est pas l'art de prédire le climat, mais un exercice de style, en l'occurrence parfait, que viennent contrarier les intempéries. Et cette garce de neige : n'est-elle pas elle aussi l'ennemie de la jeunesse, lorsqu'elle « cache tous les pièges de la piste » ?

Si indigné qu'il soit, l'auteur de ces lignes ne se laisse pas, lui, aveugler par les faits. Bien au contraire. Mais il parle communiste. Et pour un communiste, tout ce qui ne va pas « dans le bon sens » doit être dénoncé, et combattu.

Le communiste sera la seule *langue morte* étudiée par le présent ouvrage. Pourquoi ce fossile ? Car à l'instar du latin, le communiste fait désormais partie du français contemporain. On en retrouve partout la trace, y compris chez les anticommunistes (N.B. : en communiste, non-communiste se dit anticommuniste). En voulant l'éviter, ce sincère RPR tombe dans le panneau : « Nous devons renoncer à la langue de bois » [Jacques Chirac].

Restons à droite, mais revenons au sport, au cœur de l'empire de presse Hersant. Le 6 mai 1990, *Le Dauphiné libéré* (quotidien local, édition des Hautes-Alpes) consacre un article au modeste club de football de Saint-Crépin. La manchette inquiéta plus d'un démocrate : « Fin de saison au S.C.E.S. : Un bilan globalement positif. »

En dépit de l'effondrement du bloc de l'Est et du Pacte de Varsovie, le rayonnement du jargon communiste ne faiblit pas à l'approche de l'an 2000. Paradoxalement, sa richesse linguistique est entretenue par les plus farouches opposants au dogme. Et pour cause.

En 1950, le PCF au faîte de sa gloire comptait parmi son demi-million d'adhérents la quasi-totalité de l'intelligentsia parisienne. C'est lors des réunions de cellule que les ténors de la médiacratie ont assimilé les ruses du patois marxiste, de Jean-François Kahn à Claude Roy, de Serge July à Emmanuel Le Roy Ladurie.

Demandez-leur : ils nieront. Ce qui prouve qu'ils ont retenu la leçon.

▶ Vocabulaire

UN MONDE EN NOIR ET BLANC

Contrairement aux critiques littéraires (voir chapitre 15), mais pareils à Goldorak, les communistes classent le monde en deux camps, ennemis et irréconciliables.

Pour ne pas se tromper, une moitié de leur lexique s'applique exclusivement aux forces de l'avenir (les communistes), tandis que l'autre moitié caractérise le monde mauvais (les anticommunistes, et les camarades en rupture de ban, car rien n'est plus nocif que l'ennemi de l'intérieur). Première leçon :

EUX.   Les méchants. « Eux, ils souhaitent notre mort ! »

NOUS.   Les gentils. « Nous, nous lutterons ! »

LES COW-BOYS.   Eux.

LES INDIENS.   Nous.

LES FAUTEURS DE GUERRE.   Eux.

LES CHAMPIONS DE LA PAIX.   Nous.

LES NANTIS.   Eux.

LES GENS.   Nous. « À la fin du mois, qu'est-ce qu'ils constatent, les gens, sur leur feuille de paye ? » [Charles Fiterman].

LES GENS EUX-MÊMES.   Nous (et surtout pas « eux », contrairement aux apparences).

LES RÉTROGRADES.   Eux (parce qu'eux veulent toujours revenir en arrière).

LES MASSES.   Nous (car les masses vont toujours de l'avant).

LES RICHES.   Eux.

LES PAUVRES.   Nous.

LES FORCES RÉACTIONNAIRES.   Eux.

LES FORCES PROGRESSISTES.   Nous.

LA PRESSE BOURGEOISE.   Tous les quotidiens, sauf *L'Humanité* ; tous les grands hebdos, sauf *L'Huma-Dimanche*.

LA PRESSE INDÉPENDANTE.   *L'Humanité, La Vie Ouvrière, Révolution et L'Huma-Dimanche*.

LES NERVIS.   Le service d'ordre d'une entreprise.

LES GARS.   Le service d'ordre de la CGT.

CHAQUE CHOSE À SA PLACE

Chaque pot trouve son couvercle, chaque serrure a sa clef, chaque substantif a son adjectif. Logique, non ?

NOS LUTTES.   Toujours élevées.

LEURS MANŒUVRES.   Toujours basses.

NOS ESPOIRS.   Toujours larges.

LEURS VISÉES.   Toujours étroites.

NOS CONQUÊTES.   Toujours nécessaires.

LEURS PROFITS.   Toujours superflus.

NOTRE POUVOIR D'ACHAT.   Toujours diminué.

LEURS BÉNÉFICES.   Toujours augmentés.

NOS ACQUIS.   Toujours légitimes.

LEURS PRIVILÈGES.   Toujours usurpés.

NOS APPELS.   Toujours vibrants.

LEURS MENACES.   Toujours cyniques.

NOS COUTUMES.   Toujours chaleureuses.

LEUR CULTURE.   Toujours glaciale.

NOTRE SOLIDARITÉ.   Toujours gratuite.

LEUR AIDE.   Toujours intéressée.

NOTRE RÉFLEXION.   Toujours enrichie.

LEURS AMALGAMES.   Toujours réducteurs.

NOS DÉCISIONS.   Toujours dans le bon sens.

LEURS DIKTATS.   Toujours à contre-courant.

NOS DIVERGENCES.   Toujours secondaires.

LEUR ANTICOMMUNISME.   Toujours primaire.

LE SOCIALISME.   Sans cesse plus mûr.

LA BOURGEOISIE.   Sans cesse plus pourrie.

L'EMPHASE

Plus haut ! Plus vite ! Plus fort !

Il faut toujours qu'ils exagèrent, les communistes, qu'ils en rajoutent. Mieux que personne, ils manient le porte-voix et la loupe grossissante. Ainsi, la victoire électorale la plus locale prend des ampleurs de « vaste rassemblement populaire majoritaire », *saluée par* « tous, sans exception ».

MULTIPLICATION.   Addition.

FLORISSEMENT.   Essor.

ESSOR.   Développement.

DÉVELOPPEMENT.   Accélération.

ACCÉLÉRATION.   Renforcement.

RENFORCEMENT.   Consolidation.

CONSOLIDATION.   Approfondissement.

APPROFONDISSEMENT.   Déploiement.

DÉPLOIEMENT.   Élargissement.

ÉLARGISSEMENT.   Sorte d'essor, en grand.

EN GRAND.   Tout ! tout est en grand. « Une attaque d'une rare ampleur contre les droits et acquis démocratiques se développe en grand » [*L'Humanité*].

AVANCÉE. Progrès, en mieux. Une avancée « accrue » est également dite « positive ». « Sans préjugés, avec le souci de contribuer au mieux à toutes les avancées positives » [*L'Humanité*].

AVANCER. Faire avancer. « Rien n'avancera sans de nouvelles avancées » [Francette Lazard, rapport au Comité central du 12 et 13 février 1990].

FAIRE AVANCER. Faciliter.

FACILITER. Perfectionner.

PERFECTIONNER. Défendre.

DÉFENDRE. Aider.

AIDER. Stimuler.

STIMULER. Impulser.

IMPULSER. Développer.

DÉVELOPPER. Renforcer.

RENFORCER. Avancer.

N.B. : l'accumulation de mots surgonflés n'est pas l'apanage des représentants de la ligne dure. Opposé à Marchais en octobre 1989, Charles Fiterman formulait ainsi ses critiques au Comité central : « J'ai le *vif* sentiment que si nous voulons être des acteurs *déterminants* de ces transformations *progressistes*, il nous faut *développer* un *énorme* travail d'approfondissement idéologique et politique et une *haute* capacité d'initiative, nous rendant *aptes aussi bien* à répondre aux revendications *les plus immédiates* qu'aux interrogations *les plus prospectives* des *forces* du travail et de la création. » (C'est moi qui souligne.)

ANTIPHRASES

Selon un sondage BVA, plus de 55 % des dormeurs communistes avouent ne faire que des rêves agréables. Une performance inégalée, vu la précarité de leur situation, économique, électorale, et parfois maritale. Mais rien n'arrête ni n'arrêtera le doux songe du communiste, endormi ou éveillé. L'argent ? il vient en dormant. Nos erreurs stratégiques ? la nuit porte conseil. Ma femme ? rien à craindre...

Ils ont le chic pour rêver le contraire de ce qu'ils craignent, et décréter le contraire de ce qu'ils pensent. Ce n'est pas un hasard si Pravda, en russe, signifie « vérité ».

MOBILISATION.   Grève, autrement dit immobilisation.

ACTION.   Grève, c'est-à-dire inaction.

SANS PRÉCÉDENT.   Dont il y a eu de nombreux précédents.

SANS ÉQUIVALENCE.   Déjà vu. « Cent mille travailleurs dans les rues de Paris : un Premier Mai sans équivalence. »

D'UNE AMPLEUR INÉGALÉE.   On a déjà fait mieux. Vocable typiquement communiste, usité par ceux-là mêmes qui s'en défendent. Comme Eric Dupin de *Libération* qui consigne benoîtement : « La préparation du XXVᵉ congrès (février 1985) fait apparaître une contestation d'une ampleur inégalée. »

POSITIF.   Qui peut précipiter la chute du parti. « L'intervention des troupes soviétiques en Afghanistan est un événement globalement positif » [Georges Marchais].

NÉGATIF. Qui pourrait redonner des voix au PCF. « Nous sommes prêts à soutenir tout ce qui est positif et à combattre tout ce qui est négatif » [André Lajoinie]. N.B. : en moins de dix ans, la direction a mené le PCF de 21 % des suffrages à 6 %.

PORTÉE. Inutilité. « C'est moi qui ai proposé à Pierre Mauroy d'organiser un colloque national d'une grande portée » [Georges Marchais].

LUCIDITÉ. Persévérance dans l'échec. « Nous avons été autrefois trop souvent trompés et abusés. Aujourd'hui, nous regardons la réalité en face. La lucidité est l'une des pièces maîtresses de la politique des communistes français » [Claude Cabannes, rédacteur en chef de *L'Humanité*, juin 90].

CRÉATIVITÉ. Immobilisme. « Il ne s'agit pas de se payer de mots. Face aux bouleversements en cours, nous avons besoin tout à la fois de lucidité, de créativité et de combativité » [Francette Lazard].

CHANGEMENT. Flottement. « Nous autres communistes, nous avons une position claire, nous n'avons jamais changé, nous ne changerons jamais : nous sommes pour le changement » [Georges Marchais].

RÉVOLUTION. Contre-révolution, voire calme plat. « C'est bien une révolution qu'il s'agit d'opérer dans la révolution » [Francette Lazard].

MOUVEMENT RÉEL. Limbes éthérés. « Nous enracinons nos élaborations politiques dans le mouvement réel » [Francette Lazard].

PROGRESSER. Régresser. « Tout a été mis en œuvre pour que le Parti progresse » [Roland Leroy].

DÉBATTRE. Tourner en rond. « C'est un tout autre débat qui nous passionne. Comment, non pas débattre en soi, car on discute, et beaucoup, mais créer les meilleures conditions d'un débat qui progresse pour que le parti progresse » [Francette Lazard].

RESPECT MUTUEL. Respect de la doctrine. « Le débat a été parfois vif. Mais il s'est déroulé dans le respect mutuel. Nous, dans notre groupe, on dialogue » [André Lajoinie, président du groupe communiste à l'Assemblée].

RÉNOVATEURS. Adhérents en colère en 1984, mais restés communistes (n'ont rien rénové).

RECONSTRUCTEURS. Adhérents en colère en 1987, mais toujours communistes (n'ont rien reconstruit).

REFONDATEURS. Adhérents en colère en 1989, mais encore communistes (n'ont rien refondé).

STALINIEN. Communiste [définition de mots croisés donnée par *L'Humanité-Dimanche* le 31 mars 1989].

▶ **Syntaxe**

LOCUTIONS VERBALES

Restons vagues pour être précis.

Voter, c'est bien ; mais tenter de créer les conditions du vote, c'est mieux. Moins risqué en tout cas.

Voilà pourquoi le communiste remplace dès que possible les verbes par les locutions verbales, constructions floues, intemporelles, qui esquivent soigneusement la narration. D'accord, ça alourdit. Mais ça émousse les critiques. Le bureau politique gagnera en tranquillité ce qu'il perd en netteté.

ACCORDER SON AIDE. Aider.

TROUVER SON REFLET. Refléter.

PRENDRE LA DÉCISION. Décider.

TROUVER SON EXPRESSION. Exprimer.

EFFECTUER LES TRANSFORMATIONS. Transformer.

ÉLARGIR SA COMPRÉHENSION. Comprendre.

APPRENONS À COMPTER

Au cours de la campagne présidentielle de 1988, le Comité central avait dénombré « un million de raisons de voter André Lajoinie ». *Pas une de moins ! Car le communiste aime les chiffres. Parti des* « masses », *donc du nombre, il en redemande. Il n'est pas une réunion de cellule, si clairsemée soit-elle, sans que le correspondant de* L'Huma *ne recompte sur les doigts de sa main (gauche ?) les vignettes vendues pour La Courneuve (deux plus une option, comme chez Airbus).*

Ainsi, lors de la dernière Fête de L'Huma, *la direction du PC et les journalistes présents ont dénombré de 10 à 20 000 nouvelles adhésions (20 000 selon le Parti, 10 selon la presse).*

Déçus les travailleurs ? À peine. Car la dialectique communiste a développé son propre système de comptage. Grâce à l'utilisation de chiffres rigoureusement exacts, *mais nettement plus épais que les nombres bruts. Comment est-ce possible ?*

Supposons que 400 ouvriers manifestent sous une triste pluie d'hiver pour dire « non » à un « recul sans précédent des acquis légitimes des travailleurs démunis face aux conditions de travail sans cesse plus dégradantes imposées par les barons du patronat » (en clair : la machine à café est en panne).

En tout 400 personnes, disions-nous. Or 400, c'est 200 plus 200. Et 200, c'est deux fois « une centaine ». Donc plusieurs centaines. De communistes, on l'a vu. Ils ne se connaissent pas tous. Mais certains, parmi eux, sont amis.

Regroupons ces données. Ainsi, la quantité « 400 personnes » se traduit, en communiste : « des centaines (z') et des centaines d'hommes (z') et de femmes, communistes, et leurs amis ». Nombreux, n'est-il pas ?

Certes. Mais les communistes (et leurs amis !) savent pousser l'habileté arithmétique encore plus loin. « Nous avons de grandes ambitions, nous voulons faire un bon score », avait fixé le Comité central en mai 87, soit un an avant le premier tour de l'élection présidentielle. Georges Marchais avait prophétisé : « Nous ferons un bon score ». Aussitôt, les politologues ont posé la bonne question : concrètement, c'est combien, un bon score ? Réponse sans détour du secrétaire général : « Un bon score, c'est le score le plus élevé possible. »

LES PÉRIPHRASES

Bien connue des sophistes, la périphrase permet de faire admettre son point de vue, sans en autoriser la critique. Elle s'utilise comme un postulat intangible.

LE GRAND LEADER DU PROLÉTARIAT MONDIAL.   Lénine.

L'AVANT-GARDE PROGRESSISTE DE LA CLASSE OUVRIÈRE.
Le Parti.

LE MODE DE PRODUCTION ET DE DOMINATION FONDÉ SUR
LE PILLAGE DES RESSOURCES, L'EXPLOITATION DES
HOMMES, L'ACCUMULATION DU CAPITAL.   Le capitalisme.

LA PLUS BRUTALE DES POLITIQUES DE RÉGRESSION
SOCIALE ET NATIONALE.   La politique de Michel Rocard.

LA FORMIDABLE CAMPAGNE DE DÉSTABILISATION MENÉE
CONJOINTEMENT PAR LE CHANCELIER OUEST-ALLEMAND
KOHL ET LES GRANDS CAPITALISTES DE RFA À LA
RECHERCHE D'UNE MAIN-D'ŒUVRE BIEN PRÉPARÉE.
L'exode des Allemands de l'Est, consécutif à la chute du
mur de Berlin.

LE MOUVEMENT DE RETROUVAILLES AVEC LA TONICITÉ
D'ORIGINE DU COMMUNISME.   La perestroïka.

N.B. : toutes ces trouvailles sont tirées de *L'Humanité*.

COMPARAISONS : TOUJOURS PLUS !

Utiliser des comparaisons, mais sans rien comparer.

« *La politique du pouvoir des monopoles ne peut donner naissance qu'à des contradictions plus profondes, plus étendues* »
[Georges Marchais]. Plus profondes que quoi ? plus étendues que quoi ? même les sous-mariniers se le demandent
encore.

CONJUGAISON : IL FAUT !

*Mettre les verbes à l'impératif, exhorter, donner des ordres,
mais impersonnels.*

« *L'amitié doit s'accentuer !* » [Georges Marchais].

« *Il faut tout particulièrement s'efforcer de conférer la direction nécessaire à l'activité sociale des masses, qui corresponde aux besoins du progrès social* » [Georges Marchais].

VERBES TRANSITIFS SANS COMPLÉMENT D'OBJET DIRECT

Donner des instructions, mais sans préciser à quoi elles se rapportent.

« *Je souhaite que celui qui me succède poursuive et accélère dans la voie que nous avons choisie. Car il faut poursuivre et accélérer.* » [Georges Marchais]. Oui, mais quoi ?

REDOUBLER LES VERBES

Pour encore et toujours davantage forcer le trait : conjuguer les verbes au présent et au futur.

Le PCF est une force qui compte et qui comptera.
Nos camarades s'indignent et s'indigneront encore.
Notre parti qui rassemble rassemblera toujours.

▶ **Style**

À L'ÉCRIT

En rajouter dans la complexité, même gratuite. Pour démontrer que le parti communiste est le parti des ouvriers, mais aussi et avant tout des intellectuels.

« *C'est pourquoi je voudrais traiter de nos débats et de notre activité à partir d'une triple exigence : valoriser notre stratégie en la confirmant, progresser en progressant dans le débat, enrichir notre politique en déployant notre démarche* » [Francette

Lazard, toujours dans ce fameux rapport au Comité central].

À L'ORAL

Multiplier les cacologies (locutions ou constructions fautives), même volontaires. Pour démontrer que le Parti Communiste est non seulement le parti des intellectuels, mais aussi et surtout le parti des plus défavorisés, laissés pour compte de l'inégalité des chances d'accès à l'école.

Fautes de prononciation : « *Not'candidat était pas crédib'* » [Georges Marchais, mai 88].

Fautes de syntaxe : « *C'est à moi que vous m'adressez, donc je vous donne quelle est mon opinion* » [Georges Marchais à J.-P. Elkabbach le 22 septembre 1991, La Cinq].

▶ Exercices

THÈME Voici un texte en français courant. Traduisez-le en « communiste » afin qu'il serve de dialogue au prochain film de Costa-Gavras sur l'éveil de la conscience politique d'Yves Montand jeune (interprété par Jean Ferrat).
◊ « À quoi ça sert, la science ? Plus les savants parlent : moins je comprends.

– Mon petit, la science n'a pas pour mission de répondre aux questions, mais de les poser.

– Ah...

– Toi, par exemple : tu ne te poses jamais de questions ?

– Si, pour sûr !

– Lesquelles, par exemple ?

– Quelle heure est-il, et quand est-ce qu'on mange ? »

VERSION Voici cette fois un texte en pure langue de bois communiste. Traduisez-le en français courant, de

manière à le rendre assimilable par un colonel en retraite
des chasseurs alpins, auteur sous pseudonyme du brûlot
Blancheur et pureté du ski français (Éditions Mein Kampf) :
◊ « Le débat a été parfois vif. Mais il s'est déroulé dans le
respect mutuel. Nous, dans notre groupe, on dialogue. »

CORRECTION   « Impossible de rien distinguer. Les
deux armées s'étaient enfoncées l'une dans l'autre, le coin
des Velrans dans le groupe de Lebrac, les ailes de Camus
et de Grangibus dans les flancs de la troupe ennemie. Les
triques ne servaient à rien. On s'étreignait, on s'étranglait,
on se déchirait, on se griffait, on s'assommait, on se
mordait, on arrachait des cheveux ; des manches de
blouses et de chemises volaient au bout des doigts crispés,
et les coffres des poitrines, heurtées de coups de poings,
sonnaient comme des tambours, les nez saignaient, les
yeux pleuraient.
     La victoire serait aux plus forts et aux plus brutaux. »

                              Louis Pergaud, *La Guerre des Boutons*.

► **Remerciements**

Dominique Bertrand, Nicolas Roiret, Mylène Ruesca, Pascale Ysebaert, Anne Lévine, Anne-Marie Leblanc, Martine Tartour, Christelle Graeff, Jean-Yves Katelan, Alexandra David, Frédéric Taddéi, Jean-Luc Delarue, Pascal Pouzadoux, Les Nuls, la grande famille d'*Actuel* et Velouté.

► **Bibliographie**

« Nourritures », *Autrement* n°108, septembre 1989.

Un pavé dans le marketing, Henri de Bodinat, J.-C. Lattès.

Que le meilleur perde, Frédéric Bon et Michel-Antoine Burnier, Balland.

Les Choses de la vie quotidienne, Jérôme Bonaldi, le Pré aux Clercs.

La Distinction, Pierre Bourdieu, Minuit.

Ce que parler veut dire, Pierre Bourdieu, Fayard.

Le Roland-Barthes sans peine, Michel-Antoine Burnier et Patrick Rambaud, Balland.

Le Bon Vivre, Jean-Pierre Coffe, le Pré aux Clercs.

Le Grand Bêtisier de l'actualité, Les Dossiers du Canard, n°30, 34 & 38.

La Bonne Cuisine et les autres, Pierre-Marie Doutrelant, Seuil.

Vous les Français, Jérôme Duhamel, Albin Michel.

Modernissimots, Alain Dupas et José Frèches, J.-C. Lattès.

Ça bouge dans le prêt-à-porter, Jean Dutourd, Flammarion.

L'Aide-Mémoire du nouveau cordon-bleu, Laure Dynateur, Sofat.

Quid 1991, Dominique et Michèle Fremy, Robert Laffont.

Névrose, psychose et perversion, Sigmund Freud, P.U.F.

Je vous ai compris, Rodolphe Ghiglione, Armand Colin.

Le Bon Usage, Grevisse, Duculot.

Les Mots de la publicité, Blanche Grunig, C.N.R.S.

Nous, les bourgeoises, Valérie Hanotel et Marie-Laure de Léotard, le Pré aux Clercs.

La Langue de coton, François-Bernard Huygue, Robert Laffont.

Données sociales 1990, I.N.S.E.E.

Esquisse d'une philosophie du mensonge, Jean-François Kahn, Flammarion.

Le petit Lebey des bistrots parisiens (1991), Claude Lebey, Ramsay/François Bourin.

B.C.B.G. – Le guide du bon chic bon genre, Thierry Mantoux, Points Actuels-Seuil.

Guide du français tic et toc, Pierre Merle, Point Virgule.

Francoscopie, Gérard Mermet, Larousse.

Les Liturgies de la table, Léo Moulin, Albin Michel.

Les Mouvements de mode expliqués aux parents, Hector Obalk, Alain Soral et Alexandre Pasche, Robert Laffont.

1984, George Orwell, Folio.

Dans les beaux quartiers, Michel Pinçon et Monique Pinçon-Charlot, l'Épreuve des Faits/Seuil.

Portraits de l'écrivain d'aujourd'hui, Pline, Julliard.

Annuaire téléphonique A-E (pages jaunes), P.T.T.

Un tas d'œufs frits dans un chapeau, Raoul Rabut, Autrement.

Le Langage de l'éducation, Olivier Reboul, P.U.F.

Pour en finir avec les années 80, François Reynaert, Marie-Odile Briet et Valérie Hénau, Calmann-Lévy.

Petit Robert, Paul Robert, S.N.L.

Les Parisiens, Alain Schifres, J.-C. Lattès.

La Langue de bois, Françoise Thom, Julliard.

A pour *Affaires, Actuel, Acteurs-Auteurs, Alternatives Économiques, Best, Biba, Challenges, Cadres pour l'entreprise, Les Cahiers du cinéma, Le Canard enchaîné, Combat, Communication CB News, Cosmopolitan, Création, La Croix, Le Dauphiné libéré, Dynasteurs, Elle, Entreprendre, Entreprise et carrières, L'Équipe, L'Événement du jeudi, L'Express, Le Figaro, France-Soir, Glamour, Globe, L'Humanité, Les Inrockuptibles, La Lettre confidentielle-Jalons, Jeune et Jolie, Le Journal du dimanche, Libération, Lire, Lui, Lyon-Matin, Madame Figaro, Maigrir, Le Magazine littéraire, Marie-Claire, Max, Médias, 1001 Calories, Le Monde, La Montagne, Newlook, Nord-Éclair, Le Nouvel Économiste, Le Nouvel Observateur, Ouest-France, Pariscope, Le Parisien, Paris-Match, Le Point, Première, Le Progrès, La Quinzaine littéraire, Le Quotidien, Le Quotidien du médecin, Rock & Folk, Salut, 7 à Paris, Le Sport, Studio, Syndicalisme Hebdo C.F.D.T., Télé Hebdo, Télé K7, Télérama, Télé 7 jours, Télé-Z, La Vie ouvrière, 20 ans, Voici, Vogue, VSD*, etc.

Table des matières

La Pochothèque

Une série du Livre de Poche
au format 12,5 x 19

Le Petit Littré

Broché cousu - 1 946 pages - 120 F

Cet « abrégé », connu sous le titre de « Petit Littré » et de « Littré-Beaujean », offre l'essentiel de ce que les étudiants et un grand public cultivé peuvent rechercher dans la version complète et développée.

Encyclopédie géographique

Broché cousu - 1 200 pages - 64 pages hors texte - 155 F

L'inventaire actuel complet des unités nationales du monde contemporain, de leurs institutions, de leur histoire, de leurs ressources naturelles, de leurs structures économiques, des courants d'échanges.

Encyclopédie de l'art

Broché cousu - 1 400 pages - 195 F

Un inventaire des grandes créations artistiques *de la Préhistoire à nos jours*. Toutes les époques, toutes les régions du monde, toutes les disciplines.

Encyclopédie de la musique

Broché cousu - 1 144 pages - 175 F

Le point des connaissances sur toutes les cultures musicales - européennes ou extra-européennes - *de l'Antiquité à nos jours*.

La Bibliothèque idéale

Présentation de Bernard Pivot   1 000 pages - 120 F

Réalisé par l'équipe de *Lire*, ce « guide de lecture » unique en son genre, comporte la sélection commentée de 2 500 livres.

Dictionnaire des lettres françaises :

Le Moyen Age   1 568 pages - 175 F

Un dictionnaire encyclopédique de la production littéraire du Ve au XVe siècle

Dans Le Livre de Poche

Extraits du catalogue

Carlo Fruttero, Franco Lucentini
La Prédominance du crétin

Paul Guth
Le Naïf aux 40 enfants

Alfred Jarry
Tout Ubu

Desmond Morris
Le Singe nu

Hector Obalk, Alain Soral, Alexandre Pasche
Les Mouvements de mode expliqués aux parents

Pierre Perret
Laissez chanter le petit

L. J. Peter, R. Hull
Le Principe de Peter

Alain Schifres
Les Parisiens

Leonardo Sciascia
Œil de chèvre

Patrick Süskind
Le Parfum
La Contrebasse

IMPRIMÉ EN FRANCE PAR BRODARD ET TAUPIN
Usine de La Flèche (Sarthe).
LIBRAIRIE GÉNÉRALE FRANÇAISE - 6, rue Pierre-Sarrazin - 75006 Paris.

ISBN : 2 - 253 - 06336 - 3   ◈ 30/9618/7